D1688391

Clauspeter Becker • Das Jeep Wrangler Buch

Clauspeter Becker

DAS JEEP WRANGLER BUCH

MOTORBUCH VERLAG STUTTGART

Einbandgestaltung: Anita Ament
Titelbild: Clauspeter Becker

Eine Haftung des Autors oder des Verlages und seiner Beauftragten für Personen-, Sach- und Vermögensschäden ist ausgeschlossen.

ISBN 3-613-01773-3

Copyright © by Motorbuch Verlag, Postfach 103743, 70032 Stuttgart.
Ein Unternehmen der Paul Pietsch Verlage GmbH & Co.

1. Auflage 1996

Nachdruck, auch einzelner Teile, ist verboten. Das Urheberrecht und sämtliche weiteren Rechte sind dem Verlag vorbehalten. Übersetzung, Speicherung, Vervielfältigung und Verbreitung einschließlich Übernahme auf elektronische Datenträger wie CD-Rom, Bildplatte usw. sowie Einspeicherung in elektronische Medien wie Bildschirmtext, Internet usw. ist ohne vorherige schriftliche Genehmigung des Verlages unzulässig und strafbar.

Lektorat: Joachim Kuch
DTP und Gestaltung: IPa, Vaihingen/Enz
Druck: Bechtle Druck, Esslingen
Bindung: Riethmüller, Stuttgart
Printed in Germany

Bildnachweis

Christoph Peter Becker
Clauspeter Becker
Susanne Becker
Helene Gindele
Vito Ianniello
Konstantin Tschovikov
Chrysler Corporation USA
Chrysler Deutschland
Fichtel & Sachs
ITT Automotive Koni
Taubenreuther
BF Goodrich
Bridgestone
Firestone
Fulda
Goodyear
Pirelli
Michelin

Inhaltsverzeichnis

1. Kapitel
Was bisher geschah
Vom Army Jeep Willys Overland MB zum Wrangler TJ

2. Kapitel
Die Väter des Jeep
Bernard I. Robertson und Francois J. Castaing, zwei Europäer erneuern eine amerikanische Legende

3. Kapitel
Body Building
Unter den klassischen Formen stecken Fortschritt, Sicherheit und noch mehr Stabilität

4. Kapitel
Wo ein Wrangler ist, ist auch ein Weg
Jeep Jamboree am Rubicon Trail

5. Kapitel
Geschmückt mit neuen Federn
Das Fahrwerk des neuen Wrangler verbessert Komfort und Kletterkunst

6. Kapitel
Klassischer Motorenbau
Das modernisierte Programm klassischer Motoren

7. Kapitel
Der weite Weg ins Paradies
Die Entdeckung der Slick Rocks von Moab

8. Kapitel
Schalten oder Schalten lassen
Fünfganggetriebe oder Automatik - mehr als eine Geldfrage

9. Kapitel
Aktion mit Traktion
Der Allradantrieb des Jeep, und wie man damit am besten über den Berg kommt

10. Kapitel
Das Revier vor der Tür
Ein Wrangler geht auf Hochtouren durch die Alpen.

11. Kapitel
Auf Hannibals Spuren
Ein Wrangler besteigt den Mount Malamot

12. Kapitel
Im Grenzbereich
Der Seealpen-Grenzkamm, ein Schotterparadies

13. Kapitel
Alles im Griff
Die Reifen formen den Charakter eines Wrangler, welches Profil für welchen Zweck?

14. Kapitel
Darf es was mehr sein
Zubehör für den Wrangler

15. Kapitel
Genau genommen
Technische Daten der neuen Wrangler

16. Kapitel
Wranglers Adressbuch
Anschriften von Zubehör-Lieferanten, Reiseveranstaltern, Clubs und und und.

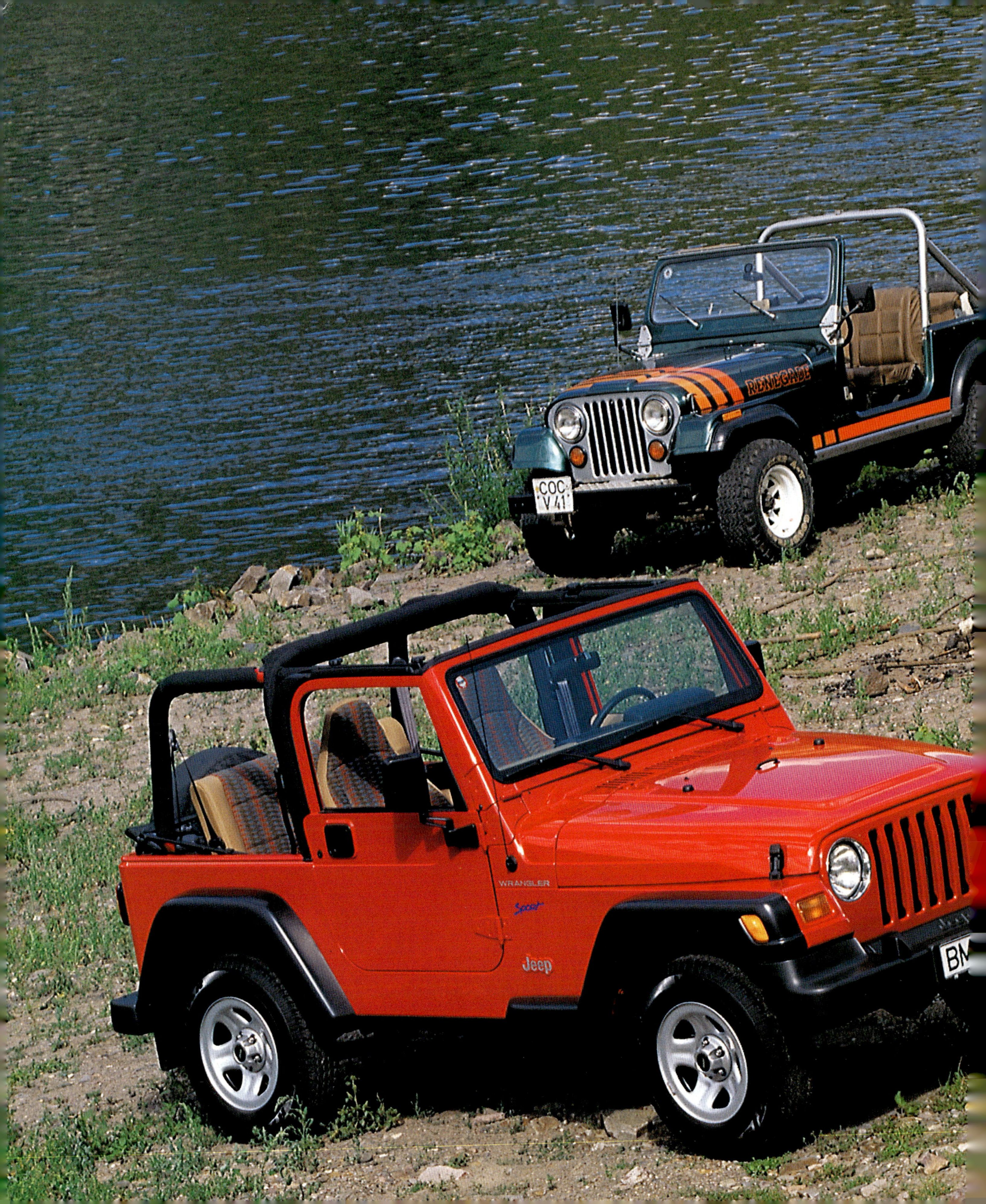
RENEGADE
COC
V 41
WRANGLER
Sport
Jeep

Was bisher geschah

Vom Army Jeep Willys Overland MB zum Wrangler TJ

Der Jeep in seiner ursprünglichen Form kann 1997 seinen 60. Geburtstag feiern. Das erste Wesen, das den Namen Jeep trägt, kommt 1937 zur Welt. Es ist ein Geschöpf des Zeichners E.C. Segar, der den unsterblichen Comic-Helden und Spinat-Doper »Popeye« erfand. »Eugene the Jeep« ist ein Fabelwesen an seiner Seite, ein vierdimensionales Tier von nicht bestimmbarem Geschlecht, das in Afrika lebt, sich von Orchideen ernährt, einen elektrischen Schwanz hat und in die Zukunft sehen kann. Der Jeep in Segars Bildergeschichten materialisiert sich gelegentlich als eine Art von kleinem Hund, aber oft zieht er es vor, sich zur Entlastung des Zeichners in die vierte Dimension zu begeben und in der Folge unsichtbar am Geschehen teilzunehmen. Kurz: Eugene the Jeep ist nicht mehr und nicht weniger als ein Wunderwesen.

Als ein solches schlägt Eugene the Jeep alle weiteren Deutungen für den Ursprung des Namens Jeep. Was ist dagegen schon die militärisch amtliche Version, die sich auf G.P., die Abkürzung für General Purpose stützt. G.P. klingt anglo-amerikanisch, von einem grimmigen Serganten ausgesprochen Jiiii Piiii, aber diese Annäherung an den Namen Jeep wirkt nach dem charmanten Eugene eher peinlich.

Während Eugene the Jeep in E.C. Segar einen ganz konkreten Vater hatte, sind die Familienverhältnisse bei Jeep auf Rädern sehr viel komplexer. Ins Rollen bringt die

Vor 60 Jahren kam Eugene the Jeep zur Welt. Der Cartoonist E.C. Segar zeichnete das Fabelwesen als einen Partner jenes Matrosen Popeye, dem Spinat aus der Dose unbändige Kraft verleiht

Idee eines kleinen Militärfahrzeugs eine Firma namens Bantam. Sie stellt im Mai 1940 Vertretern der U.S.Army den Prototyp eines solchen Vehikels noch ohne Allradantrieb vor.

Diese Präsentation zündet im U.S. Quartermaster Corps die Idee, eine Ausschreibung für einen leichten Geländewagen mit Allradantrieb (1/4 Ton Truck 4x4) zu erarbeiten und am 27. Juni 1940 an 135 Firmen zu verschicken. Die Forderung nach einem fahrbereiten Prototyp schon 49 Tage später und nach einer Kleinserie von 70 Versuchswagen im Verlauf von 75 Tagen dürfte viele Bewerber aus der amerikanischen Automobil-Industrie abgeschreckt haben.

Drei bleiben übrig: Von den großen Companies ist nur Ford dabei, die beiden anderen, Bantam und Willys Overland, greifen nach dem Militärauftrag wie nach einem Strohhalm in der Seenot. Bantam hatte sich zwar einige Jahre lang mit Lizenz-Nachbauten des britischen Austin Kleinwagens in den USA etabliert; aber dies Geschäft ist nichts mehr, die Werkstore schließen sich am 30. Juni 1940 auf ungewisse Zeit. Bei Willys laufen die Dinge in den Vierzigerjahren auch nicht prächtig. Die Verkaufszahlen der vorwiegend kleinen Autos sind gesunken. Die Bilanz driftet in den Grenzbereich.

So ist ein ungewöhnliches Trio entstanden. Neben Ford mit allem wirtschaftlichen und technischem Potential stehen zwei Firmen in der Krise, die mit hohem Einsatz ums Überleben kämpfen. Und ausgerechnet diese von seriösen Wirtschaftsberatern kaum empfohlene Kombination trägt offensichtlich zum guten Gelingen des Jeep bei.

Das Management von Bantam lockt Karl Probst als Konstrukteur des Army-Autos, obwohl die finanzielle Lage der Firma so katastrophal ist, daß an eine Bezahlung überhaupt noch nicht zu denken ist. Aber Karl Probst hat den Ruf als Workoholic Aufgaben unkonventionell und rasch zu lösen. In dieser Situation analysiert William S. Knudson - früher bei General Motors, jetzt als Automann im Dienst der Army - die Lage klar: Schnell und unbürokratisch voranbringen können das Projekt nur die kleinen Werke. Also überzeugt er dazu Karl Probst, den Job mit Erfolgsbeteiligung anzunehmen. Willys-Overland hat für das Armee-Fahrzeug bereits den richtigen Mann: Barney Roos. Auch ihn beschreibt schon die Vergangenheit bei Willys als einen Ingenieur der Tat, denn gerade erst hat er bei Willys ganz gehörig Dampf gemacht. Auf seiner Suche nach einem starken Motor für den neuen Overland nimmt er sich 1938 in Ermangelung der finanziellen Mittel für eine Neukonstruktion des betagten Whippet-Motors von Willys im Stile eines Tuners an. Er bringt die Leistung der Vierzylindermaschine mit 2,2 Litern Hubraum, die seitlich stehende Ventile hat, von 48 auf 61 PS. Karl Probst, ein Mann von schnellen Lösungen, zeichnet die erste grundlegende Konstruktion des Jeep in einer Schicht von 33 Stunden. Fünf Tage nach dem ersten Zeichenstrich geht ein fertiger Entwurf an die Army. Diese Arbeit überzeugt Knudsen und die Militärs so eindeutig, daß Kopien seiner Zeichnungen an Willys und an Ford gehen, wohl mit der Empfehlung, in diesem Sinne weiterzumachen. Am 21. September 1940 erscheint der erste Bantam Prototyp pünktlich um 17.00 Uhr im Quartermaster Depot in Baltimore, Maryland. Die Konkurrenten lassen sich

Im September 1940 lief der erste Prototyp des Bantam, dessen Konstruktion alle wesentlichen Züge des späteren Jeep zeigte. Eine erfolgreiche Präsentation beim US Quartermaster Corps änderte nichts an der tragischen Tatsache, daß der Jeep die Firma Bantam nicht retten konnte. Der Willys Quad (links) machte am Ende das Rennen

Nach dem 2. Weltkrieg baute Willys Overland zivile Versionen des Jeep. Neben einem Kombi und einem Pick up gab es auch den feschen Jeepster als Cabrio und als Hardtop. Der sehr kurz gefaßte Jeep mit den Schiebetüren ist - zumeist ohne Allradantrieb - im amerikanischen Postzustelldienst rege tätig.

mehr Zeit. Der Willys Quad fährt am 13. November vor, der Ford Pygmy am 23. November 1940.

Es sind drei ähnliche Autos, die zum Test antreten, was durchaus den Plänen der Armee entspricht. Denn dort hegt man die Absicht, das technische Potential zu bündeln und später dann die Produktion der großen Serie auf mehrere zu verteilen. So kommt es rasch zu einer Strategie: von jedem das Beste. Der starke Go-Devil-Motor ist die erste Mitgift von Willys für das Jeep-Projekt. Sein technischer Vater, Barney Roos, ein Perfektionist bis ins Detail, hilft auch die Gewichtsprobleme des Ur-Jeep zu lösen. Die erste Forderung der U.S.-Army ist ein utopisches Leichtgewicht von 720 Kilo. Im November korrigiert sie diesen Wert auf 980 Kilo, was nur von Bantam und Ford mit kleinen schwachen Motoren erreicht wird. Der kräftige, und wie die Quartermaster finden,

richtig motorisierte Willys ist schwerer. Barney Roos speckt ihn konsequent ab, was so weit führt, daß er jeden Bolzen auf das Minimum kürzt und schließlich sogar an der Stärke des Lackauftrags noch 2,5 Kilo spart. So und durch weitere Detailarbeit gibt der dem Willys jenen Feinschliff, der dieses Modell schließlich zum Maß aller Jeeps macht. Willys baut bis zum Kriegsende 362 841 Jeeps, Ford baut 281 448, Bantam bringt es auf 2643 und verschwindet von der Bildfläche.

Die Absicht, den Jeep auch in friedlichen Zeiten weiter zu bauen, bekundet Willys schon vor dem Ende des Zweiten Weltkriegs. Als Ablösung der Militärversionen MA (Vorserie) und MB (Serienproduktion) gibt es fürs Militär den MC, der üblicherweise M 38 genannt wird. Als Allradwagen für eine friedliche Zukunft wird als Civil Jeep der CJ 2A vorgestellt. Es ist dies in Grund genommen

Der Jeep CJ 5/7 war ein kultivierter Nachfolger seiner stark militärisch geprägten Vorläufer. Das machte ihn zum Verkaufserfolg. Unter Jeep-Fans gelten diese CJs als die absoluten Kultautos.

Beim Jeep CJ 3B brachte die hohe Motorhaube die Proportionen etwas aus dem Lot. Bedingt wurde diese durch einen neuen Motor mit hängenden Einlaßventilen. Den blauen Meisterkletterer bewegt allerdings ein wesentlich modernerer Motor.

das gleiche Auto mit dem Go-Devil-Motor. Der Jeep ist lediglich mit etwas freundlicheren Farben, weicheren Federn und etwas bequemeren Sitzen einer zivilen Kundschaft angepaßt. Die Marketing-Strategen setzen auf die Landwirtschaft: Der Jeep soll Traktor und Auto in einem sein. Die Reduktion wird von 1,97 :1 verkürzt auf den bis heute hochgeschätzten Wert von 2,72:1 - allerdings fürs ackern auf dem Feld. Das Auto kostet übrigens 1945 eben mal 1090 Dollar.
Ansonsten werden die Jeeps bürgerlicher. Designer Brook Stevens entwirft einen Station-Wagon, der 1946 in Produktion geht, ein Pick up im gleichen Stil kommt 1947, der kuriose Jeepster VJ 2 (Konstruktion aus Jeep und Roadster) kommt 1948. Ab 1949 gibt es diese Modelle auch mit einem 2,5 Liter Sechszylinder und milden 72 PS.
Im gleichen Jahr erscheint der CJ 3A, der immer noch ein Ur-Jeep ist und von seinen Altvorderen durch die nun ungeteilte Windschutzscheibe zu erkennen ist. Unter der

Der Wrangler YJ wurde von 1986 bis 1996 gebaut.
Im Verkauf war er der erfolgreichste Jeep seiner Art bisher, aber die Fans haben ihm den Stilbruch der rechteckigen Scheinwerfer nie verziehen. Der erste Wrangler war vorwiegend für hohe Fahrsicherheit auf der Straße abgestimmt, es fehlte ihm etwas an der Begabung fürs Gelände, die seine Vorgänger auszeichnete

Haube werkelt immer noch der Go-Devil mit seinen altertümlich stehenden Ventilen. Der CJ 3A zieht wieder in den Krieg – nach Korea.
Als eine etwas eigentümliche Variante erscheint 1953 der CJ 3B. Seine Proportionen sind durch eine aufgestockte Haube aus den Fugen geraten. Aber das Plus an lichter Höhe ist erforderlich für den neuen Hurrican-Motor und 75 PS Leistung aus dem gleichen Hubraum. Höher geworden ist der Hurrican, weil er nun hängende Einlaßventile, aber immer noch stehende Auslaßventile hat. Überlebt hat diese kuriose Karosserieform bis heute bei Mahindra.
Aber zuvor schon 1952 geht die Entwicklung für das Militär einen entschlossenen Schritt in die Zukunft. Der stark verrundete M 38 A1 zeigt neben einer wieder geteilten Windschutzscheibe alle wesentlichen Züge des Jeep CJ 5, jener zweiten Generation, die das zivile Publikum 1954 erreicht. Der CJ 5 bleibt 29 Jahre bis 1984 in Produktion. Die

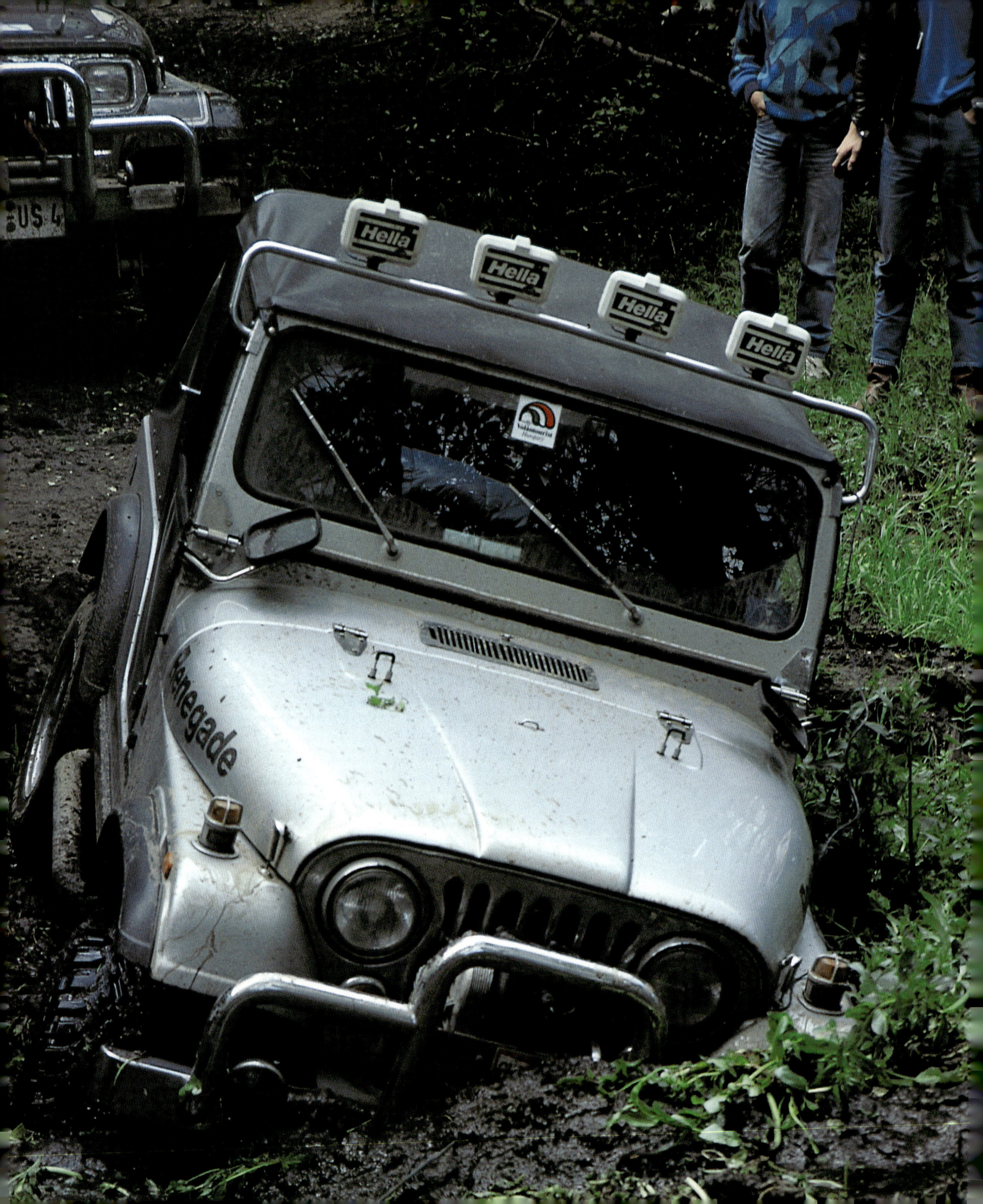
Hella
Hella
Hella
Hella

lange Zeit macht ihn zum Superseller, er wird 610 000 mal verkauft. Der Jeep ist bald nicht mehr der Knecht der Farmer, er fährt vielmehr in eine neue Zeit, in die Epoche der Freizeitgesellschaft. Als lange Version kommt zunächst der CJ 6 (1955 bis 1981), der CJ 7 (1976 bis 1986) und später der CJ 8 Scrambler (1981 bis 1986). Als ein guter Kompromiß zwischen dem eher zweisitzigen CJ 5 und dem vielsitzigen CJ 6/8 geht ab 1976 der CJ 7 auf Erfolgskurs. Ab 1980 verkauft er sich besser als der kurze Kollege CJ 5, der vorzeitig in den Ruhestand geht. Die CJ-Jahre sind gekennzeichnet von mächtigen Motoren. Die Jeeps gibt es nun mit 2,5 Liter Vierzylinder, 4,2 Liter Sechszylinder und Fünfliter Achtzylinder. Die Liason mit Renault in Frankreich bringt ferner einen Zweiliter Vierzylinder und zwei Diesel ins Programm. Als ein Traumwagen aus jenen Tagen gilt ein CJ 5 V8 mit Automatik und permanentem Quadra Trac-Allradantrieb. Aber die Zeit ist weitergegangen und ein Achtzylinder aus jenen Tagen leistet mit seinen im günstigsten Fall 150 PS (110 kW) weit weniger als ein Sechszylinder heute: 177 PS (130 kW).

Der Verkaufserfolg des CJ bringt ein ganz anderes Publikum in den Jeep. Es sind nicht mehr vorherrschend knallharte Geländewagen-Fahrer, sondern Leute, die einen Jeep als individuelles Auto mit einem Hauch von Abenteuer kaufen. Der Wrangler YJ, der 1987 folgt, trägt mit seiner Technik diesem Wertewandel Rechnung. Seine breite Bauweise mit den Achsen des Cherokee hat ein wesentlich sichereres Handling zum Ziel. Der Jeep darf auf der Straße zwar etwas härter sein als bürgerliche Autos, aber er soll seine Fahrer und die zunehmende Zahl der Fahrerinnen nicht vor unverhoffte Probleme stellen.

Das neue Konzept wird ein voller wirtschaftlicher Erfolg. Die jährlichen Verkaufszahlen erreichen ungeahnte Höhen. Denn der Wrangler wird namentlich für Amerikas Jugend zum erschwinglichen Kultauto. Er erobert die Großstädte und vor allem die Parkplätze der Universitäten. Nur im Gelände ist er nicht mehr ganz der Alte. Und auf die Dauer grämt das Bernard Robertson und Francois Castaing, also beschließen sie, einen Jeep zu bauen, der besser klettern kann als je einer zuvor: Der Wrangler TJ.

Hier noch die Antwort auf die Frage, was ein Wrangler ist: Laut Websters »New Encyclopedic Dictionary« kümmert sich ein Wrangler auf einer Ranch um die Reitpferde. Cassell´s Dictionary beschreibt den Wrangler als einen Cowboy, der die Pferde zureitet. Beide Wörterbücher sind sich einig darin, daß es sich auch um einen Quengler handeln kann.

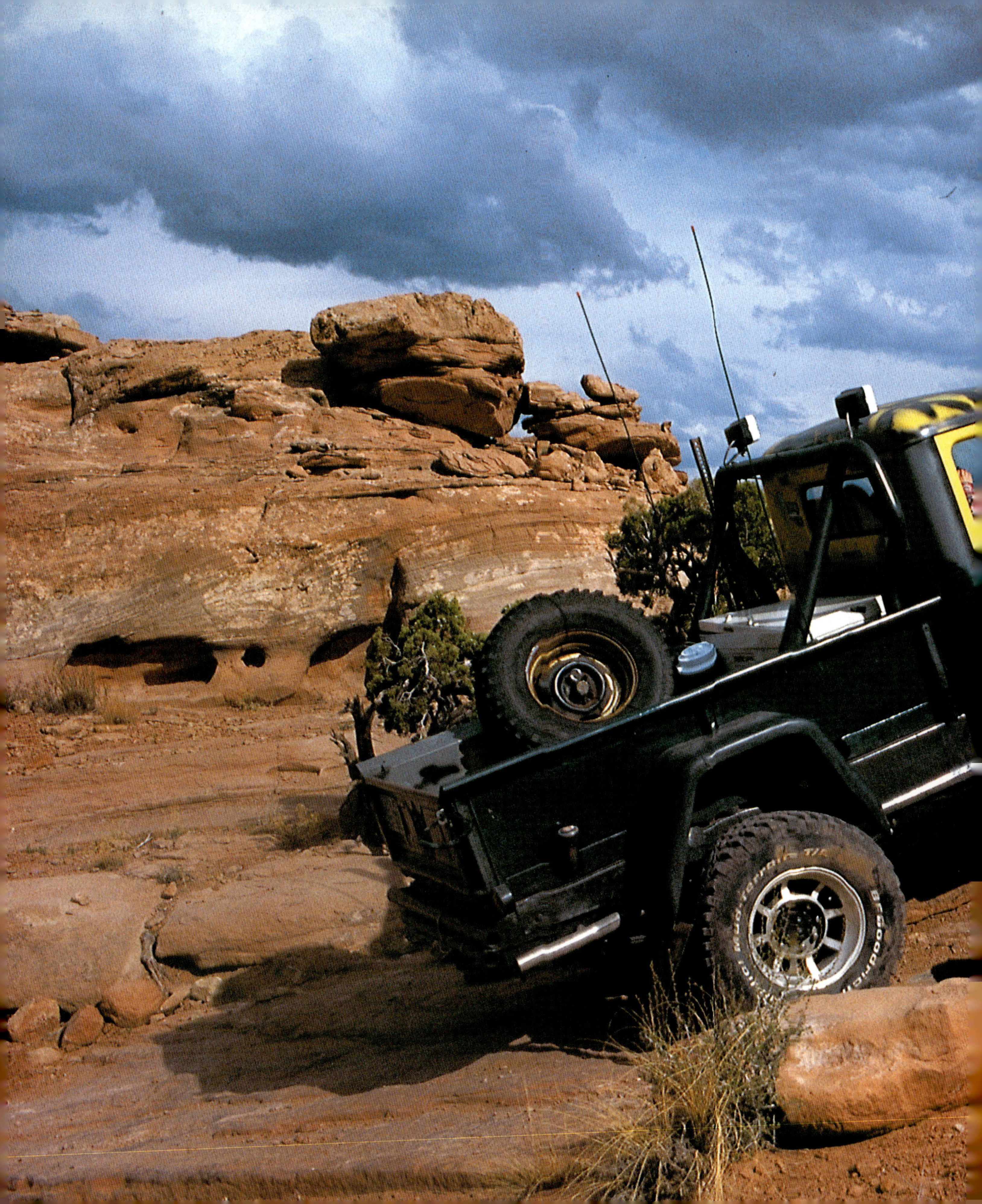
BFGoodrich
Mud-Terrain T/A

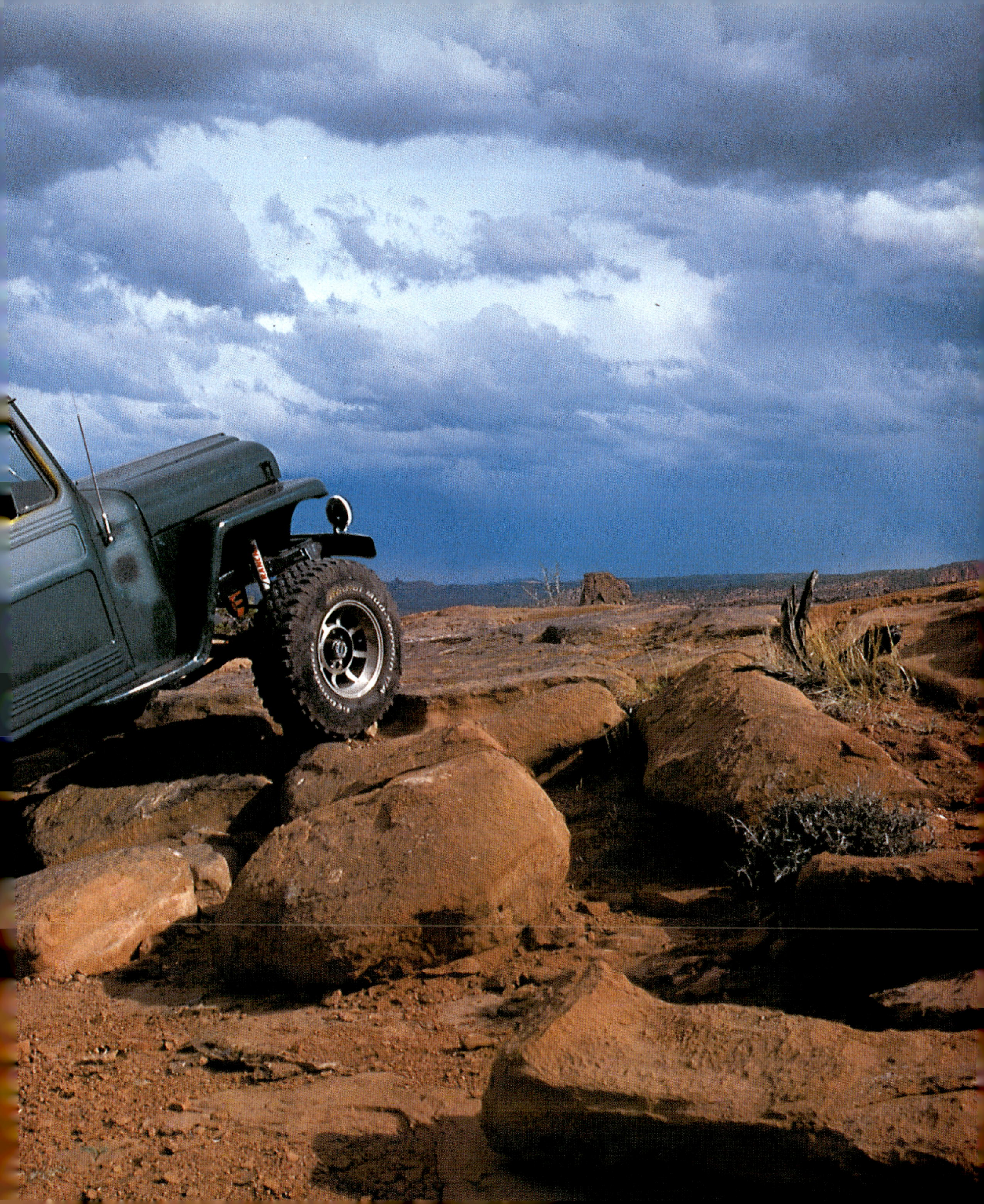

Die Väter des Wrangler TJ

Bernard I. Robertson und Francois J. Castaing, zwei Europäer erneuern eine amerikanische Legende

Auch der jüngste Wrangler, das ist nicht zu übersehen, bleibt ein legitimer Nachfolger des ersten Army Jeep von 1941. Er zählt damit zur ältesten Auto-Dynastie der USA, und zumindest für seine Freunde ist der Jeep in dieser klassischsten Form das amerikanischste Auto überhaupt.

Aber weil dies Land, aus dem er stammt, als das der unbegrenzten Möglichkeiten gilt, muß ein echter Amerikaner auch 1996 nicht unbedingt amerikanische Eltern haben. Der Wrangler TJ hat, wie so manches in den letzten 400 Jahren amerikanischer Geschichte, zwei europäische Väter.

Bernard I. Robertson, Vice President, Entwicklungs-Chef und General Manager für alles, was bei Chrysler mit Jeeps und Trucks zu tun hat, stammt aus England. Am 11. November 1942 kam er in Worcester zur Welt.

Das feste Ziel des jungen Mannes aus Worchester ist es, Ingenieur zu werden. Schon auf der Highschool beginnt er seine Ausbildung in Mechanical Sciences, in den Wissenschaften der Mechanik.

Seine Zuneigung zu den Autos der rustikalen Sorte gewinnt er als Lieutenant der British Royal Artillery zwischen 1962 und 1965. »Die Army hat den Austin Champ zum Nachfolger des Jeep gemacht«, erinnert sich der Chef, den alle Bernie nennen, »der Champ war sehr sophisticated, hatte Einzelradaufhängungen vorn und hinten; er war ein tolles Auto, wenn er lief, aber das tat er nicht immer, ganz gewiß war er für den Militärdienst viel zu anspruchsvoll gebaut.«

Die Unvollkommenheit des Champ schärft Robertsons Ambition zum Auto. Also setzt er sein Ingenieurstudium in Richtung Kraftfahrtwesen 1965 am elitären St. Catherine's College in Cambridge fort. Ein Auslands-Stipendium bringt Bernie schon nach zwei Semestern auf seinen Weg nach Amerika in die University of Michigan. Ein Jahr später kommt der erste, noch akademische Kontakt mit Chrysler zustande. Robertson besucht nun auch die Fakultät für Automotive Engineering am Chrysler Institute. Sein Studium schließt der Brite 1976 an der Michigan State University ab. Mit seiner Ausbildung in Amerika ist der junge Ingenieur daheim in England sehr gefragt. Denn er gilt zwangsläufig als Spezialist für jene neue Herausforderung der Techniker made in the USA: die Abgasentgiftung.

Der Engländer: Bernard I. Robertson

Bernard Robertson tritt in die Dienste der britischen Standard Motor Company, unter deren Dach die Marken Hillman, Sunbeam und Triumph nicht sonderlich gedeihen. Die Motoren sollen für den USA Export, der bei den Triumph-Roadstern immer noch recht rege ist, entgiftet werden. Da Standard Motors seinerzeit zu Chryslers Weltreich zählt, ist es für Robertson ein ziemlich gerader Weg zurück nach Detroit.

Dort beweist Robertson seine universelle Begabung. Er löst Abgasprobleme, managed ein Werk für Endmontage, entwickelt Einspritz-Systeme, ist für die Konstruktion von Fahrwerken und Antriebsaggregaten zuständig.

Den Titel Chef-Ingenieur bekommt er 1980, den des Direktors 1983, und 1986 steigt er zum General Product Manager auf, als er für die Modell-Strategie verantwortlich ist. Vice President der Chrysler Company ist er seit Februar 1992.

»Amerika hat mich von Anfang an fasziniert«, bekennt Bernard Robertson. So lebt er ohne Heimweh nach old England mit der Familie in Michigan. Seine Vergangenheit allerdings hat er selber eingeholt. In seiner Garage steht ein perfekt restaurierter Austin Champ. »Der zuverlässig läuft«, wie er gern festellt. Und nebendran erinnert ihn an die britischen Chrysler-Tage ein ebenfalls exzentrischer Oldtimer, ein Sunbeam Imp. Es war dies der späte und aussichtslose Versuch, dem britischen Karriere-Typ Mini mit einem kleinen Heckmotor-Auto Konkurrenz zu machen. Als ein Hüter der aussterbenden Arten verteidigt Bernie seinen Imp: »Bei Rennen war der Imp einfach super.« Bei Francois J. Castaing läßt schon der Name darauf schließen, der Executive Vice President für Fahrzeugentwicklung und General Manager für Antriebsaggregate ist nicht born in the USA. Francois wurde zehn Tage nach dem Ende des Zweiten Weltkriegs am 8. Mai 1945 in den sonnigen Frühling von Marsaille geboren.

Nach dem Erlangen einer Hochschulreife zeichnet sich Castaing durch eine kluge Wahl der Universität aus. Er studiert an der Ecole Nationale Superieure d'Arts et Metiers in Aix en Provence. Eine früh ausgeprägte Leidenschaft für Rennmotoren hindert Francois daran, dieser Stadt der schönen Künste in einem ewigen Studium zu verfallen: schon 1968 mit 23 Jahren, hat er das Diplom des Ingenieurs.

Zwei Jahre geht Castaing durch die praktische Schule der Rennstrecken, Fahrerlager und Boxen, dann tritt die Rennleidenschaft in ihre seriöse Phase: Castaing zieht aus der heimatlichen Provence in den kühlen Norden von Frankreich. 1970 wird er Rennmotoren-Konstrukteur und Entwicklungs-Ingenieur bei Renault Alpine in Dieppe.

So kommt er in die letzten wilden Jahre einer Alpine 110, die leicht und schnell und laut über die Rallye-Pisten driftet und bei der Rallye Monte Carlo die drei ersten Plätze im Gesamtklassement belegt. 1975 ist Castaing Chef-Ingenieur von Renault Alpine und in Folge auch von Renault Sport. Von nun an setzt er die Fundamente des Erfolges bei Renault. Unter Castaings Leitung entsteht als ein sehr wesentlicher Rennmotor eine V6-Maschine mit zwei Litern Hubraum für die Rennsportwagen von Renault. Die gleiche technische Architektur zeigt später auch jener 1,5 Liter-Formel 1-Motor, mit dem Renault die Turbotage im Grand Prix-Sport einläutet.

Als Renault Ende der siebziger Jahre American Motors übernimmt, gehört Francois Castaing zu jener Gruppe von Renault-Technikern, die zur Amerikanisierung europäischer Modelle für den US-Markt nach Detroit geschickt werden. Er leitet als Engineering Direktor die Vorbereitung des Renault Alliance für die amerikanische Kundschaft.

Der Franzose: Francois J. Castaing

»Ich brauchte einfach eine neue Aufgabe«, bekennt Castaing. Und die braucht er auch noch, als das kurze Intermezzo von Renault bei American Motors zuende geht. Castaing geht nicht zurück ins heimische Frankreich, als Chrysler neuer Herr im Hause wird. Als Direktor der Produktentwicklung bringt er 1983 das Erfolgsmodell Cherokee auf die Räder. Ab 1988 Vice President für Fahrzeugentwicklung bereichert er die Company um weitere Charakterstücke. Nicht nur der Grand Cherokee zählt zu seinen Werken, auch am Dodge Ram, der Amerikas Pick-Up-Markt für Chrysler zurückerobert, ist er wesentlich beteiligt.

Leidenschaft und Erfahrung im Umgang mit Sportwagen bringt Francois Castaing in das Projekt Viper ein. Und schießlich hat er dann den Wrangler TJ auf einen guten Weg gebracht.

Auch der Mann aus Marseille lebt ohne Heimweh fern in Michigan. »Es ist die Vielfalt der Aufgaben, heute Viper, morgen Wrangler, die mir bei Chrysler so gefällt«, sagt Castaing, der vom Mittelmeer an den Lake Michigan gekommen ist, um heute als Executive Vice President für Fahrzeugentwicklung und General Manager für Antriebsaggregate tätig zu sein. Er ist folglich auch der Mann, mit dem man über einen Wrangler V8 reden sollte.

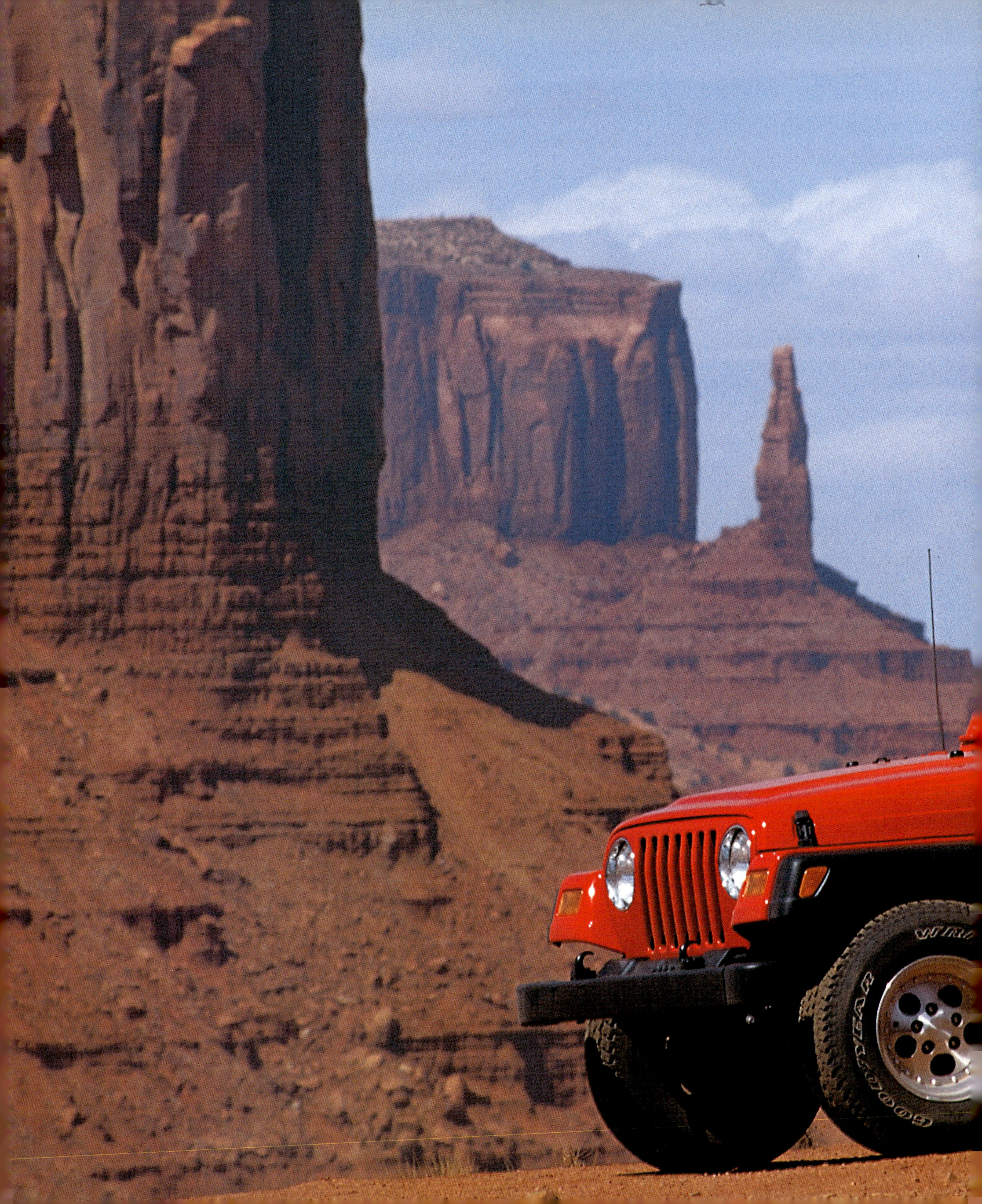
GOODYEAR

Body Building

Die Karosserie: Unter den klassischen Formen stecken Fortschritt, Sicherheit und noch mehr Stabilität

Als Bernard Robertson den neuen Wrangler TJ auf der Tokyo Motor Show vorstellte, schloß er die Begrüßungsrede mit den Worten: »Und was viele von Ihnen freuen wird, er hat wieder runde Scheinwerfer.«
Also ist die Karosserie des Wrangler TJ ein entschlossener Schritt zurück in die Zukunft. Denn die allein vom Wrangler YJ unterbrochene Tradition der runden Scheinwerfer lebt wieder auf. In einem guten konservativen Sinn, der gültige Werte respektiert, ist auch dieser Wrangler ein klassischer Jeep geblieben. Eine nie wirklich unterbrochene Linie der Familie läßt sich bis hin zum Urvater Willys einwandfrei nachweisen.
Die tatsächlichen Änderungen an der Karosserie sind umfangreicher als der erste Blick erkennen läßt. Die Stilisten und Ingenieure schufen mehr als nur ein runderes Design. Es galt, hier eine ganze Reihe neuer Forderungen zu erfüllen, wie sie heute an ein modernes Fahrzeug gestellt werden. Platz für zwei Air Bags war bereitzustellen und weiterer Raum für eine Klimaanlage, die nun für alle Modelle verfügbar ist. Mehr Sitzbreite im Fond stand weiterhin im Lastenheft, und dann gab es noch einen besonders strengen Punkt, der Wrangler sollte ohne nennenswerte Änderungen im Karosseriebereich als Links- und als Rechtslenker zu produzieren sein. Denn neben dem bemerkenswert florierenden englischen Markt hat der asiatische Wirtschaftsraum so gewaltig an Bedeutung für Jeep gewonnen, daß die Vorstellung des Wrangler ganz überraschend in Tokyo stattfand.
Die geforderten Änderungen und Verbesserungen gingen schließlich so weit, das die

Der Wunsch nach gründlicher Veränderung des klassischen Motivs wird im Entwurf von Vito Marco Ianniello, der in Pforzheim Automobil-Design studiert, ganz deutlich. In den Studios von Jeep enthielt man sich solcher Versuchung und führte das Thema klassisch weiter.

Techniker beschlossen, eine komplett neue Karosserie in klassischem Stil zu bauen. Und das begannen sie mit einer wesentlichen Neuerung in der Grundstruktur. Sie verstärkten das Bodenblech das Aufbaus durch eine ausgeprägtere Profilierung und kräftigere Traversen. Aber den Löwenanteil aller Festigkeit erreichen sie durch die Neugestaltung des sogenannten Windlaufs, im fachlichen Englisch kurz Cowl genannt. Es handelt sich dabei um jenes Element der Karosserie, das die Spritzwand zum Motor, den Träger des Armaturenbretts und die Basis der Windschutzscheibe in sich vereint. Mit einer zweiten, hinter der Spritzwand quer verlaufenden Blechstruktur, dem Armaturenträger, bekommt der Windlauf eine um ein vielfaches höhere Steifigkeit. Damit stellten die Techniker sicher, daß Lenksäule und Windschutzscheibe auch auf grobem Untergrund Ruhe bewahren und nicht ins Zittern kommen.

Weitere Festigkeit gewinnt der Aufbau durch eine gezielte Integration des Sport Bar – Überrollkäfig - in die Karosseriestruktur. Die Werte des Fortschritts sind im einzelnen sehr eindrucksvoll. Insgesamt nimmt die Torsionsfestigkeit von Karosserie plus Rohrkäfig beim TJ gegenüber dem YJ um 100 Prozent zu. Der Anteil des Aufbaus an der gesamten Festigkeit des Fahrzeugs beträgt heute 33 Prozent. Beim Wrangler YJ, der einen weniger stabilen Rahmen hat, sind Karosserie und Rohkonstruktion nur zu 20 Prozent an der Verwindungsstabilität des Fahrzeugs beteiligt.

Jene 60 bis 70 Prozent Verbesserung an Festigkeit, die dem integrierten Überrollkäfig gutgeschrieben werden, basieren auf einer gezielten Vorbereitung der Karosserie. An allen Aufnahmepunkten des Käfigs ist das Bodenblech durch Hut-Profile verstärkt. Der zentrale Bügel stützt sich auch im Türschloßbereich versteifend an der Karosserie ab. Die Verschraubung der waagerechten Rohre oben mit dem sehr viel stabileren Windschutzscheibenrahmen trägt deutlich zur Festigung des Wranglers bei. An ihrem Heck und im Bereich der Tür zum Kofferraum erhält die Karosserie zusätzliche Stabilität durch die hinteren Rohrbügel des Käfigs. Dieses umfangreiche Paket an Maßnahmen schafft beim Jeep Wrangler einen in seinen Grundlagen gefestigten Qualitätseindruck. Karosserie und Auto sind heute ein Muster an Verwindungssteifigkeit. Geräusche, die vom Stress des Aufbaus künden, gibt es weder auf schlechten Straßen noch im Gelände. Selbst auf dem unerbittlichen Gestein des Rubicon Trail ist kein Knarren und kein Knistern zu vernehmen - und das bei einem Auto, das die Tour der Qualen schon 15 mal zuvor gemacht hat.

Deutlich verrundet, mit nach vorn abfallender Haube und mit einer stärker geneigten

Der Auftrag an die Designer von Jeep lautete: einen neuen Wrangler zu entwerfen, der alle wesentlichen Merkmale seiner Vorgänger zeigt. Im Stil der Zeit ist ein runderer Jeep entstanden, dessen Luftwiderstandsbeiwert heimlich von 0,63 auf 0,55 sank.

Das Softtop des Wrangler TJ erlaubt es, die Sommerfrische in drei Stufen zu genießen. Geschlossen schützt es zuverlässig vor Wind und Wetter, sind die Seitenteile herausgenommen, wird der Innenraum perfekt durchlüftet und das aufgespannte Dach fungiert als Sonnenschirm. Beides ist ideal für tropische Temperaturen

Ganz geöffnet ist der Wrangler ideal für den meist milden Sonnenschein in unseren gemäßigten Breiten. Das völlig neu konstruierte Dachgestänge erleichtert das Öffnen und das Schließen ganz erheblich. Aber es empfiehlt sich, die Handhabung zu üben, damit es nicht vor dem ersten Wolkenbruch zur Panik kommt.

Das Hardtop gibt es, wie übrigens auch das Softtop, in Deutschland in zwei Farben: black & spice. Das schwarz paßt gut zu vielen Farben, aber es erhöht unter der Sonne die Temperatur im Auto.

Windschutzscheibe hat der Wrangler TJ harmonischere Proportionen und auf eine sehr diskrete Weise einen um 10 Prozent niedrigeren Luftwiderstand. Die deutsche Version mit den Schmutzabweisern zwischen Kotflügeln und Stoßstange wirkt da sogar ein wenig wie eine spezielle Aerodynamik-Variante. Diese TÜV-Lappen aus schwarzem Plastik vorn sind gar keine so schlechte Alternative zu den Gummi-Knollen der amerikanischen Ausführung. Sie sind nachgiebiger beim Aufsetzen im Gelände, was verhindert, daß sich die Stoßstange allzuleicht verbiegt. Die Änderungen im Bereich des Windlaufs schaffen Platz für ein großzügigeres HVAC-System, diese clevere amerikanische Abkürzung steht für Heating, Ventilation, Air Condition. Heizung und Lüftung wurden so leistungsfähiger, die aufpreispflichtige Klimaanlage kann in das Ganze integriert werden. Ferner bietet die neue Trägerstruktur oberhalb des Handschuhfachs Platz für den Beifahrer-Airbag.

Das Ambiente des neuen Jeep Wrangler TJ bestimmt das neue Armaturenbrett mit seiner klaren Gliederung in die drei Module: Instrumente & Bedienungselemente, HVAC-System & Radio, Airbag & Handschuhfach. Die klare Trennung vereinfacht die Fertigung von Links- und Rechtslenkern: Die Module eins und drei tauschen die Plätze.

Auch die nächste wesentliche Änderung verdankt der Wrangler seiner Internationalisierung. Die herkömmliche, sehr viel praktischere Handbremse ist im Gegensatz zur alten Parkbremse mit dem Fußpedal, von links und rechts gleichermaßen gut zu bedienen.

Eine erfreuliche Bereicherung des Wrangler ist die um 15 Zentimeter breitere Sitzbank hinten, die durch eine Umgestaltung der hinteren Radhäuser möglich wurde. Die Hecktür gewann durch eine neue Aufhängung an Schliessbändern aus Aluminium so viel an Stabilität, daß die mit guten Festigkeitsreserven in der Lage ist, das Reserverad zu tragen Die Verlegung des Tankverschlusses aus seinem originellen aber unpraktischen Versteck unter dem Nummernschildhalter darf als ein kluger Akt der Rückbesinnung auf das Konventionelle begrüßt werden.

Die freie Wahl der Dächer, wie sie zumin-

*Das Hardtop in spice hat die Farbe des Gewürzes Zimt. Es paßt eher zu grünen und zu schwarzen Autos. Im Sommer wird es unter dem Zimt-Dach nicht ganz so heiß.
Noch besser ist da das weiße Hardtop, das es im kühlen Deutschland bisher nicht gibt.*

dest der amerikanische Käufer eines Wrangler wahrnehmen kann, stellt vor die Anschaffung eine Gewissensfrage: Nehme ich nun das vernünftige, praktische, haltbare und sichere Hardtop, oder bin ich einer von den kernigen Kerlen, die ihren Wrangler grundsätzlich offen und nur in Notfällen mit dem Stoffverdeck fahren?
Als kluge Lösung dieses Konflikts empfehlen sich beide Dächer. Das Hardtop hält den Jeep auch im Winter warm, es ist vergleichsweise einbruchsicher, es hält auf langen Reisen die Windgeräusche auf erträglichem Mass, seine Allwettertauglichkeit hat Jeep durch heizbare Heckscheibe, Heckwischer plus Wascher bereichert, und so stützt es in großer Breite die bürgerlichen Qualitäten eines Wrangler in den alltäglichen Zeiten.
Das Softtop wiederum verwandelt den Wagen in ein Cabrio mit frischluftigem Freizeitwert.
Das eigens für den Wrangler TJ überarbeitete Hardtop schafft deutlich günstigere Voraussetzungen für das Zweidach-System. Es ist durch seine einschalige Bauweise um 6,8 Kilo leichter geworden. Es wiegt nun 27 statt bisher 34 Kilo und ist entsprechend weniger mühevoll zu handhaben. Auch ist die Anzahl der Verschraubungen kleiner geworden - sechs statt acht, und die Befestigung an der Windschutzscheibe erfolgt mit Schnappern wie beim Softtop.
Das Cabrio-Verdeck des Wrangler TJ ist komplett neu. Es ist einfacher zu öffnen und zu schließen als bisher. Weniger als ein Drittel des bisherigen Zeitaufwandes sei nötig, ermittelte die offizielle Zeitnahme bei Jeep. Vom Zeitgeist jener Elektrodächer, die für eine Eröffnungs- oder Schliesspartie flüchtige zwölf Sekunden brauchen, unterscheidet sich das weiche Wrangler-Dach weiterhin klar. Es hält seinen Eigner fit und im Vollbesitz seiner Geschicklichkeit. Die kratzempfindlichen Kunststoff-Scheiben fördern seinen Sinn für die Werterhaltung kostbarer Teile. Ein Satz Badetücher zum Einwickeln der transparenten Teile sollte in keinem Softtop-Wrangler fehlen.
Keine offensichtlichen stilistischen Änderungen sind beim vielfältigen Türsystem zu erkennen. Tatsächlich aber wurden alle Blechtüren in ihrer Struktur verstärkt, und sie

Das Armaturenbrett des Wrangler TJ ist übersichtlich, klar und sachlich. Ad-a-trunk ist ein Schließfach im Kofferraum, das bei abgeschlossener Hecktür vor raschem Zugriff sicher ist. Alle neuen Wrangler haben serienmäßig Stahlfelgen, das Alurad rechts gibt es nur in USA. Der Tankverschluß befindet sich jetzt seitlich hinter dem Hinterrad. Ein zweiter Schalthebel ist für Allradantrieb und Reduktion zuständig.

erhielten stärkere Scharniere. Von Chrysler importiert werden nur die großen Türen mit den Kurbelscheiben, die vielleicht nicht ganz so stilvoll wie ihre Alternativen, aber auf jeden Fall sehr viel praktischer sind im regnerischen und oft auch kühlen deutschen Alltag.

Eleganter und jeepmäßiger allemal sind die sogenannten Halbtüren, die seit jüngstem auch eine EU-Zulassung haben. Das TÜV-Problem dieser Variante liegt in den Steckfenstern, deren nicht ganz kratzfeste Kunststoff-Scheiben nach Ansicht der TÜV-Weisen keine dauerhaft klare Sicht gewährleisten

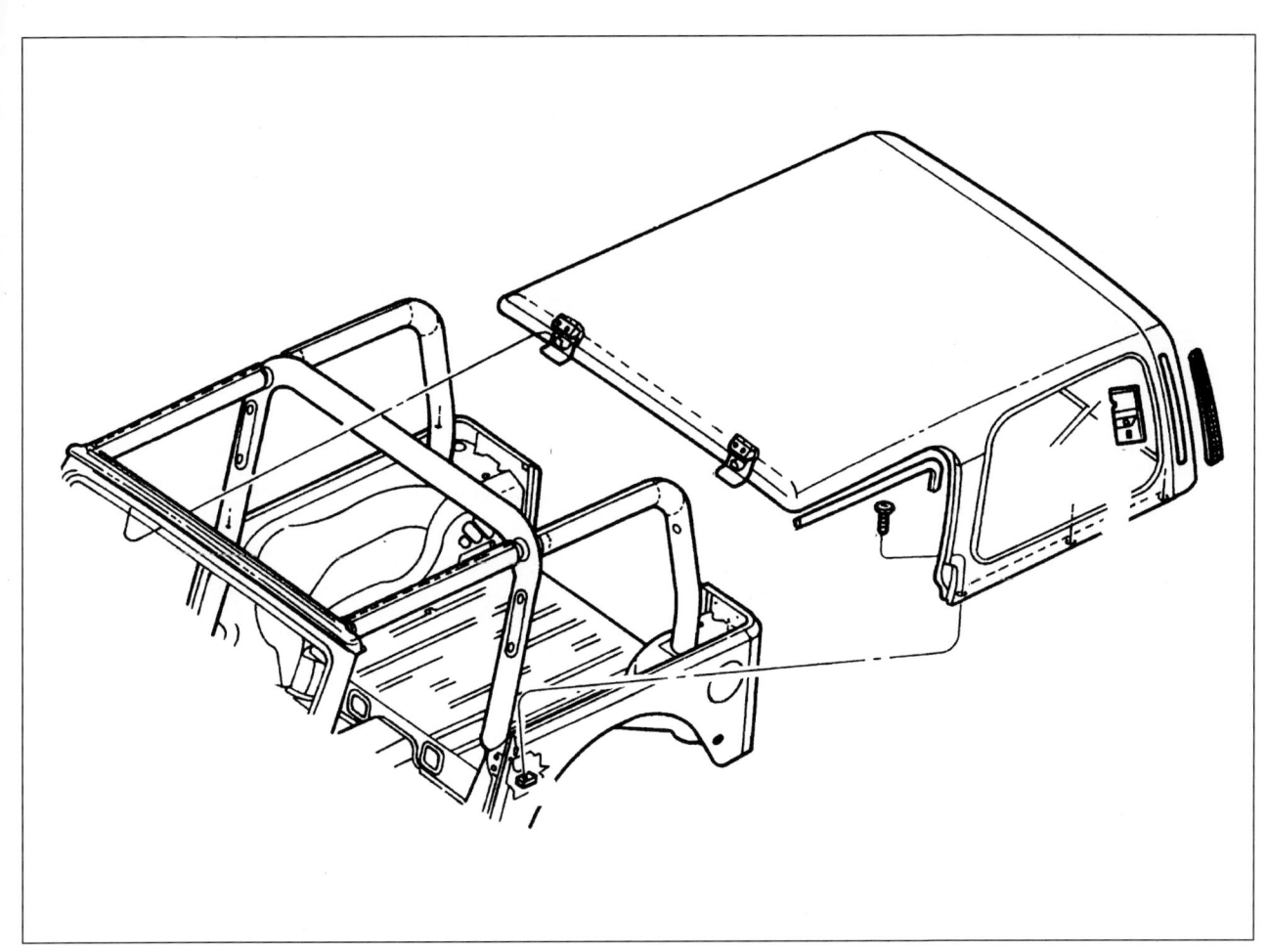

Das Hardtop des Wrangler TJ ist leichter als früher und einfacher zu montieren.
Das zurückgeklappte Softtop hat unter dem Hardtop Platz.
Der Überrollkäfig ist mit der Karosserie verschraubt. Soll die Windschutzscheibe umgeklappt werden, müssen die beiden Rohre über der Tür entfernt werden.

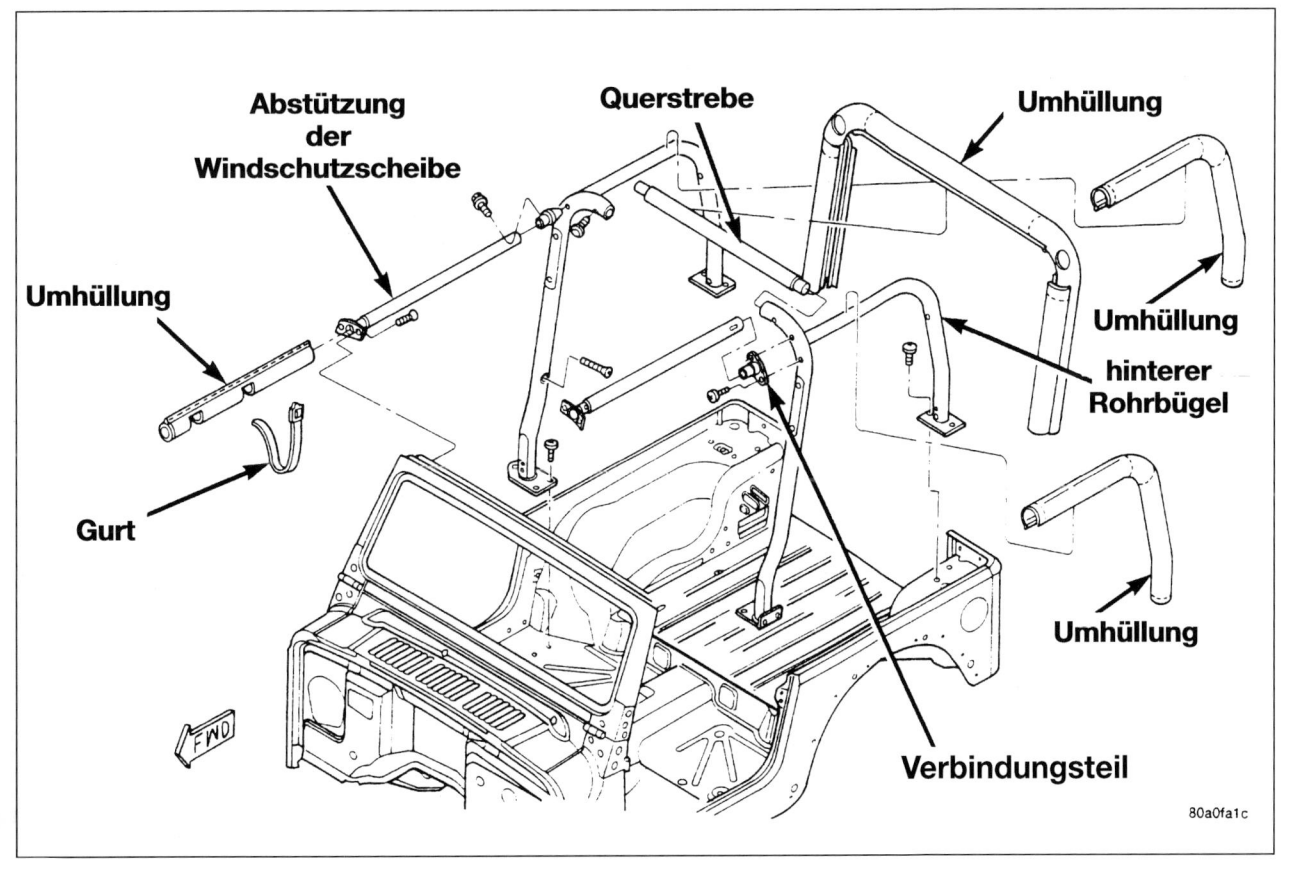

Abstützung der Windschutzscheibe

Querstrebe

Umhüllung

Umhüllung

Umhüllung

hinterer Rohrbügel

Umhüllung

Gurt

Verbindungsteil

31

Der Long Canyon führt nördlich von Moab im amerikanischen Bundesstaat Utah zum Colorado River. Landschaften wie diese sind der natürliche Lebensraum für einen klassischen Jeep wie den Wrangler TJ, der mit traditionellem Design ins nächste Jahrtausend startet.

und damit eine technisch schlechtere Lösung darstellen. Das ist Grund genug, den Segen zu verweigern.
Als weitere Alternative kommen aus dem Zubehörhandel noch leichte Stofftüren, bei denen ein Rahmen aus Rundstahl mit Segeltuch überzogen ist. Auch sie sind nicht gerade nach dem Geschmack der Zulassungs-Behörde, aber eine Einzelabnahme gilt als möglich.
Die Windschutzscheibe des Wrangler ist weiterhin umlegbar. Vor allem amerikanische Off-Roader legen Wert auf diese für einen Jeep so typische Eigenart. Der Gewinn an frischer Luft ist bei gefalteter Scheibe zweifellos erheblich, auf schnelleren Passagen atemberaubend und in staubigem Terrain bisweilen auch etwas lästig. Die Übersicht wird nach dem Wegklappen des Glases nicht wirklich besser, denn der Rahmen der umgelegten Scheibe nimmt die Sicht auf die vorderen Kanten.
Ganz ohne Mechanikermühe und Spezialwerkzeug läßt sich die Windschutzscheibe nicht aus dem Gesichtsfeld schaffen. Zunächst einmal fehlen bei der deutschen Version die Kunststoffknebel an den Schrauben zur seitlichen Arretierung. Hier muß ein Torx-Schlüssel der Größe T 40 her. Ein Torx T 50 ist zum Lösen der Rohrstreben des Überrollkäfigs zur Windschutzscheibe nötig. Um die beiden Rohre während des Off Road-Abenteuers unterzubringen, gibt es Halteschlaufen am Wagenboden.
Achtung: Das Fahren mit umgeklappter Windschutzscheibe ist in Deutschland im öffentlichen Straßenverkehr nicht erlaubt.
Beliebt ist außerdem das Entfernen der Türen für den Ritt durchs grobe Gelände. Auch dies ist eine Änderung, die bei strenger Auslegung der Straßen-Verkehrs Zulassungs-Ordnung ein Außerkrafttreten der Betriebserlaubnis zur Folge haben kann. Der nötige Arbeitsumfang ist gering: Es müssen nur die Muttern der Bolzen in den Türscharnieren entfernt werden, dann lassen sich die geöffneten Türen nach oben herausnehmen. Bei der Gelegenheit verschwinden auch die Außenspiegel. Ersatzspiegel, die an den Türscharnieren befestigt werden, gibt es nur im amerikanischen Zubehörhandel.
Zuletzt noch eine ganz besonders gute Nachricht vom neuen Wrangler TJ. Die Karosserie ist an allen Partien, die mit Wind und Wetter in Berührung kommen, beidseitig verzinkt, was einen lebenslangen Rostschutz garantiert. Über die Zinkschicht kommt eine Grundierung, die im Elektrophorese-Verfahren auf alle Blechflächen einschließlich der nirgendwo völlig abgeschlossenen Hohlräume besonders gleichmäßig aufgetragen wird. Der Wrangler TJ hat also beste Aussichten, noch älter zu werden als seine Vorfahren, und von denen sind manche mit 50 Jahren doch ziemlich rüstig.

Die Rücklichter des Wrangler TJ sind ein hochgeschätztes Erbstück. Sie haben sich seit mehr als 20 Jahren nicht geändert und bei jedem Modellwechsel achtet die Company streng darauf, daß sie so bleiben, wie sie immer waren.

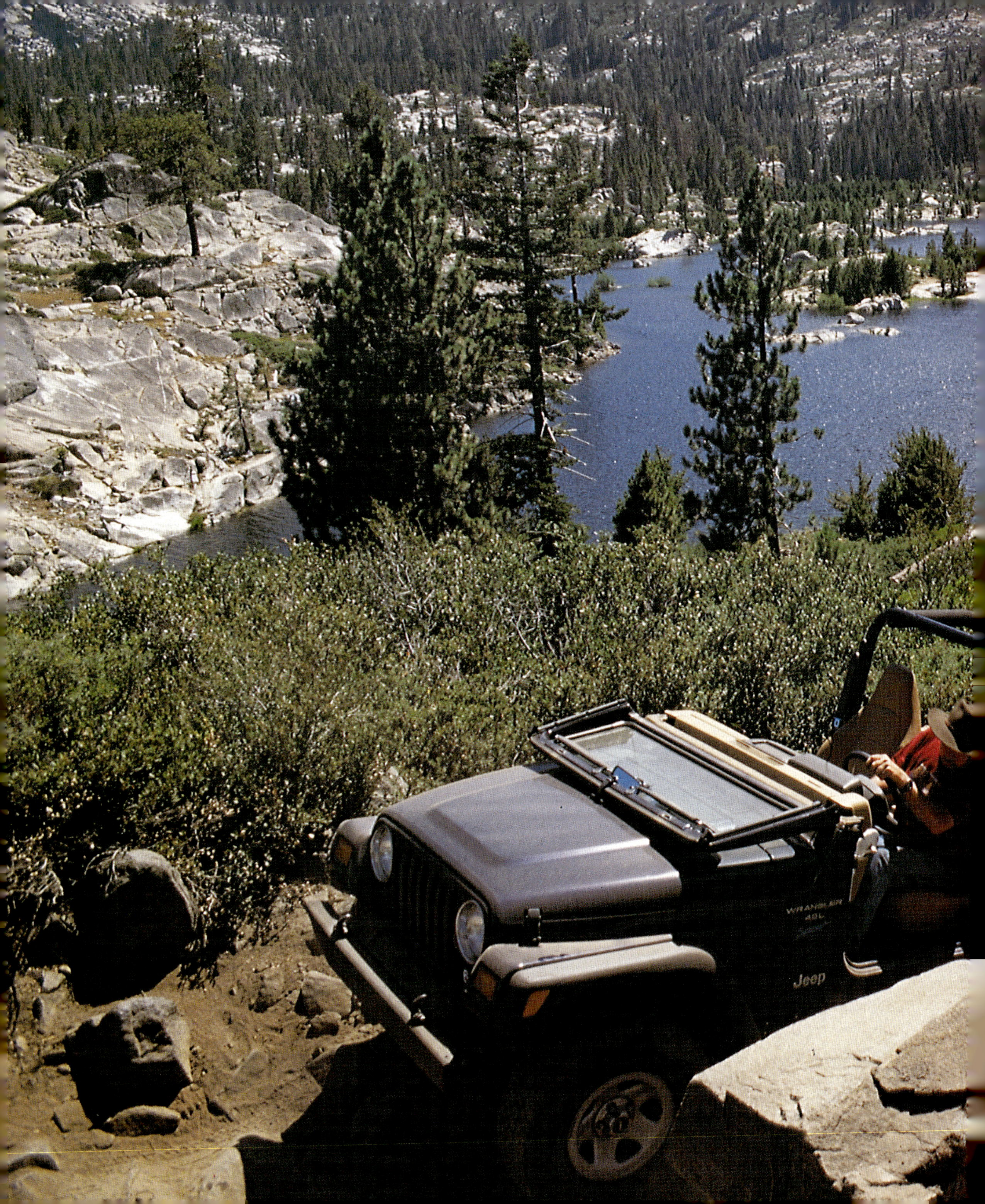
WRANGLER
4.0L
Jeep

Wo ein Wrangler ist, ist auch ein Weg

Jeep Jamboree am Rubicon Trail

Die hohe Kunst der Legendenbildung hat 21 steinige Meilen durch Amerikas wilden Westen zum Pfad der endgültigen Erleuchtung wahrer Jeeper werden lassen. Der Rubicon Trail spaltet die weltweite Gemeinde in zwei Parteien. Die kleinere ist jene der Auserwählten, die dort fahren durften und all den grausamen Granit bezwungen haben. Ihr Selbstbewußtsein steigert sich danach zu Heldenverehrung. Und selbstverständlich schauen die mit den Wassern des Rubicon geweihten Jeeper auf alle Kollegen, die der Gnade des kalifornischen Gesteins nicht teilhaftig wurden, mit bedauernder Überheblichkeit herab.

Seit 44 Jahren dient der Rubicon Trail dem schönen Zweck, aus Knaben, die einen Jeep besitzen, nun endlich wahre Männer zu machen. Was aus den Mädels wird, die tapfer mitfahren, ist offenbar kein Thema für die Heldensagen, die um die Lagerfeuer kreisen. Entdeckt hat diesen Trail - oder besser gesagt wiedergefunden - der Kalifornier Mark Smith auf der Suche nach der Direttissimo zwischen dem heimischen Georgetown und dem Lake Tahoe. An dessen Gestaden übrigens die Cartwrigts von der Ponderosa-Ranch zu baden pflegten.

Offensichtlich stark beeindruckt von der Felsenpiste machte Mark Smith den Rubicon Trail zum Maß der Dinge und definierte die maximale Schwierigkeit mit der Zahl 10. Und diese 10 etablierte sich als letzte Maßeinheit vor dem Unbezwingbaren und als besonderes Privileg des Rubicon. Zwar gibt es 44 Jahre nach dem ersten Jamboree zwischen Loon Lake und Lake Tahoe 33 weitere Jamborees allein in den USA, aber kein anderer Veranstalter wagt es, die absolute Größe 10 auch für seinen Trail zu beanspruchen.

Die Geologen führen zur Härte des Rubicon Trail das hohe Alter der soliden Steine an. Mit der kristallinen Ausformung des Granits aus flüssigem Magma soll schon vor 180 Millionen Jahren begonnen worden sein.

Der Unterbau des Rubicon Trail ist von sehr solider Machart: von den Gletschern der Eiszeit geschliffener Granit. Eine umgelegte Windschutzscheibe entspricht bei Jeepers Jamboree der Kleiderordnung, obwohl die Übersicht davon nicht besser wird.

Später dann vor 45 Millionen Jahren muß es hier in der Sierra ziemlich vulkanisch zugegangen sein mit gewaltigen Lavaströmen überall. Viel später erst vor drei Millionen Jahren begann sich die Gegend dermaßen zu falten, daß sich die Berge 2000 Meter über den Pazifik erhoben. Und vor einer Million Jahren gingen die Gletscher der Eiszeit daran, Terrain und Steine etwas glatt zu hobeln.

Ihre erstaunlichste und allem Anschein nach bis heute unerforschte Wandlung nahm die Gegend in einer weit jüngeren Vergangenheit. Bevor der weiße Mann in dieses Land kam, schätzten es die Indianer, am Lauf des Rubicon ihre Sommerfrische zu genießen. Die ersten Europäer, die dem Beispiel folgten, waren 1867 die Gebrüder John und George Hunsucker. Sie bauten sich am Fluß ein Blockhaus und entdeckten mehr aus Zufall Quellen feinsten Mineralwassers, worauf sie sich die Adresse Rubicon Springs zulegten.

Und damit sind wir nun im mythischen Teil der Rubicon-Geschichte. Denn zunächst wurde das Mineralwasser nicht einfach nur an Ort und Stelle getrunken, sondern auf Flaschen gefüllt, abtransportiert und mit Erfolg verkauft, weil es sich als heilsam bei Krankheiten an Magen, Leber und Nieren erwiesen hatte. In den folgenden Jahren entstand ein hölzernes Hotel, das Rubicon Springs zum Kurort machte. Zunächst wurde der Ort fahrplanmäßig von der Postkutsche angefahren. Später schaffte das Hotel einen Luxuswagen der Marke Pierce Arrow mit zehn Sitzplätzen an, der die Gäste sowohl im Westen bei Wentworth Springs oder im Osten am Lake Tahoe bei Chambers Lodge abholte. Genau das aber sind auch heute noch die Endpunkte des Rubicon Trail. Der Forschung, die 180 Millionen Jahre zurückreicht, ist offenbar entgangen, was sich am Rubicon Trail seit den späten Zwanzigern dieses Jahrhunderts zugetragen hat. Das einstmals blühende Hotel ging in Ermangelung von Kurgästen bankrott. Eine für Luxus-Wagen passierbare Straße verkam zu einem Horror-Trail, der selbst Jeep-Fahrer in Angst und Schrecken versetzt. Man weiß es nicht. Als Mark Smith den Felsenpfad vor fast 50 Jahren entdeckte, brach gerade die Ruine des Hotels zusammen, den Straßenzustand beschreibt Mark damals so wie heute. Die Piste ist seither so schlecht, daß selbst topographische Karten den Rubicon Trail keiner Linie würdigen. Aber der Sidekick-Verlag in Chino, California, weist auf einem kleinen Kartenblatt einen Weg, der eigentlich nicht zu verfehlen ist, denn hinter dem Loon Lake führt allein der Rubicon Trail nach Osten. Diese beschwerliche Reise zum Lake Tahoe haben sich Christoph und ich besonders ungerecht geteilt. Ich werde die schwere Aufgabe des Fahrens übernehmen, während er die meisten der 21 Meilen laufen darf und zu seiner Unterhaltung auch noch die Gelegenheit bekommt, mich und das ganze Spektakel zu fotografieren.

Loon Lake heißt See der fischenden Vögel, aber nicht nur das ist offensichtlich. Viele Leute aus der Gegend haben ihr Wochenende gründlich verlängert, um hier der Lieblingsbeschäftigung der Amerikaner, dem Angeln, nachzugehen. Sie warten ungerührt und schweigend auf den Biß einer Forelle, während das Jamboree vorüberzieht.

Wer immer, wie ich, hierher kommt, um bei einem Jamboree die höchsten Weihen eines Jeep-Fahrers zu empfangen, erfährt beim unvermeidlichen Briefing, daß er als wahrhaft Ahnungsloser nun das Paradies betritt. So geht es beispielsweise Tim, der glaubt, er sei als Fahrwerkskonstrukteur bei Jeep wohl in der Lage, den Reifendruck nach eigenem Gutdünken abzulassen. Aber augenblicklich rüffelt ihn der Guide: »Laß bloß die Luft drin, wir brauchen Bodenfreiheit, Traktion gibt es genug.« Und alle, die dem schlechten Beispiel folgen, bekommen einen Rat fürs Leben: »Trau nie den Ingenieuren, hör auf uns Praktiker.«

Auch die übrigen Botschaften unseres Guides sind elementar und lassen auf die Überzeugung dieser Herren schließen: »Wer mit uns auf den Trail geht, der kommt durch, sofern er auf uns hört.« Und hören beispielsweise sollen wir auf den Befehl: »Es wird alles in der Reduktion und im ersten Gang gefahren,« oder auf die strenge Belehrung des einen Trail-Masters: »Jeder muß sich unbedingt an die Anweisungen des Guides halten.« Worauf ein anderer hinzufügt: »Auch wenn sich das als komplett falsch

Big Sluice Box zählt zu den grimmigen Passagen des Rubicon Trail. Seit 44 Jahren widersteht der harte Granit den aufsetzenden Differentialen, die nur minimale Spuren in seine Oberfläche graben konnten.

Wer an der Big Sluice Box die optimale Linie findet, bringt seinen Wrangler elegant und ohne groben Bodenkontakt über die mit Felsbrocken gespickte Piste.

Wer aber den rechten Weg um wenige Handbreit verfehlt, erlebt in der Big Sluice Box ein wahres Abenteuer.

Der Fahrer in dieser Bild-Sequence läßt seinen Wrangler regelrecht über die Felsen tanzen. Daß der das aushält, spricht für die Unerschütterlichkeit seiner Technik.

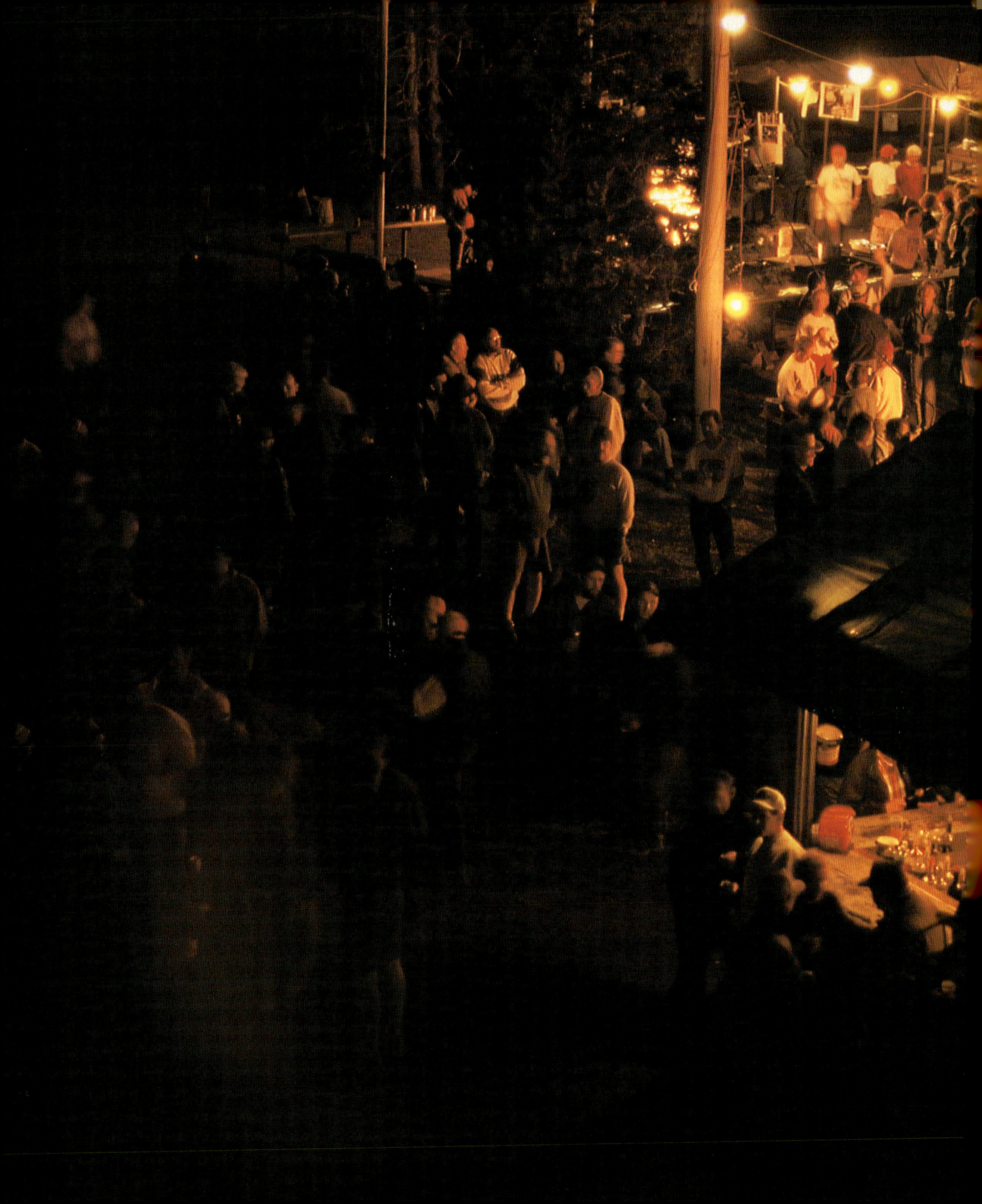

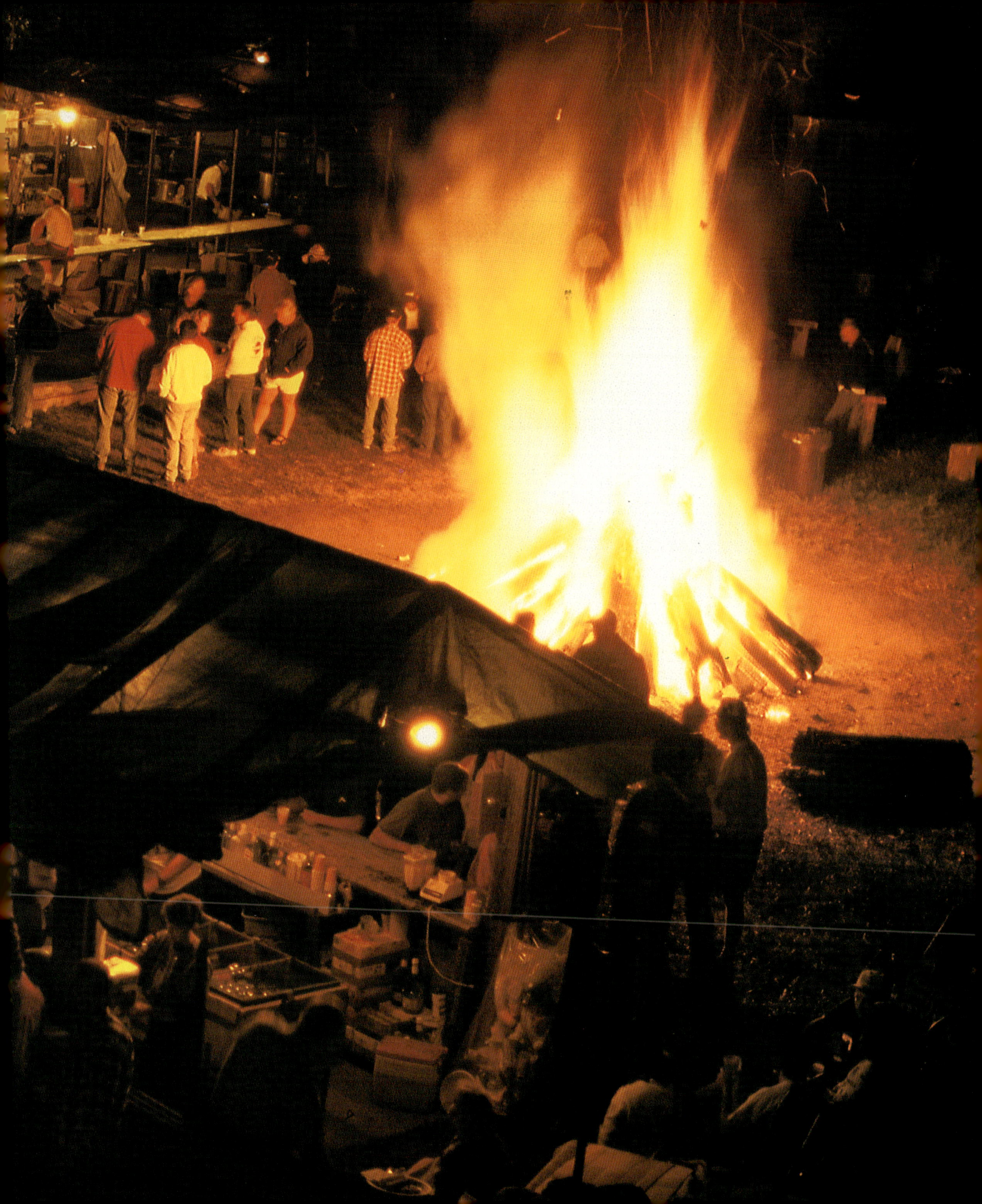

Guides weisen den Neulingen am Rubicon Trail den rechten Weg. Sie kennen jeden Stein zwischen Georgetown und dem Lake Tahoe, und die vielen Touren über den Granit haben Charakter und Profil geprägt.

erweisen sollte.«

Zum Standard-Repertoire gehört normalerweise auch die Anordnung: »Egal was kommt, Fuß von der Kupplung. Und vergeßt alles, was ihr über das Anfahren gelernt habt. Wir legen den Gang ein, drehen den Zündschlüssel bis der Anlasser läuft und geben Gas. Wer anhalten will, schaltet einfach die Zündung wieder aus.«

Diese Lektion bleibt uns erspart. Die Wrangler, die den Gästen von Jeep am Rubicon zur Verfügung stehen, respektieren unsere Fahrkunst mit einer Automatik.

Deren Vorzüge verfestigen sich in meinem Bewußtsein schon auf der ersten Grob-Klamotten-Passage. Mit seines Wandlers weicher Kraftübertragung kriecht der Jeep ganz gemächlich von einer Verschränkung in die andere. Enge Kurven zwischen Fels und Baum lassen sich behutsam zirkeln. Der Sechszylinder muß sich nur mit Leerlaufdrehzahl um das nötige Drehmoment bemühen.

Das Felsbrockenpflaster verdichtet sich zur Buckpiste. Von den Guides ist weit und breit keiner zu sehen, sie lassen uns die Ideallinie einfach selber suchen. Aber das geht ganz gut und immer mehr wird deutlich, die Wrangler sind hier aufgewachsen, sie haben viele Testmeilen am Rubicon gefahren, und seither paßt ihnen die Strecke.

Dann aber doch ein Stück mit Einweiser, das seine Schwierigkeit geheimhält, weil hinter einer Felsplatte ein abgründiges Gefälle gähnt. Hier empfängt jeder ein paar sparsame Handzeichen zur Richtung und das regelmäßige Kommando aller Guides: »Moving, moving, moving...!«

Ich folge dem vertrauensvoll, mein Jeep klappt mit erhobenem linken Vorderrad über die Kante und schwingt dabei das linke Hinterrad nach oben. Der Schwung, der aus dem Moving kommt, hilft über den antriebslosen Augenblick. Anschließend aber, mit allen vieren im Gefälle, stemmt sich die Schwerkraft mit Übermacht gegen die sanfte Motorbremse des Automatik-Jeep. »Well done«, lobt der Guide, der nach schöner amerikanischer Sitte Komplimente austeilt, um auch furchtsame Helden zu motivieren. Hinter dem Steinplateau des Granite Slab gibt es kaum noch Erholungsstrecken - vor allem für den Fotografen Christoph, der sich

dann und wann immer mal ein Stückchen mitfahrend verschnaufen kann.
Auf dem groben Untergrund der Grobgeröll-Passagen erweist sich Moving als das wahre Zauberwort des Rubicon. Denn der bestraft jede Versuchung, es mit der Automatik besonders betulich angehen zu lassen, mit spontanem Stillstand durch Traktionsverlust. Der Wrangler mit aktiven Stabilisatoren und ohne Differentialsperren braucht stets ein wohldosiertes Mindestmaß an Bewegung, um zwischendrin die Phasen der verminderten Traktion mit einem Rest von Schwung zu überwinden.
Kurz vor Little Sluice (der kleinen Schleuse) gibts eine kleine Kletterpartie mit Guide. Der Fels, der vor mir liegt, ist von jener gemeinen Buckligkeit, die beim Befahren kratzend nach dem Chassis greift. Den Guide scheint dieses nicht zu rühren, er lotst mich mitten auf den Buckel zu. Ich richte mich brav nach dem Hinweis: »Folge deinem Guide, auch wenn sich sein Rat als komplett falsch erweisen sollte.«
Als ich oben bin, geht nichts mehr. Der Jeep sitzt mit seinem Getriebeschutz auf dem Buckel bar jeglicher Traktion. High Center nennt der Profi diesen durchaus vermeidenswerten Balance-Akt. Der Guide spricht darauf ernst und väterlich zu mir: »Du brauchst eben Bodenfreiheit, ich habs dir doch gesagt.« Mit der Empfehlung, eine Towing Insurance (eine Abschlepp-Versicherung) abzuschließen, nimmt er mich gütig an den Haken.
Die kleine Schleuse ist dann wieder so ein enges Stück zwischen Fels und Kiefern, die jedes Jahr um diese Zeit aus frisch gerissenen Wunden bluten und irgendwie trotzdem erwachsen werden. Sie tun das hier weit höher als in unseren kühlen Alpen 2000 Meter über allen Meeren. Die Gegend ist Indianerland, wie wir es aus 100 Western kennen. Ganze Stämme könnten sich hinter den Felsen verstecken und auf die 800 Skalps eines Jeep Jamboree warten. Aber seit Sitting Bulls Söhne Pick-Up fahren, kommen sie nicht mehr so recht hierher.
Die folgende Sektion, True Big Sluice oder die wahre große Schleuse ist in der Tat wohl mehr etwas für Jeeps oder Pferde. Der Trail folgt hier dem trockenen Bett eines Baches, der dies womöglich wegen seiner erschütternden Felsigkeit verlassen hat. Und während wir auch dort nach Kräften moving bleiben, beginnen wir die Härte und die Schwierigkeit der Piste so langsam ganz normal zu finden. Brocken, die vor einer Stunde noch zu Furcht und Demut mahnten, wer-

Die Regel am Rubicon Trail lautet: Folge immer den Anweisungen deines Guide, auch wenn sie sich als falsch erweisen sollten.
Und wenn sie falsch sind, ist dies offenbar kein Zufall, es amüsiert sie vielmehr, wenn ein Greenhorn stecken bleibt.

Den Jeeps der Guides ist anzusehen, daß sie den Rubicon Trail hundertmal und mehr unter den Reifen hatten. Unter der amerikanischen Flagge baumeln Müllsäcke, denn nichts bleibt liegen auf dem Trail.

den nun respektlos attackiert. Nur zu offensichtlich spalten sich die Fahrtalente in jene der Tauben und der Falken. Die sanften Gemüter riskieren schon mal einen Stillstand, unter den forschen Fahrern und auch Fahrerinnen kreischt nur zu regelmäßig Metall über Gestein.

Was so kaputt geht auf dem Trail, frage ich Guide Thomas, als der Treck vor einer Felssektion mal wieder staut. Und unterbrochen vom Knirschen eines Differential-Gehäuses – meist ists das vordere – sagt er: »Diese Gruppe ist ein bißchen schnell, doch sonst in Ordnung, aber wenn die Leute es mit Gewalt schaffen wollen, geht jede Menge zu Bruch. Ich sag dirs, mach einen Transmission Shop am Ende des Rubicon Trail auf, und du wirst von ganz alleine Millionär. Es sind die Achsen und Getriebe, die hier leiden und manchmal auch die Antriebswellen.

Nur das Opfer des Rubicon, dem wir begegnen, hat sehr viel schlichtere Probleme. Der gelbe Jeepster mit seinen reichlich 40 Jahren auf den Achsen wirkt für sein Alter eigentlich noch ziemlich rüstig, aber er steht im Weg. Der Fahrer weiß nicht mehr, der wievielte Versuch es war, über den Anlasser anzufahren. Jetzt jedenfalls ist die Batterie leer. Zwei Satz Jumper Cables sind nötig, die Stromtransfusion zu vollziehen, dann schnurrt er wieder, der alte Sechszylinder.

Das Hochplateau des Eldorado National Forrest ist reich an Seen. Der Spider Lake ziert uns die Aussicht rechterhand. Etwas später verblüfft uns der Buck Island Lake mit einem adrett betonierten Staudamm. Die Frage, wie die Betonmix-Laster hierher gekommen sind, findet eine ähnlich ungewisse Antwort wie die Zufahrt zum Rubicon Springs Hotel. Es heißt: »Man hatte damals eine Straße.«

Der Bock Insel See lädt unsere Jeeps zum Baden ein auf einer langen tiefen Wasserdurchfahrt. Der Grund des Sees ist das gemütlichste Stück Piste, keine Felsbrocken, keine Baumwurzeln, einfach nur griffig glatter Steinbelag.

Mountain-Biker beggenen unserem Troß, ihre Camel-Backs (Rucksäcke mit Wasserbehälter) sind vollgetankt. Vor ihnen liegt ein heißer Nachmittag bis an den Loon Lake. Was vor uns liegt, gibt zu der Vermutung Anlaß, daß irgendwer in der Frühgeschichte des Rubicon Trail eine unbewältigte Vergangenheit in der Gewässerregulierung hatte, denn das nächste Stück ist nun Big Sluice, die große Schleuse. Die Frage, was ein steiler, enger Waldweg mit einer Sluice zu tun hat, kommt nicht weiter auf. Wir sind beschäftigt. Besonders mit dem Schocker-Rock. Ich kann nicht sagen, daß man das Auto dort hinunterfährt, es ist mehr so, daß man es fallen läßt, nachdem sich das rechte Vorderrad einen halben Meter vom Boden erhoben hat. Daraufhin stürzt der Wrangler um seine Diagonale und stellt sich nickend wieder, aber ziemlich schräg auf beide Vorderräder, um nun in sehr labilem Gleichgewicht auf einem Hinterrad zu balancieren. Die Rettung aus der wackeligen Lage gelingt mit etwas Traktion und viel Schwerkaft in einem zweiten taktisch kühl geplanten Absturz. Die Bremse auf, ein leichter Tip aufs Gas, der Wrangler rumpelt von dem Felsen wie von einer Tischkante herunter, die Panzerplatte unter dem Tank scharrt nur diskret. Wir sind gelandet. Wohlgefühl breitet sich rund um den Magen aus.

Mit einer kleinen, für die Wildnis unglaublich neuen Brücke begrüßt uns Rubicon Springs, das Ziel des ersten Tages. Das Tal, in dem die gesunden Quellen nicht mehr so wie früher sprudeln und wo es eine Spur mehr gibt von dem Hotel, gehört inzwischen Mark Smith und seiner Jeep Jamboree-Gesellschaft. Zur Zeit ist es ein großer Campingplatz, auf dem einige hundert Zelte weit verstreut am Flußlauf des Rubicon und an dem benachbarten See sich verteilen. Denn in Grund genommen ist der Trail der Anlaß und das Camp das Ziel für alle, die ihren Jeep zum Rubicon bewegen. Der Trail ist was für den Macho im Mann, das Camp hingegen ist vielleicht der Grund, warum es den meisten gelingt, auch ihre Lady durch die Felsenfolter an den Rubicon zu locken. Der familiäre Teil des Jamboree dauert für viele länger als nur eine Nacht im Camp, man gönnt sich, wie schon seinerzeit die Indianer, ein paar Tage in der Sommerfrische in der gut klimatisierten Höhe Kaliforniens. Die Versorgung der hungrigen Meute bringt etwas Unruhe ins Idyll der Wildnis, denn seit die Straßen so verfallen sind, kommen die nötigen Mengen Steaks und Bier aus der Luft, Helicopter choppern durch die Stille. Zur blauen Stunde trifft man sich im Fluß, das Bad im Rubicon, das unter Jeepern durchaus als ein Sakrament gilt, wäscht nun vor allem mal den Staub des Tages ab.

Der Abend kommt, erst riechts nach Lagerfeuer, dann nach Grill, die Bar hat viel Betrieb, der Durst eines heißen Tages braucht sein Budweiser. Das klassische Menue aus Steak, Bohnen und schwarzer Grillkartoffel kommt rechtzeitig vor der Finsternis. Denn die Zeit hell erleuchteter Speisesäle ist in Rubicon Springs lange schon vorbei.

Aber es ist jetzt mehr los als seinerzeit, als man hier noch zum Wohl der Leber Wasser aus der Quelle trank. Mit großen Boxen und mit reichlich Watt im Rücken füllt eine Band das Tal mit Rock-Musik natürlich auch mit Country und mit Western. Die Betonplatte des Heliports wird eng für alle, die nun tanzen wollen. Das überwiegend familiäre Tanzvergnügen reicht bis tief in die Nacht, denn die meisten haben den Tag nicht auf der Piste sondern am Badesee verbracht.

Für viele Amerikaner ist der Weg zum Rubicon viel weiter als für uns mit unseren elf Stunden Flug nach San Francisco und ein paar Stunden Fahrt in einem bürgerlichen Leihwagen. Nick und George aus Michigan haben sich den Traum vom Jamboree erfüllt, vier Tage vor dem Start haben sie ihren Jeep bestiegen. Mit seinen großen Rädern war der nicht besonders flott unterwegs und mit seinem Bikinitop auch keine wirklich feste Burg in den Gewittern über South Dakota. Er staunt zwar kurz darüber, daß jemand so weit her von Deutschland kommt zum Jamboree, wird aber angesichts von elf Flugstunden nachdenklich: »So lange haben wir allein von Salt Lake City bis hierher gebraucht.«

Als das Lagerfeuer langsam verglimmt, entdecken die Unermüdlichen das späte Wunder des Rubicon, einen Himmel, der tausend mal mehr Sterne hat als über New York, Chicago oder gar Los Angeles.

Der Morgen in Rubicon Springs beginnt mit dem reichen Tau des späten Juli und einem Frühstück, dem aufsteigender Rauch und sinkender Nebel das Aroma geben.

Wir starten früh in eine feuchte Frische. Vor uns liegt der Aufstieg aus dem Tal, der Cadillac Hill. Zur Abwechslung ist dies ein maßvoll steiler Aufstieg mit dem nun schon üblichen Tanz über bucklige Granit-Brocken. In den Kehren wird der Pfad enger und an Steinen reicher. Für einen Cadillac und seinen Fahrer mag das erschreckend sein. Wir im Wrangler aber sehen das nach Little, True und Big Sluice gestern sehr gelassen. Wir bleiben moving und lenken drüber, bis uns zwei Felsen wie vom Himmel gefallen im Weg liegen, unverschämt groß und heimtückisch versetzt.

Im vollen Bewußtsein der erworbenen Routine lege ich das rechte Vorderrad am vorderen Brocken an und lasse es klettern, es geht ein Stück, dann ist es aus mit der Traktion. Das geht noch zweimal so, dann widme ich mich der Topographie des Basalts etwas näher. Er hat weiter links eine schmale sanftere Rampe. Anfahren auf den Zentimeter genau, und es geht. Stein Nummer zwei widersetzt sich nicht ernsthaft dem gewonnenen Schwung. Es rumpelt zum letzten Mal, der Guide sagt zum letzten Mal »excellent«, was er immer sagt, wenn man es wieder mal vermieden hat, den Wrangler zu zerstören. Denn von nun an verläuft sich der Rubicon Trail in einem braven Waldweg, der sich zwischen Seerosen-Teichen zum Lake Tahoe schlängelt. Als letzten Gruß schickt uns der Rubicon die Erinnerung hinterher, daß eigentlich alles gar nicht so schlimm war, wie wir es uns vorgestellt hatten. Was nun beweist, was wir für Kerle sind - besonders Christoph, der den Rubicon Trail zumeist in gestrecktem Lauf bezwungen hat.

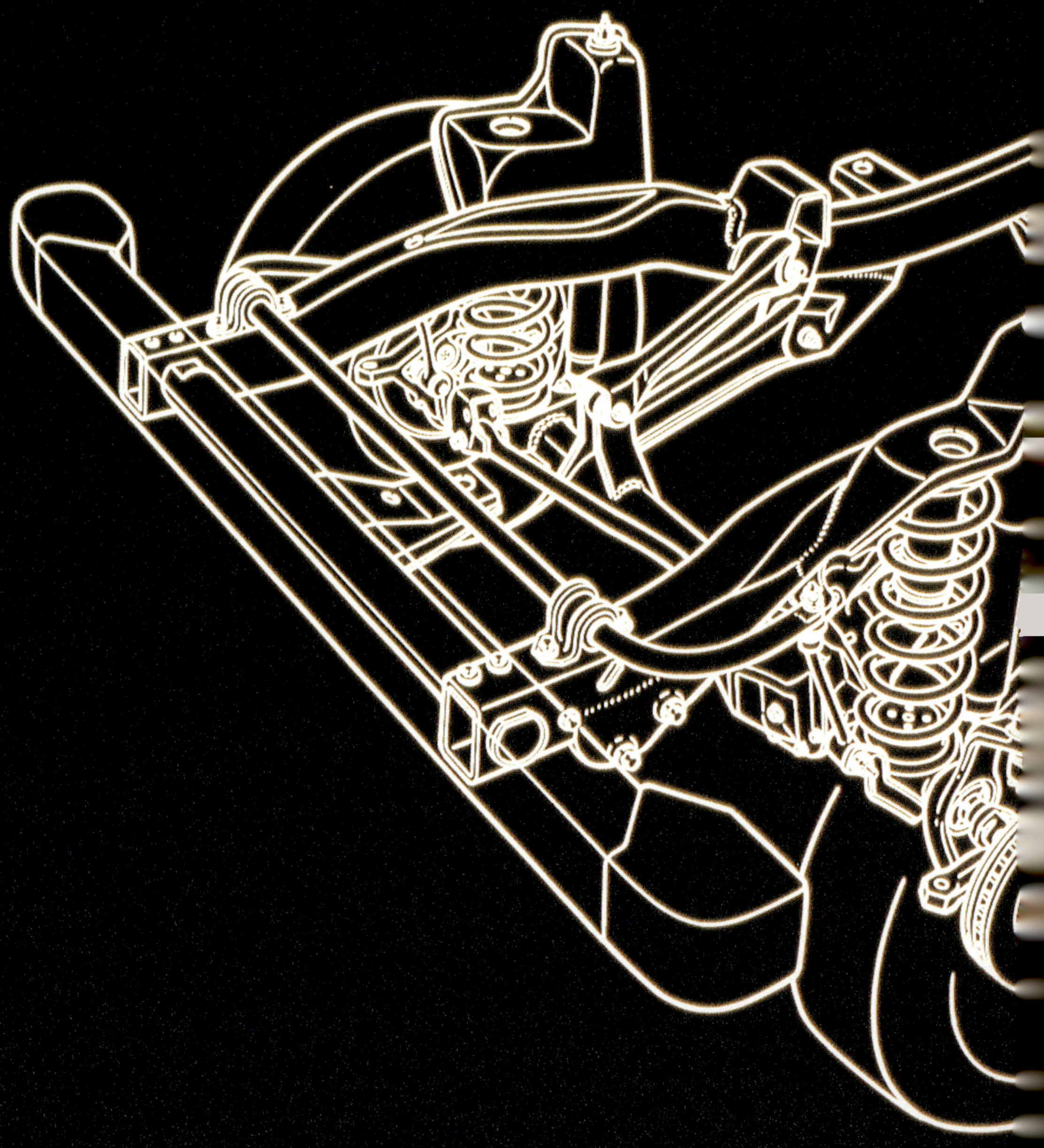

Geschmückt mit neuen Federn

Das Fahrwerk des neuen Wrangler verbessert Komfort und Kletterkunst

»Es war für uns eine Frage der Ehre«, erklärte Bernard Robertson anläßlich der Vorstellung des Jeep Wranger TJ auf der Tokyo Motor-Show im Oktober 1995, »dem neuen Wrangler ein Fahrwerk mitzugeben, das unserem Stand der Technik voll und ganz entspricht.« Und er bekennt danach ganz offen: »Bei Versuchsfahrten hatten wir feststellen müssen, daß der Grand Cherokee in vielen Situationen mit seiner Quadra-Coil-Suspension dem alten Wrangler YJ überlegen war.«

Aber dem Wrangler, dem legitimen Nachfolger des Army-Jeep, steht grundsätzlich die Rolle des besten Kletterers unter allen Autos der Marke zu. Die Ursachen für den technischen KO, ausgerechnet durch den Luxusliner, liegen zum Teil auch in der Vergangenheit. Beim Modellwechsel von der Baureihe CJ zum Wrangler YJ habe man Kompromisse gemacht, gibt Robertson offen zu. Die Fahrsicherheit auf der Straße stand klar im Vordergrund. Verbesserungen, die mit kürzeren Federwegen und Stabilisatoren für den Straßenbetrieb gelangen, verringerten zwangsläufig die Begabung fürs Gelände. Der unerschütterlich gute Ruf des Jeep CJ als der alte ungeschlagene Klettermeister kam also nicht von ungefähr.

Schon erste Versuche mit einem Wrangler, bei dem die beiden starren Achsen dem Vorbild des Grand Cherokee entsprechen, zeigten, das dies der rechte Weg zu Fahrsicherheit, Komfort und tüchtiger Begabung fürs

Die Vorderachse des neuen Wrangler TJ hat relativ weiche Schraubenfedern und einen kräftigen Stabilisator. Wer für den extremen Geländebetrieb den Achsen das Verschränken leichter machen möchte, kann eine der Streben zwischen Achse und Stabilisator entfernen. Vorder- und Hinterachse sind durch je vier Längslenker und einen Panhardstab geführt

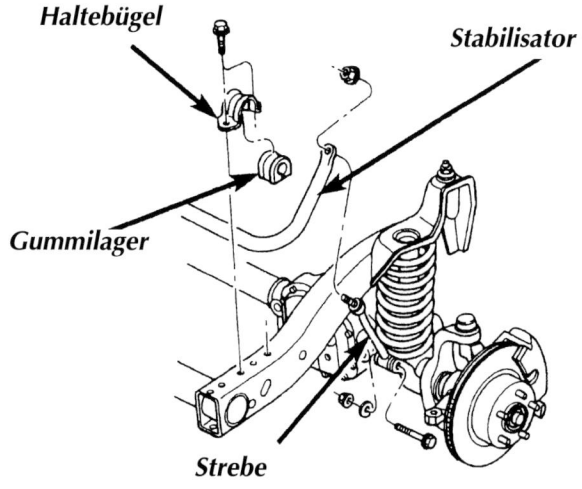

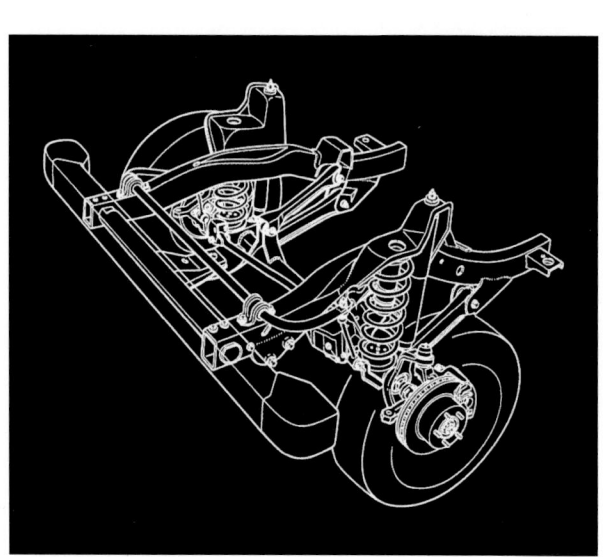

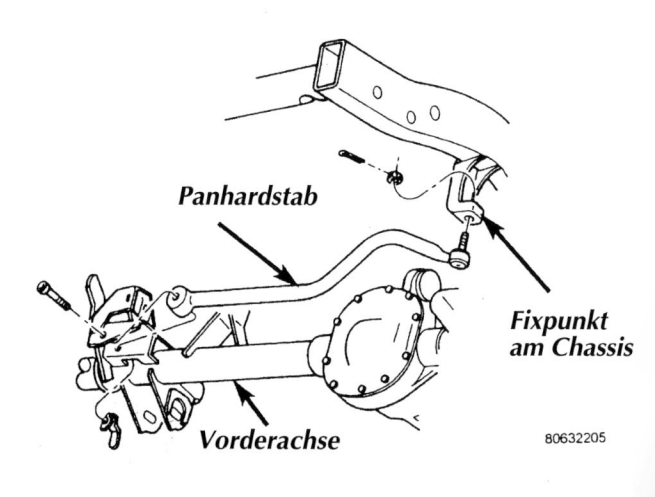

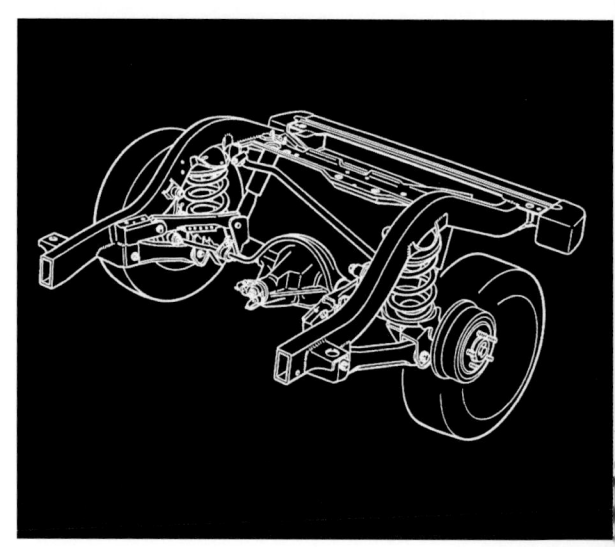

Gelände ist.
Die Ursachen des bemerkenswerten Fortschritts klärt ein Vergleich beider Systeme: Die Fahrwerks-Konstruktion des Wrangler YJ mit starren Achsen vorn und hinten an je zwei längsliegenden Blattfedern ist eine einfache und robuste Lösung. Die Federelemente erfüllen hier zwei Aufgaben: Neben dem eigentlichen Federungsgeschäft übernehmen sie auch noch die Führung der Achsen.
Mit dieser Doppelbelastung hat auch der beste Federstahl Probleme.
Die Abstimmung der Federung kann nicht ganz frei gewählt werden, denn die Federpakete müssen den Seitenkräften in der Kurve und am Schräghang sowie den Antriebs- und den Bremsmomenten standhalten. So bleibt die Federrate zwangsläufig auf der harten Seite, damit beim Anfahren und beim Bremsen die Blattfedern keinen sogenannten S-Schlag bekommen. Denn er führt zu einer Verdrehung der Achse, die eine schädliche Belastung der Antriebsgelenke der Kardanwellen mit sich bringt.
Beim Wrangler TJ obliegt die Federung der beiden Achsen je zwei Schraubenfedern, die ihrer Art entsprechend keine führende Funktion haben können. Diese Aufgabe übernehmen beim Quadra-Link-System des Wrangler TJ, sowie beim Grand Cherokee vier Längslenker und ein Panhardstab an jeder Achse. Damit die relativ weiche Grundabstimmung bei Richtungswechseln auf der Straße nicht zu Wankbewegungen führt, gibt es einen kräftigen Drehstab-Stabilisator an der Vorderachse und einen etwas leichteren an der Hinterachse.
Die so korrekt geführte Achse bewegt sich auf einer geometrisch klar definierten Bahn beim Einfedern nach oben. Damit bietet sich

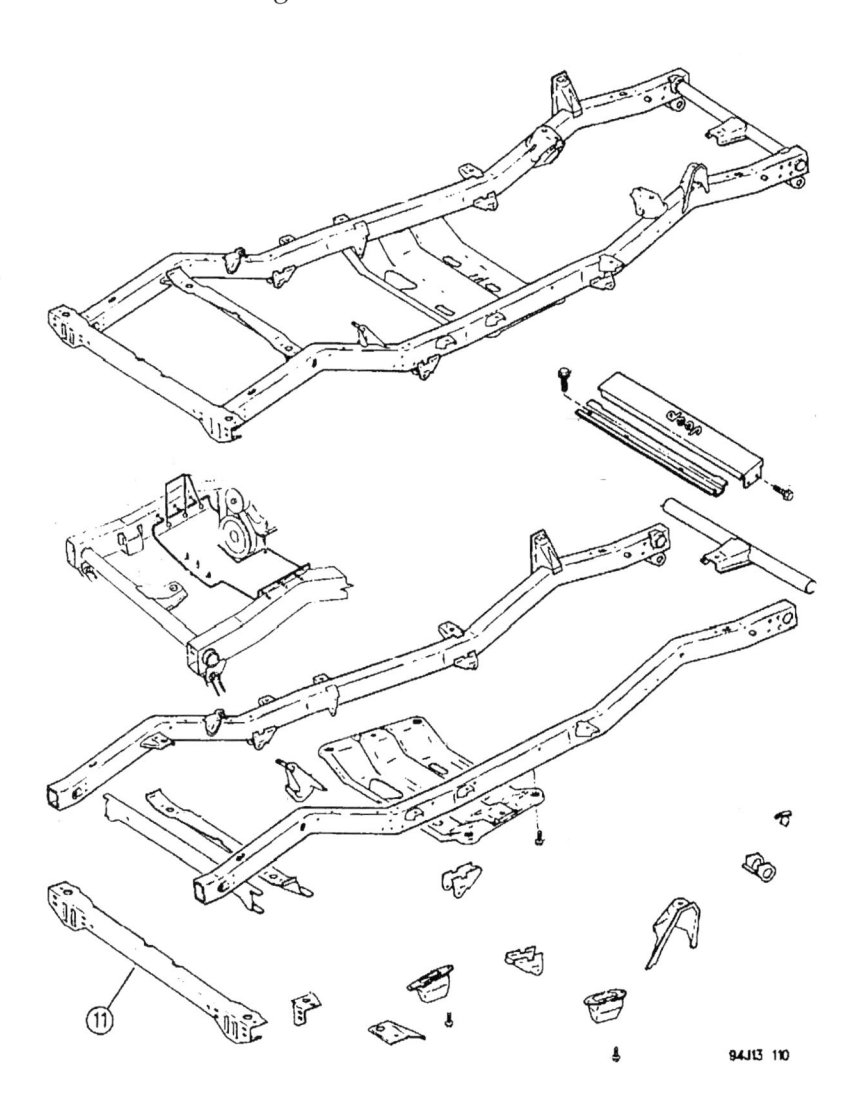

Das traditionell robuste Chassis des Jeep wurde für den Wrangler TJ neuerlich verstärkt. Die Wandstärke des Profilstahls beträgt nun vier Millimeter, die Biegefestigkeit des Rahmens hat um 30 Prozent zugenommen.

Die Konstruktion der Vorderachse ist einfach und durch die breite Lagerbasis der Achsschenkel sehr robust. Das Lenkgestänge des neuen Wrangler übernahmen die Techniker vom Grand Cherokee, es garantiert besseren Geradeauslauf und größere Lenkpräzision.

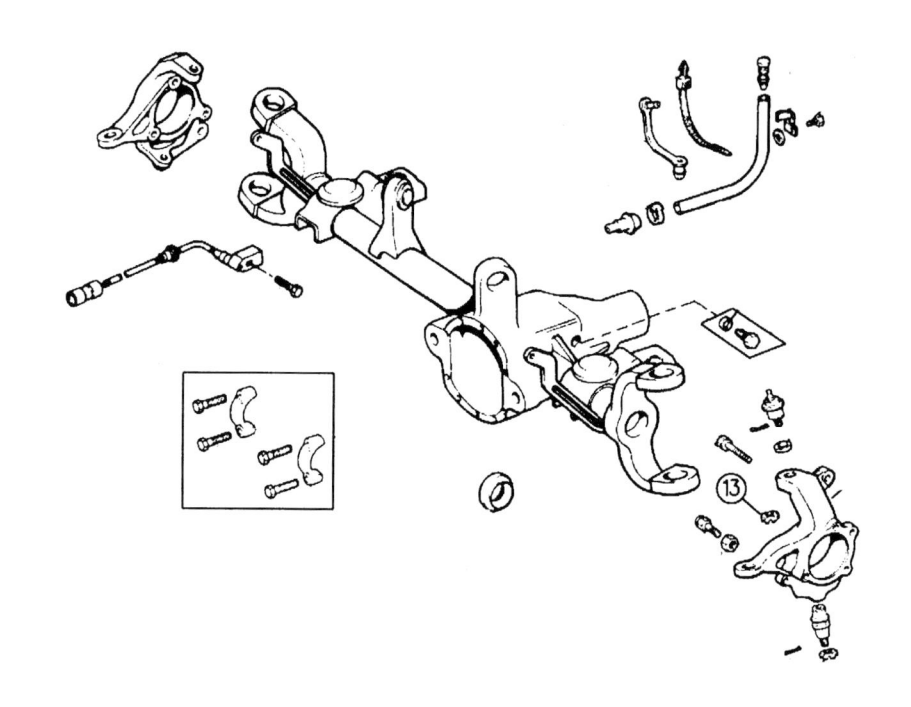

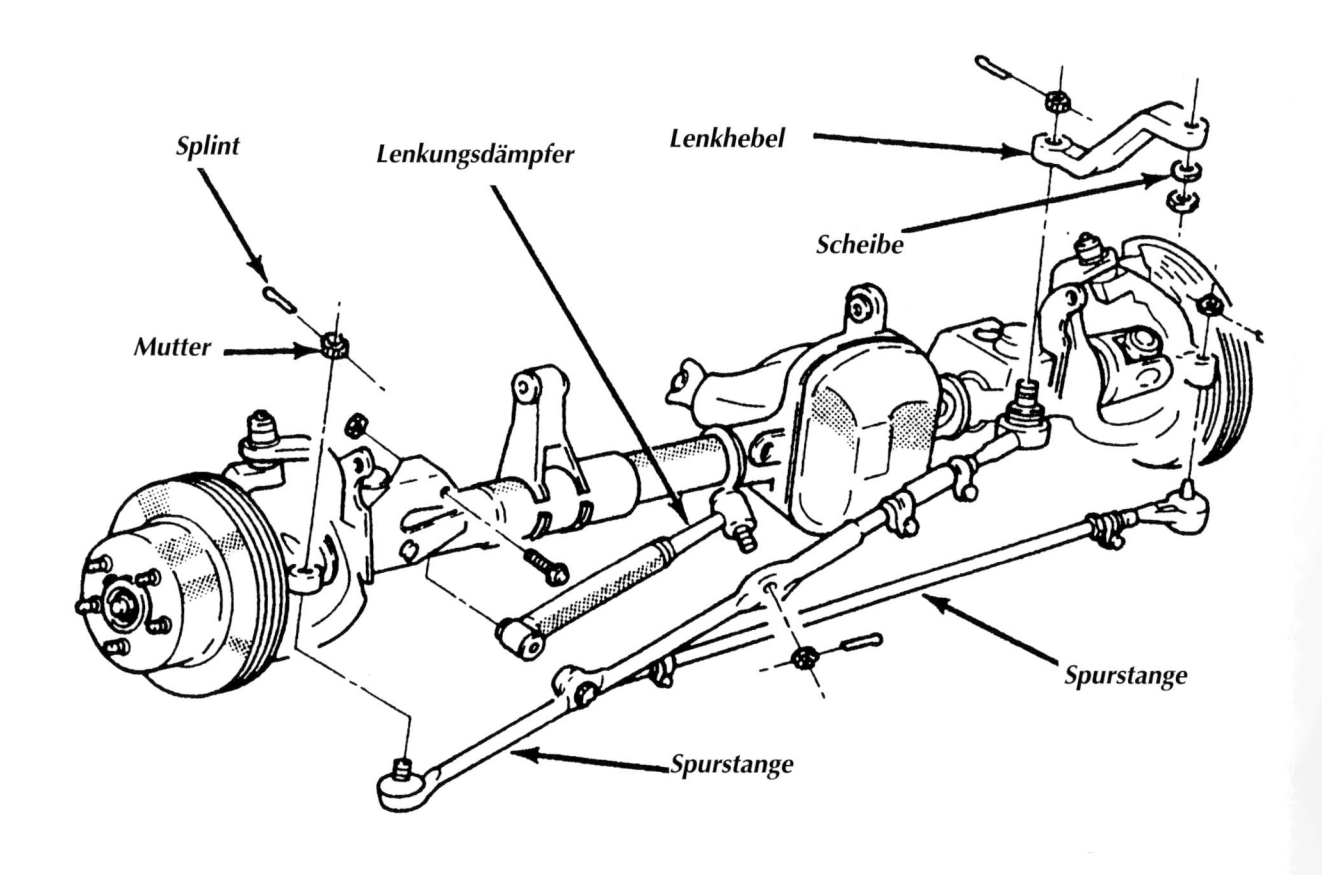

Splint

Lenkungsdämpfer

Lenkhebel

Mutter

Scheibe

Spurstange

Spurstange

Wrangler TJ und YJ haben den Stein der Weisen gefunden, der die Grenzen der Verwindung sichtbar macht. Während der neue TJ mit beiden Rädern fest auf dem Boden bleibt, verliert der alte YJ auf einer Seite den Kontakt.

*Im Automobilbau kommen drei Sorten Stoßdämpfer zum Einsatz:
der Zweirohrdämpfer A ist für geringe Belastung geeignet, der Zweirohrdämpfer B mit einem gering komprimierten Stickstoffvolumen über dem Ausgleichsbehälter taugt für höhere Belastungen und ist beim Wrangler serienmäßig. Einrohr-Gasdruckdämpfer C haben unter einem Trennkolben hochkomprimiertes Gas. Sie sind hohen Belastungen gewachsen und beim Wrangler Sonderausstattung.
1 Kolbenstange
2 Bodenventil
3 Ölreservoir
4 Gasvolumen
5 Trennkolben*

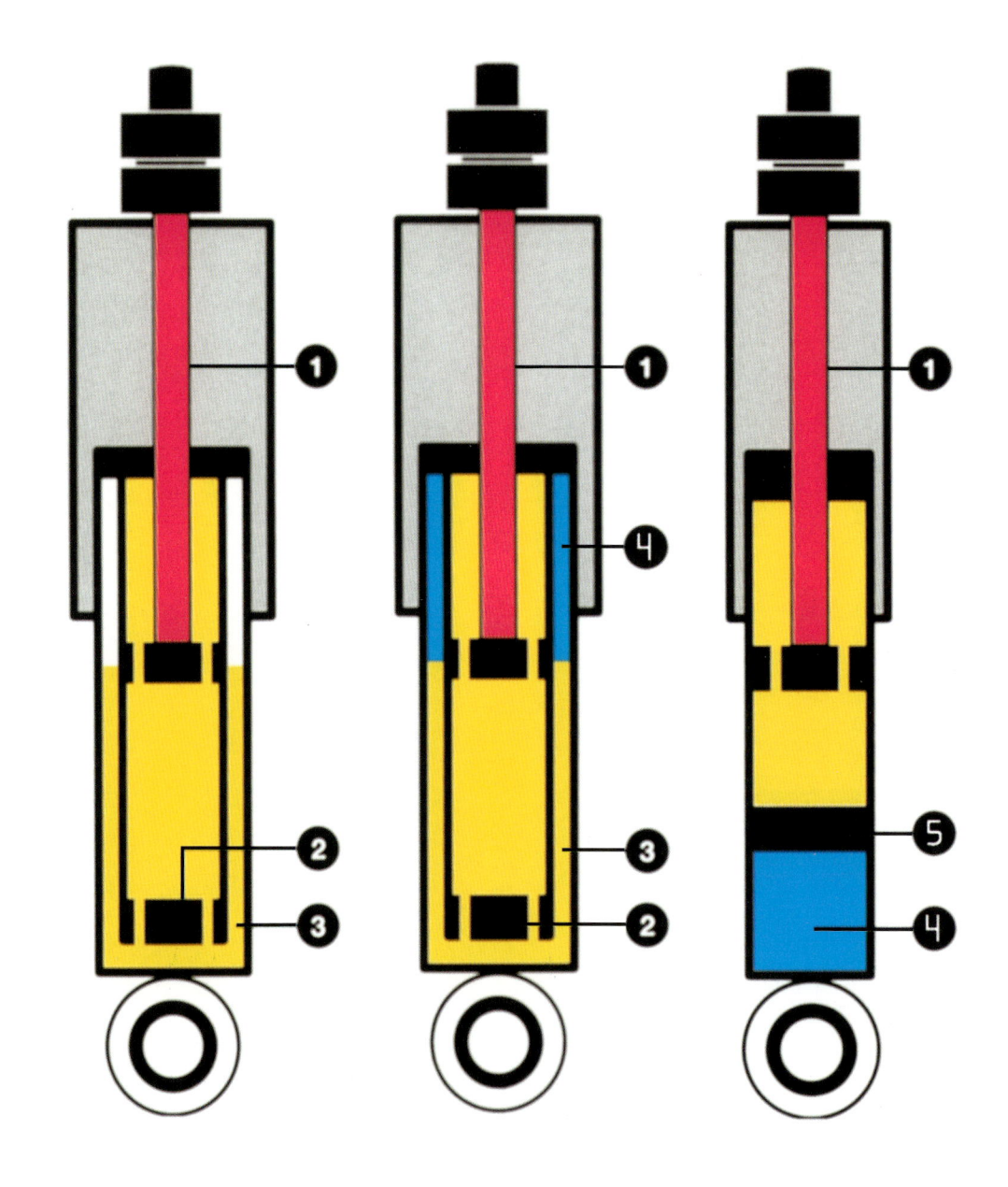

dem Konstrukteur die Möglichkeit, fahrdynamische Reaktionen zu kontrollieren. Das Eintauchen beim Bremsen kann durch entsprechende Auslegung (antidive) auf ein akzeptables Maß verringert werden, auch das Eintauchen des Hecks läßt sich durch geeignete Maßnahmen (antisquat) unterbinden.

Da die Schraubenfedern keine Führungsaufgaben erfüllen müssen (können sie ja auch nicht), läßt sich ihre Härte weitgehend frei bestimmen. Damit sind die Voraussetzungen gegeben für einen besseren Federungskomfort und eine größere Begabung im Gelände, unaufhaltsam voran zu kommen.

Zwar gibt es Bedingungen, unter denen die Konstruktion der Achsen und die Abstimmung der Federn für das Weiterkommen bedeutungslos ist, beim Bezwingen einer glatten Dünenflanke beispielsweise oder eines ebenen Schlammlochs; aber erforderlich sind flexible Aktionen beider Achsen, wenn der Boden wellig oder bucklig wird. Denn hier geht es darum, daß nach Möglichkeit alle vier Räder fest am Boden sind, um

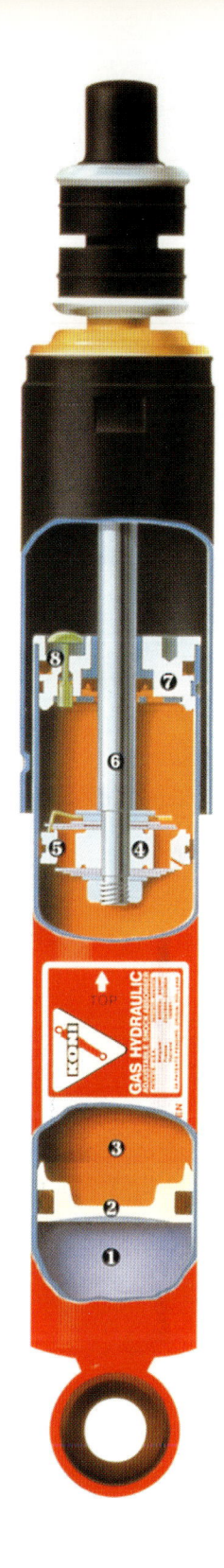

*Einrohr-Gasdruckdämpfer von Koni und Fichtel & Sachs.
Der hohe Gasdruck unter dem Trennkolben verhindert das Aufschäumen des Dämpferöls bei starker Belastung im Gelände.*

Verwindung in der Praxis

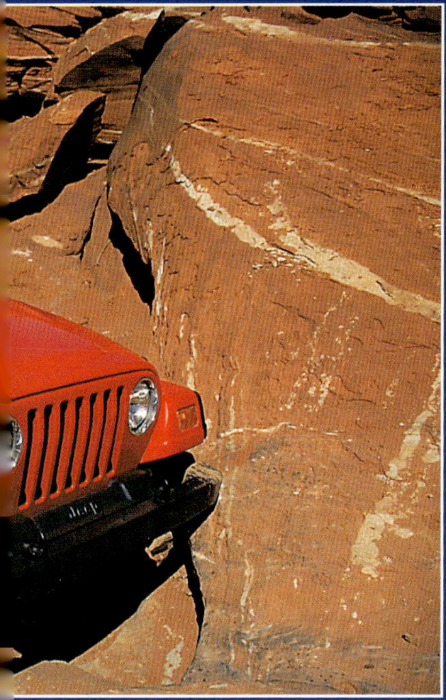

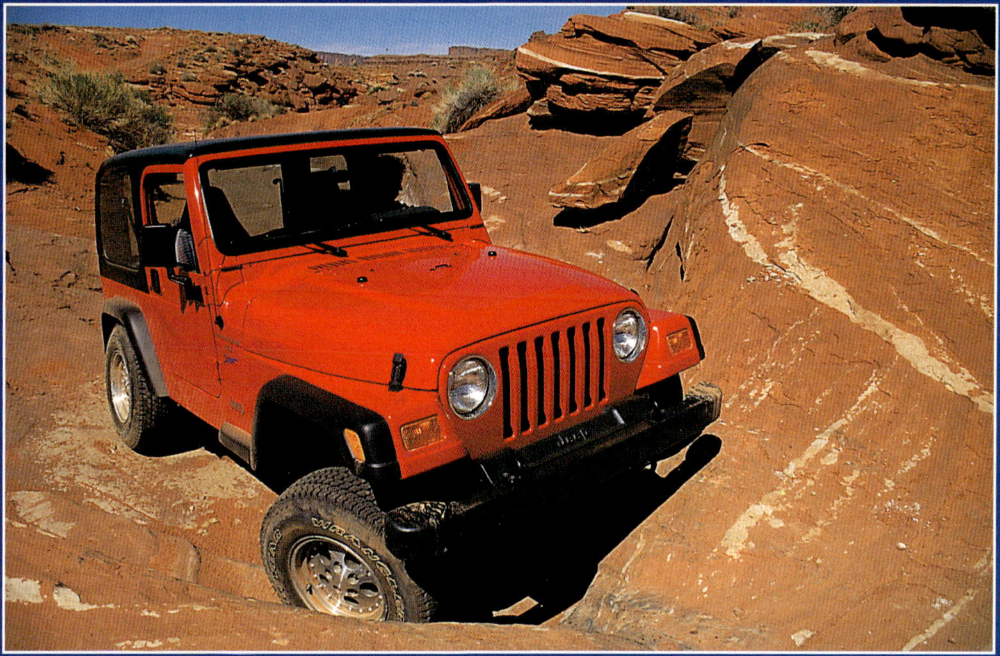

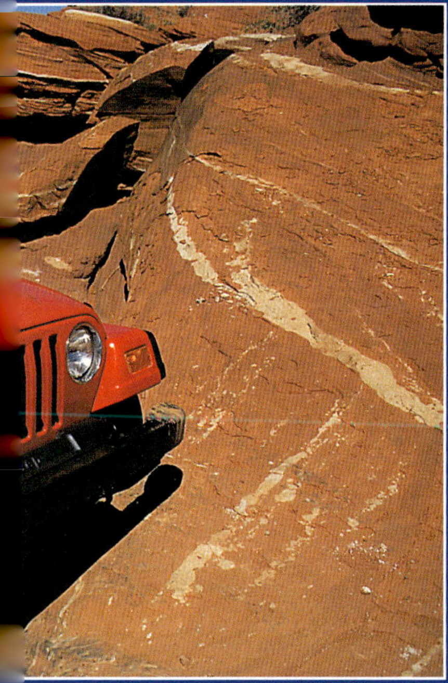

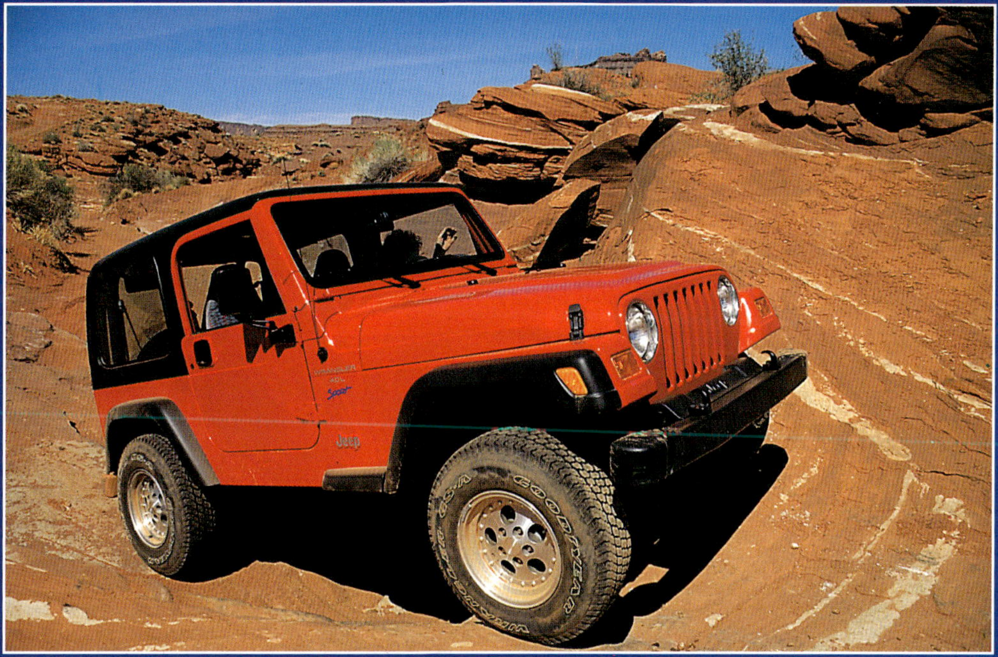

Kraft oder auch Bremsmoment erfolgreich zu übertragen. Ein höchst flexibles Federungssystem mit reichlich Arbeitsweg ist bei dieser Gelegenheit erforderlich. Denn die Kunst des Kletterns über Stock und Stein ist abhängig vom maximalen Maß der Verschränkung beider Achsen.

Mit seinen längeren Federwegen und seiner weicheren Federung ist der Wrangler TJ in dieser Disziplin klar überlegen. Sein möglicher Verschränkungsweg ist um 178 Millimeter größer als beim Wrangler YJ.

Die klassische Konstruktion der starren Achsen unterstützt in solchen Situationen den Grip der Reifen und die mögliche Traktion. Denn das Schwenken der Achse um ihren Mittelpunkt beim Einfedern auf der einen, und beim Ausfedern auf der anderen Seite bringt die Aufstandsfläche des Reifens in der Mehrzahl aller Fälle parallel zum Untergrund und gut zum Eingriff.

Neben der arttypisch robusten Bauweise ist das ein wesentlicher Grund, warum neben allen Jeep auch andere Geländewagen der professionellen Sorte starre Achsen vorn und hinten haben: die Mercedes G zum Beispiel, die Land & Range Rover oder die Toyota Landcruiser.

Das Streben nach guten Fahreigenschaften auf der Straße mit wenig Seitenneigung in der Kurve und geringer Wankneigung bei raschen Richtungswechseln und die Forderung nach maximaler Verschränkung beider Achsen im Gelände beschert den Fahrwerks-Konstrukteuren einen Zielkonflikt, weil beides nicht miteinander vereinbar ist. Die guten Manieren auf der Straße werden durch die beiden Stabilisatoren an den Achsen erreicht, deren Aufgabe es ist, die Neigung zum einseitigen Einfedern zu zügeln und damit auch die Begabung für die Verschränkung zu verringern.

Es gibt kein Mittel, diese Problematik aufzuheben, aber der Wrangler bietet grundsätzlich die Möglickeit, das Talent zur Verschränkung im Gelände tatkräftig zu fördern. Wer ein wirklich schweres Gelände meistern will, kann - abseits der Straße und der StVZO - die Stabilisatoren durch Entfernen einer Verbindungsstange außer Kraft setzen. Im allgemeinen genügt es, den kräftigen vorderen Stabi abzukoppeln. In Amerika gibt es sogar Schnellverbindungen als Zubehör. In Deutschland aber gilt für ausgehängte Stabilisatoren: Nur abseits von Straßen und Wegen, denn ohne Stabi erlischt theoretisch die Allgemeine Betriebserlaubnis. Nicht ganz zu Unrecht, das Fahrverhalten auf festem Grund wird ziemlich schaukelig.

Ab Werk gibt es den Wrangler TJ wahlweise mit zwei Stoßdämpfer-Ausführungen. Serienmäßig montiert sind schwarze Zweirohr-Gasdruckdämpfer mit niedrigem Systemdruck und einem Durchmesser von 30 Millimetern, die von amerikanischen Zulieferern kommen. In Verbindung mit den aufpreispflichtigen 30 Zoll-Rädern gibt es blaue Einrohr-Gasdruckdämpfer von Fichtel und Sachs mit hohem Systemdruck und 45 Millimetern Durchmesser.

Eine erhebliche Verbesserung der Lenkung, was Geradeauslauf, Zielgenauigkeit, Rückstellmoment und Rückmeldung anbetrifft, haben die Techniker durch eine grundlegende Änderung der Konstruktion erreicht. Das Lenkgestänge folgt den Prinzipien, die vor geraumer Zeit schon ein Herr Haltenberger als eine geometrisch vorteilhafte Lösung an starren Vorderachsen fand. Bei Jeep hat man dieses System mit gutem Erfolg bereits am Grand Cherokee erprobt.

Die servounterstützte Kugelumlauflenkung - die alle offziell importierten Wrangler TJ haben werden – ist mit 14:1 recht direkt übersetzt, was zu der flotten Handlichkeit des neuen Jeep beiträgt. Der Wendekreis ist mit 10,2 Metern erstaunlich klein und im Gelände äußerst hilfreich. Für einige Märkte gibt es auch die Sparversion Wrangler SE als wirtschaftliches Strapazierauto im Farmbetrieb ohne Servolenkung. Um diese Lenkung leidlich leichtgängig zu machen, ist hier die Übersetzung mit 24:1 bedeutend reichlicher. Handlichkeit und Fahrvergnügen ist das nicht eben zuträglich. Scheinbar vorteilhafte Preise grauer Importe können auch durch so etwas zustandekommen.

Als einziger Jeep der Gegenwart hat der Wrangler wie alle seine Vorfahren ein separates Chassis, einen klassischen Leiterrahmen. (Cherokee und Grand Cherokee haben selbsttragende Karosserien) Im Zuge des Modellwechsels wurde dies traditionell robuste Teil neuerlich mit dem Ziel der Verstärkung überarbeitet. Das Stahlblech der in Ihrem Profil rechteckigen Längsträger hat nun vier statt früher drei Millimeter Dicke. Die Traverse unter dem Getriebe besteht ebenfalls aus stärkerem Blech und ist wesentlich größer geworden. Der Querträger am Ende des Chassis ist nun zweiteilig und zeigt ein Kastenprofil. Das Ergebnis dieser Maßnahmen ist eine neuerlich verbesserte Stabilität. Die Biegefestigkeit des Rahmens hat um 30 Prozent zugenommen, die Torsionsfestigkeit um 15 Prozent. Diese Eigenschaften dienen nicht nur der Haltbarkeit, es wurde so auch möglich, die Geräuschübertragung aus dem Antrieb zu verringern.

Ohne Stabilisator kommt die große Begabung des Wrangler TJ für die Verschränkung seiner Achsen besonders gut zum Ausdruck.

V. PANNRELL

ём # Klassiker des Motorenbaus

Das modernisierte Programm klassischer Motoren

Die Motoren des Jeep Wrangler TJ bewahren die gußeiserne amerikanische Tradition eines einfachen Maschinenbaus. Dieses konsequente Festhalten an bewährten Konstruktionen sichert hohe mechanische Zuverlässigkeit und eine beispielhafte Haltbarkeit. Diese simple Konstruktion - Jahrzehnte entfernt vom aktuellen Doppelnocken Vierventiler - ist der natürliche Freund des Mechanikers. Ein Jeep-Motor kann mit geringem technischem Aufwand gewartet und repariert werden - auch jenseits aller Zivilisation mit ihren weiß gekachelten Werkstätten.
Die Kehrseite der schlichten Bauart ist eine moderate Leistungsausbeute. Der 2,5-Liter Vierzylinder erreicht mit seinen 118 PS (87 kW) eine spezifische Leistung von 48 PS pro Liter. Vergleichen wir dies mit dem modernen, vierventiligen 2,4 Liter Vierzylinder des neuen Chrysler Voyager, so finden wir dort 150 PS (110 kW) und eine spezifische Leistung von 62 PS pro Liter. Der Unterschied bei der Nenndrehzahl ist unerheblich: Der Jeep-Motor braucht 5200/min für die volle Leistung, die Maschine des Voyager 5250/min.

Und auch beim echten Spiel der Kräfte, beim Ringen um das höchste Drehmoment, bleibt der Klassiker ein Stück zurück mit seinen 185 Newtonmeter bei 3600 Touren, der junge Kollege kontert mit 229 Newtonmetern bei 3950 Touren.
Der Vierliter-Sechszylinder ist mit 177 PS (130 kW) bei 4600/min und einem maximalen Drehmoment von 290 Newtonmeter bei 3600/min im Kräftevergleich mit der 3,5 Liter V6-Maschine des Chrysler Vision kein überlegener Held der Arbeit. Das junge und moderne Triebwerk leistet 208 PS (153 kW) bei einer vergleichsweise hohen Drehzahl von 5850/min, das Drehmoment erreicht 302 Newtonmeter bereits bei 3350/min.
Die deutsche Version des Vierliter Sechszylinders ist dem gleichen Motor in amerikanischer Spezifikation unterlegen. Denn dieser leistet 184 PS (135 kW) bei 4600/min und hat ein Drehmoment von 302 Newtonmetern bereits bei 2900/min. Die Unterschiede sind durch Änderungen am Motormanagement bedingt, die wegen der verschärften Geräuschvorschriften in der Europäischen Union nötig wurden.

Der Vierliter Sechszylinder mit 177 PS (130 kW) und einem Drehmoment von 290 Newtonmetern ist den Aufpreis von rund 4000 Mark allemal wert. Denn er verwöhnt den Fahrer mit souveräner Kraftentfaltung. Sein Verbrauch hält sich, gemessen an der Fahrleistung, in Grenzen.

Trotz des Leistungsabstandes hat die klassische Motorisierung aller Jeeps einen konkurrenzlosen Vorteil: Die einfachen Maschinen lassen sich wesentlich preisgünstiger fertigen, was sich auf die Kalkulation vorteilhaft auswirkt, und was den Wrangler für den Kunden so erschwinglich macht .

In ihrer Konstruktion unterscheiden sich die zwei Jeep-Motoren hauptsächlich durch Hubraum, Zylinderzahl und Länge. Beide Reihenmotoren haben einen Block aus Grauguß. Die Durchmesser der Zylinder sind mit einem Bohrungsmaß von 98,45 Millimeter bei Vier- und Sechszylinder gleich. Der Kolbenhub ist unterschiedlich: 80,98 Millimeter beim kleinen Motor; 86,69 Millimeter beim großen. Die Kurbelwelle des Vierzylinders ist fünffach gelagert, die des Sechszylinders ganz entsprechend siebenfach. Es gibt in beiden Fällen nur eine Nockenwelle, die unten im Motorblock rotiert.

Auch der Zylinderkopf besteht bei beiden Motoren aus Grauguß. Es gibt pro Brennraum zwei parallel angeordnete Ventile, die über Hydrostößel, Stoßstangen und Kipphebel betätigt werden. Ein Einstellen des Ventilspiels ist nicht erforderlich. Ansaugsystem und Auspuffkrümmer liegen auf der gleichen Seite des Zylinderkopfes.

Weitgehend wartungsfreien Betrieb sichert auch das Motormanagement, das ganz zeitgemäß elektronisch kontrolliert wird. Die Multipoint-Benzineinspritzung arbeitet sequentiell, das heißt: jeder Zylinder erhält seinen Treibstoff aus einer eigenen Düse, im richtigen Moment und entsprechend der Zündfolge. Für jeden Arbeitstakt wird die Treibstoffmenge von einem Computer anhand von Drehzahl, Gaspedalstellung, Masse der Ansaugluft und Sauerstoffgehalt der Abgase errechnet. Die geregelte Abgasreinigung mit Lambdasonde und Katalysator erfüllt die verschärften kalifornischen Emissionsgesetze, die ab 1997 gültig werden.

Die Zündung arbeitet selbstverständlich kontaktlos, sie erhält ihre Impulse induktiv über einen Hall-Geber. Die Zündverteilung erfolgt in einem herkömmlichen Zündverteiler. Die Zündverstellung erledigt das Motormanagement elektronisch. Die Funktionen von Motormanagement und Abgasentgiftung können in der Werkstatt über die in USA vorgeschriebene On-Board-Diagnose kontrolliert werden.

Obwohl die Motoren-Familie seit 25 Jahren bei Jeep in Produktion ist, fanden die Techniker wieder einiges zu verbessern. Bei einer

Der 2.5 Liter Vierzylinder mit 118 PS (87 kW) und einem Drehmoment von 185 Newtonmetern ist günstiger in der Anschaffung und bei den festen Kosten. Seine Kraftentfaltung ist für den Geländebetrieb allemal befriedigend und für nicht zu lange Reisen auf der Straße akzeptabel. Wer es eilig hat, in ferne Geländereviere zu kommen, sollte den Sechszylinder kaufen.

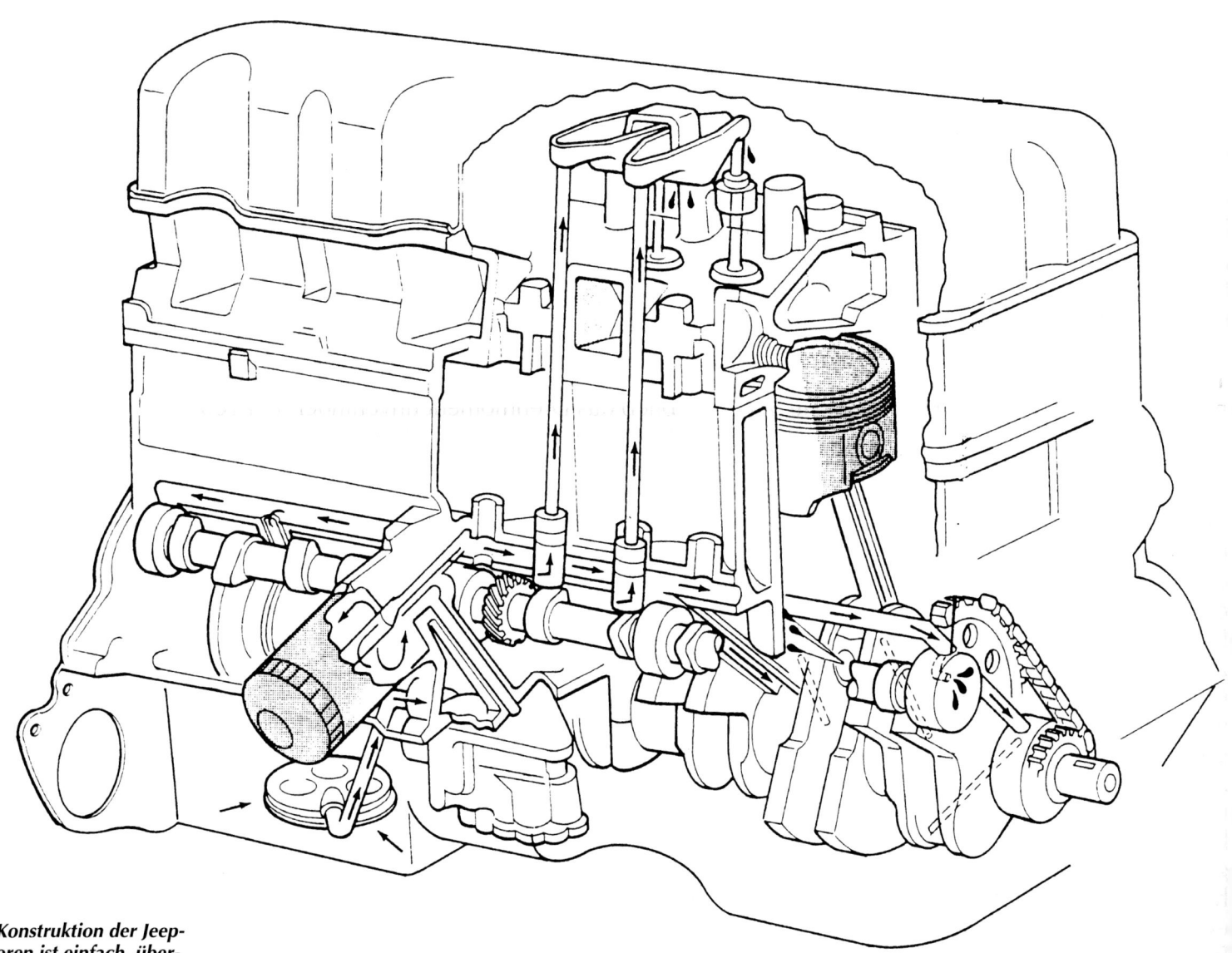

Die Konstruktion der Jeep-Motoren ist einfach, übersichtlich und reparaturfreundlich, Zylinderblock und Zylinderkopf bestehen aus Gußeisen, die Nockenwelle liegt tief im Block, die beiden Ventile pro Zylinder werden über Stoßstangen und Kipphebel betätigt.

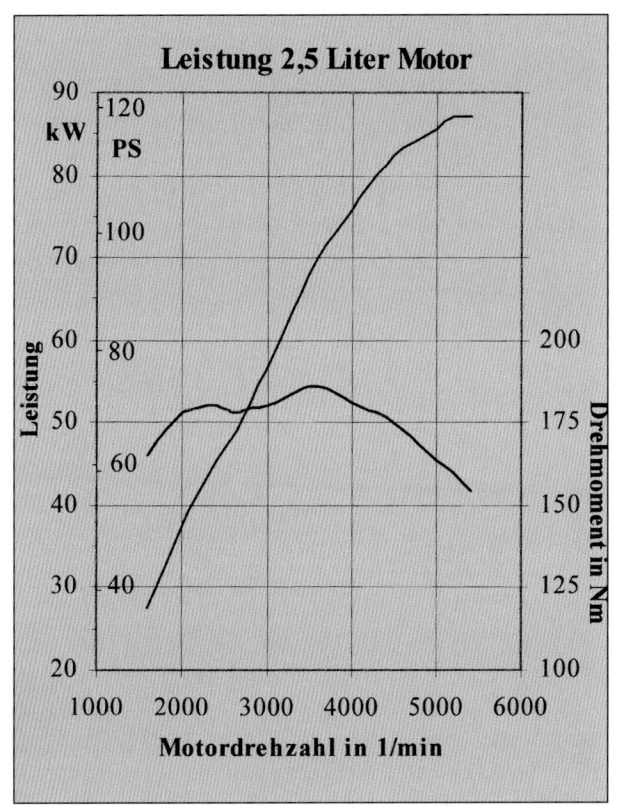

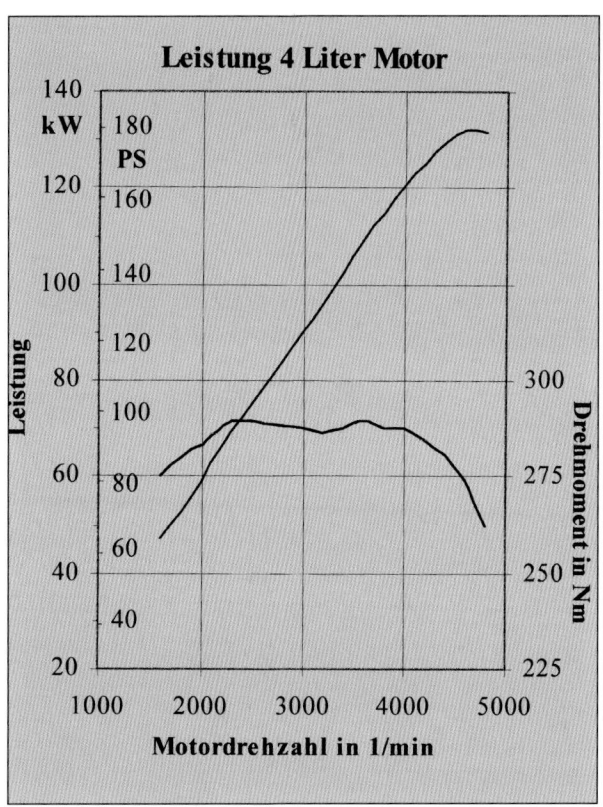

Die Stärke beider Jeep-Motoren liegt im mittleren Bereich. Die Drehmomentkurve verläuft hier ziemlich flach, das garantiert eine gleichmäßige Kraftentfaltung, die sowohl im Gelände als auch auf der Straße vorteilhaft ist.

Analyse der Struktur der Motorblöcke beider Triebwerke am Computer mit der Finite Elemente Methode zeigte sich, daß gezielte Verstärkung im unteren Teil des Blocks Schwingungen unterdrücken und das Geräuschbild deutlich verbessern können. Eine zusätzliche Versteifung des Gehäuses ließ sich auch durch die Zusammenfassung der Lagerdeckel der Kurbelwellen-Hauptlager zu einem leiterförmigen Bauteil erreichen. Eine Entkoppelung des Ventildeckels vom Zylinderkopf durch eine Silikondichtung und Gummielemente an den Verschraubungen verringern die Übertragung von Ventilgeräuschen.

Zur Verbesserung der Laufkultur tragen auch überarbeitete Kolben aus Leichtmetallguß bei. Sie wurden erleichtert, mit neuen Ringen bestückt und im Bereich des Kolbenhemdes durch Bearbeitung so profiliert, daß ein spielfreier Lauf unter allen im normalen Betrieb auftretenden Temperaturen sichergestellt ist.

Eine neue Berechnung der Nockenwellen-Profile bringt zweierlei Vorteil: Erstens bewirken flachere Anlauframpen der Nocken ein etwas sanfteres Öffnen der Ventile, was zu einer kultivierteren Akustik beiträgt. Zweitens verbessert diese Änderung die Füllung der Zylinder vor allem im unteren und mittleren Drehzahlbereich. Beim Vierzylinder blieb das Drehmoment unverändert bei 185 Newtonmetern. Bei der amerikanischen Ausführung des Sechszylinders stieg das Drehmoment von 298 auf 302 Newtonmeter, zugleich aber konnte die zugehörige Drehzahl von 4000/min auf 2900/min gesenkt werden. Die etwas gezügelte europäische Version hat auf ihre Weise von den Maßnahmen profitiert. Der Drehmomentkurve fehlt zwar der neue Spitzenwert, aber die Kurve verwandelt sich zwischen 2500 und 4500/min fast in eine Gerade. Darum steht bereits bei 2500/min das Drehmoment in nahezu voller Höhe zur Verfügung.

Für alle, die ernsthaft ins Gelände fahren wollen, namentlich in Feuchtgebiete, ist die neue Luftfilteranlage ein entscheidender Fortschritt. Früher wurde die Luft durch einen losen Schlauch aus dem Raum vor dem Kühler angesaugt. Vor Wasserdurchfahrten mit dem Wrangler YJ mußte der Schlauch hochgebunden werden. Beim Wrangler TJ befindet sich die trompetenförmige Ansaugöffnung im Motorraum in hoher Position. Die Wahl des Motors führt ganz besonders beim Jeep Wrangler in einen Zwiespalt zwi-

Reparaturen sind an Jeep-Motoren erst nach langer Laufzeit nötig. Wenn es aber an der Zeit ist, den Zylinderkopf abzunehmen, ist das eine einfache Arbeit, weil sich Steuerkette und Nockenwelle unten im Block befinden. Der Geburtstag des Motors ist im Zylinderblock verzeichnet. Extreme Aufstiege, wie der rechts im Bild, werden übrigens weder mit vielLeistung, noch mit viel Drehmoment sondern mit sehr viel Gefühl gemeistert.

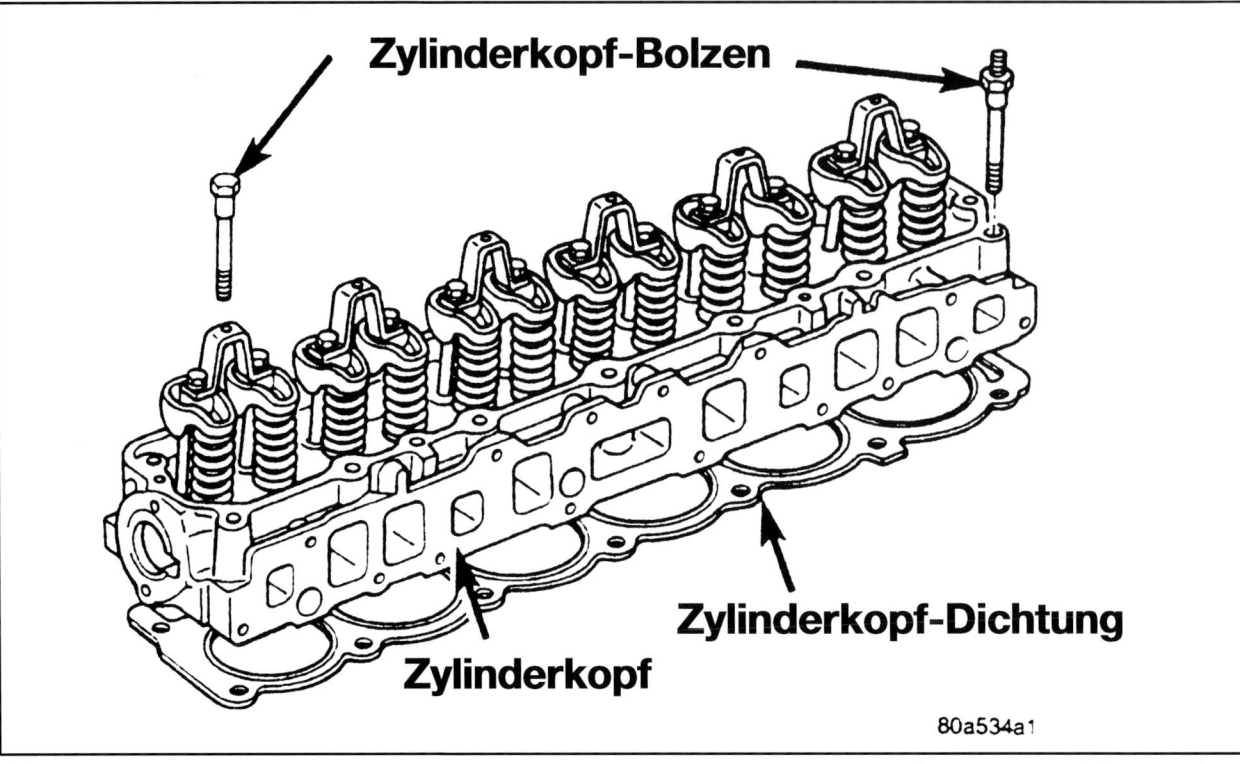

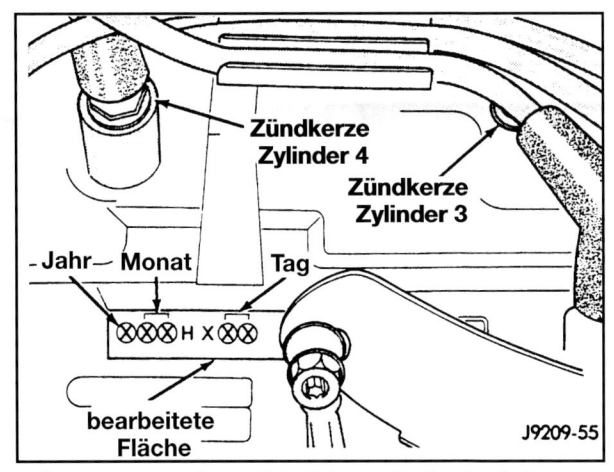

schen Vernunft und Leidenschaft. Auf der einen Seite ist es eine unbestreitbare Tatsache, daß ein Jeep wie dieser nicht zu den Autos zählt, die reichlich Leistung brauchen für das schnelle Reisen. Eigentlich sollten 2,5 Liter Hubraum und 118 PS genügen. Auf der anderen Seite lockt der Sechszylinder nicht nur mit Leistung sondern auch mit Laufkultur, und das zu einem verführerisch milden Aufpreis. Und so spricht doch wieder manches dafür, den größeren und ohne jeden Zweifel besseren Motor zu wählen. Zumal eines feststeht: Nur mit dem Sechszylinder gelingt jenes jeepgerechte souveräne Fahren, bei dem wir die Kraft ganz einfach aus dem Vollen schöpfen. Und Chrysler selbst hat einen weiteren Köder zum Kauf der Vierlitermaschine ausgelegt: Denn nur mit dieser gibt es auch ein ABS.

Was den Treibstoffkonsum betrifft, so sind die beiden Versionen des Wrangler ein schönes Beispiel dafür, daß der Verbrauch eines Autos weniger von der Stärke des Motors als vom Leistungsbedarf des Fahrers abhängt. So kann es dann bei den Tankrechnungen für die beiden Jeeps durchaus zu einem Unentschieden kommen, wenn zwei Jeepfahrer mit annähernd gleichem Tempo reisen wollen. Der Unterschied liegt vielmehr darin, daß der eine seinen Vierzylinder durch hohe Drehzahl und häufiges Schalten bei Leistung halten muß, während der andere bei gleichem Marschtempo mit seinem Sechszylinder entspanntes Cruising ohne viel Schalterei pflegen kann. Dabei braucht er nicht mehr Benzin, schont aber Nerven und Material. Die Entscheidung für einen der beiden Motoren läßt sich nicht so ohne weiteres durch einem Umbau korrigieren. Denn zum Vierzylinder gehört ein anderes, nicht auf das wesentlich höhere Drehmoment eines Sechs- oder Achtzylinders ausgelegtes Fünfganggetriebe. Ein solches Upgrading der Maschine ist allenfalls in Verbindung mit der Dreigang-Automatik möglich, die höhere Belastungen verträgt.

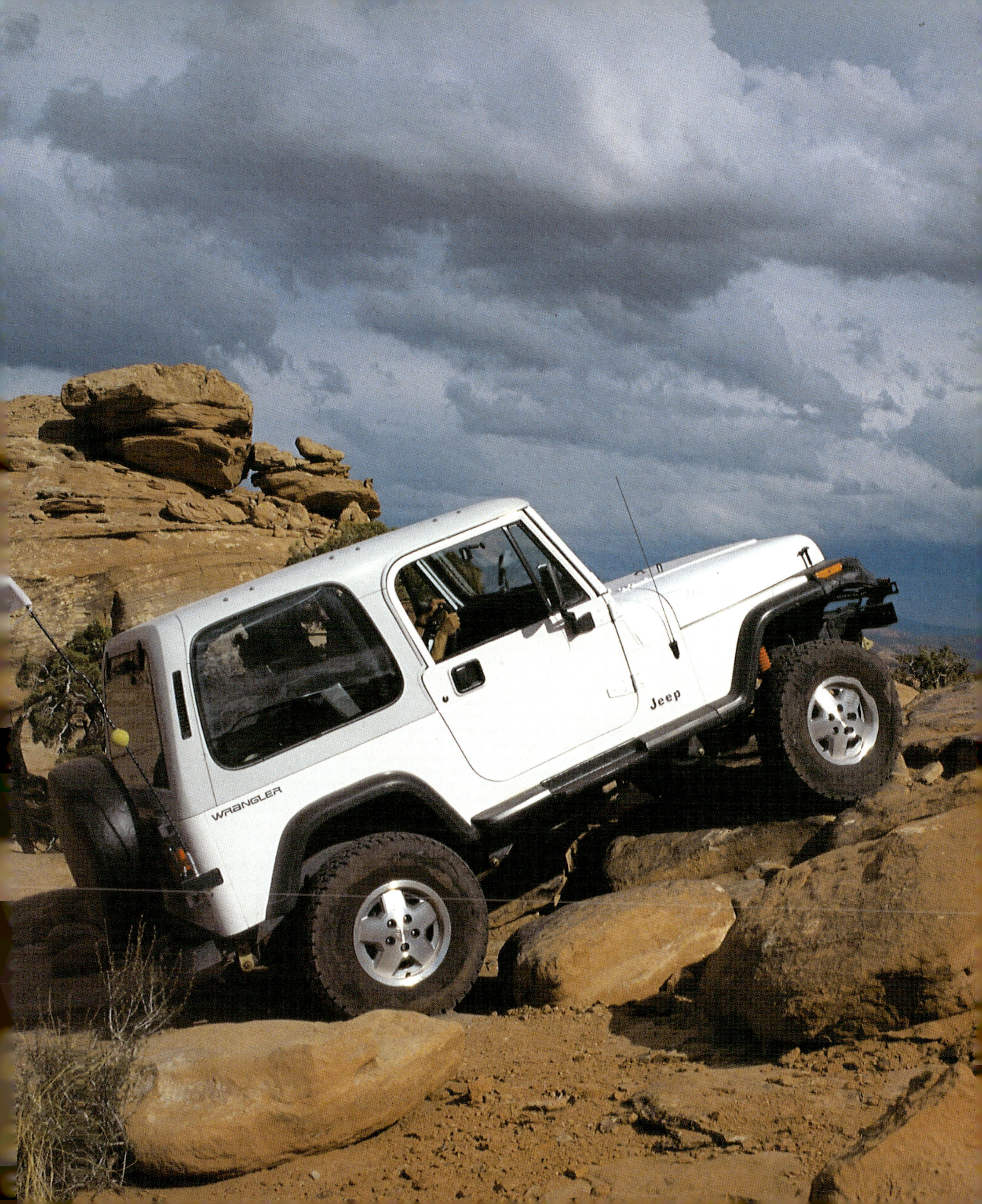
Jeep
WRANGLER

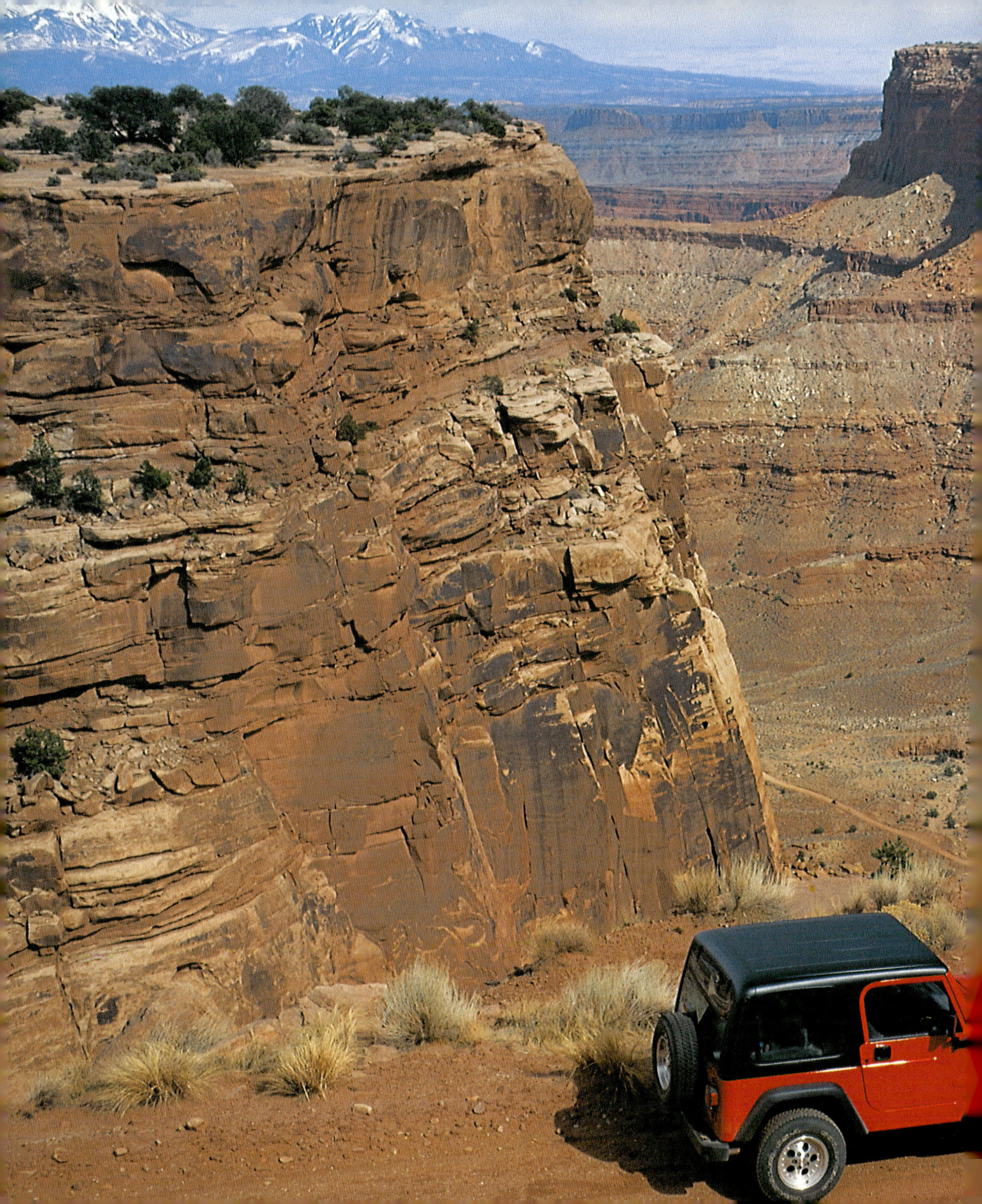

Der weite Weg ins Paradies

Die Entdeckung der Slick Rocks von Moab

Meine Entdeckung des wahren Paradieses aller Jeeps ist eine jener komplizierten Geschichten, wie sie nur das Leben schreibt. Ihren unverhofften Lauf genommen haben die Ereignisse in den frühen Jahren des Wrangler YJ im Capitol Reef National Park in Utah. Wir fuhren mit einem ungemein eleganten salbeifarbenen Sahara südwärts auf den Lake Powell zu. Die Dramatik der Landschaft begann ein wenig abzuflachen. In die anschleichende Langeweile huschte links am Wegesrand ein Schild mit dem verlockenden Gebot: 4x4 ONLY. Der Weg, der dort in Richtung der Felsen schotterte, war eine der Gelegenheiten, die sich nur Reisenden erschließen, die keinen Fahrplan haben, aber reichlich Zeit. Die kleine Tour in den Upper Mulay Twist Canyon war keine von der wilden Sorte, aber sie führte wirklich fotogen durch ansehnlich vom Wasser ausgespülte Felsengrotten. Und folglich entstanden Fotos hier, von denen später eines in auto motor und sport erscheinen sollte. Aber zunächst einmal nimmt unsere Reise durch das gelobte Land Utah ihren Lauf. Grundsätzlich auf der guten Spur nehmen wir einen Tag später von Monticello aus durch die Monti la Salle-Berge unseren Kurs auf den südlichen Teil des Canyonlands National Park. Der kühn gewählte Weg zählt nun nicht eben zu den belebten Gegenden der Vereinigten Staaten und zu den sonderlich beschilderten auch nicht. Und offenbar war es wieder mal mein Schicksal, daß ich von zwölf möglichen Wegen den schlechtesten erwische.

Jene Ansammlung von Felsbrocken, die ein Steilstück sehr herausfordernd garniert, wirkt weder unüberwindlich noch bedrohlich, und tatenfroh an diesem jungen Morgen beginnen wir den Aufstieg. Das erste Drittel des Gesteins überwindet der Vierlitermotor kraft seines Drehmoments ohne spürbare Mühe. Dann aber plötzlich so ein kleiner Ruck, und es ist Schluß mit allem Vortrieb. Der Motor dreht hoch, aber die Räder greifen nicht. Sowas kommt vor, wenn das Auto beispielsweise in der Mitte aufsitzt, und die Reifen ihre Traktion verlieren. Ich ahne nichts Böses und Susanne steigt noch guten Mutes aus. Aber dann findet sie zu unserem Erstaunen alle vier Räder auf griffigem Grund. Und ihr Blick unter das Auto läßt auch keinen Fels

Mit dem Bild eines Wrangler YJ Sahara im Upper Mulay Twist Canyon begann der lange Weg zu den Slick Rocks von Moab.

Im Onion Creek Canyon herrscht tatsächlich ein zarter Zwiebelduft, der Sandstein ringsum hat die appetit-anregende Farbe von bestens abgehangenem Filet.

Die Berge rund um Moab sind der perfekte Klettergarten. Große Räder wie diese hier in der Dimension 30 x 9.5 R 15 sind beim Erklimmen der Steinstufen wirklich hilfreich.

unter der Bodenplatte erkennen. Dafür aber kommt sie mit einer erschreckenden Feststellung von der Erforschung der Schattenseite des Jeeps zurück: »Da hängt etwas herunter.«
Als mache ich mich auf den tiefen Abstieg aus dem Jeep über den Felsen und entdecke in der Zone, wo die sogenannte Bauchfreiheit gemessen wird, Erschreckendes. Die Kardanwelle zur Hinterachse hat sich zu einer Art von Schweineschwänzchen aufgewickelt und sich von ihrem Antriebspartner ein für allemal gelöst.
So stehen wir nun mit unserem Wrangler 4x2 auf Felsbrocken und auf einem hohen Berg und bevor wir mit Vorderradantrieb die Flucht ins Tal beginnen können, muß dieser Rest von Kardanwelle verschwinden. Denn würde der weiter mit wildem Rundschlag rotieren, wäre der Schaden unter dem Auto beträchtlich.
In tiefem Vertrauen auf die Zuverlässigkeit eines Jeep und durchdrungen von der Gewißheit, daß Pannen wie die unsere im richtigen Leben niemals vorkommen, gehört zu einem Jeep ein absolutes Minimum an Werkzeug - nämlich Radbolzen-Schlüssel und Wagenheber. Und da auch ich an das Gute in fast jedem Auto glaube, war der Werkzeuggehalt meines Reisegepäcks knapp und leicht. Allerdings hatte ich das Wenige Tage zuvor im Wal-Mart um ein Leatherman Tool bereichert. Der Kauf dieses Multifunktions-Werkzeugs war nicht so sehr von seiner unbedingten Notwendigkeit, sondern von der Tatsache geprägt, daß ein Leatherman in USA 36,50 Dollar, in Deutschland aber 136,50 Mark kostet.
Diesen Leatherman lasse ich mir nun unter das Auto reichen und rücke mit der Zange den 10 Millimeter Sechskantköpfen der Verschraubung der Kardanwelle zuleibe. Die als offenes U-Profil aus Stahlblech geformten Griffe des Leatherman machen mir schon beim ersten Zupacken klar, wie klug es war, auch ein paar Arbeitshandschuhe mitzunehmen. Der Rest der Rettung ist die gezielte Anwendung menschlichen Drehmoments, dem sich nach und nach alle Schrauben dieses Flansches ergeben. Die entfernte Kardanwelle läßt eine schwach ölende Wunde zurück. Und da es beim Rückzug nach Monticello im Wesentlichen bergab geht, gibt es mit dem frontgetriebenen Wrangler keinerlei Traktionsprobleme.
Orte wie Monticello, Utah, haben zwei Tankstellen, einen Supermarkt und fünf Hotels, aber weder eine Jeep-Werkstatt oder sonst ein Unternehmen, das die Einwohner vom do-it-yourself abhält. Wegen der kleine-

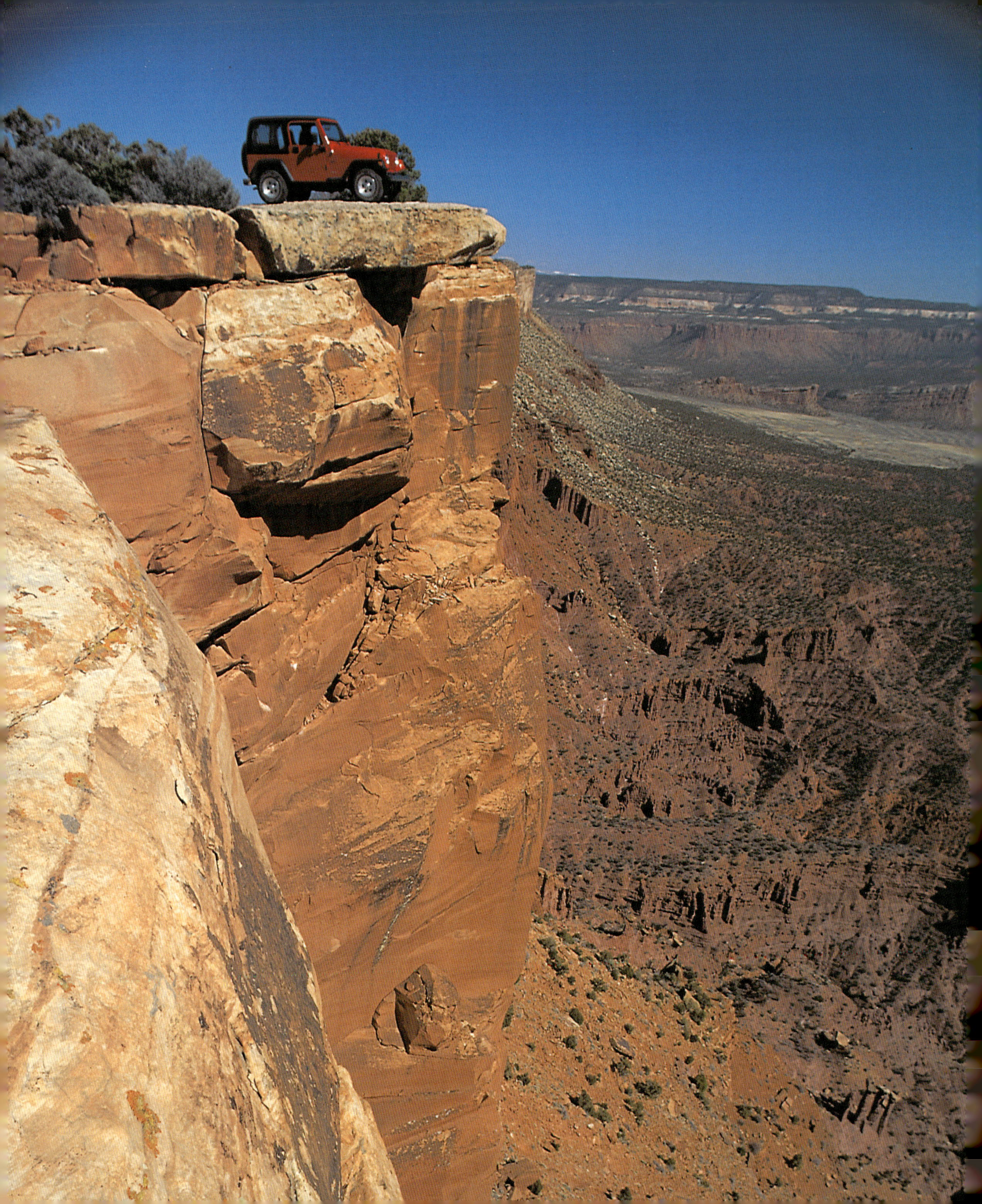

ren Reparaturen wendet man sich an George von der Tankstelle. Um saubere Brüche wie den meiner Kardanwelle kümmert sich Young´s Machinery.

Die große mechanische Werkstatt, die nördlich außerhalb von Monticello liegt, ist auf Bergbau-Geräte spezialisiert, und sie macht, was uns erstaunt, auch den Service an Bosch-Elektrik und Deutz-Motoren. Seit Utahs fette Jahre des Uranabbaus zuende sind, liegt hier der Staub auf Baggern und Grubenbahnen. In der großen Halle ist der Übergang von der Werkstatt zum Museum fließend. Die Dinge warten dort auf bessere Tage, darunter auch ein Jeep CJ 5 mit V8-Motor.

Während die alten Zeiten ruhen, herrscht in der Reparaturannahme ein durchaus reger Gang der Geschäfte. Eine kleine Warteschlange hat sich gebildet, ein Kunde nach dem anderen präsentiert seine gebrechlichen Mechanikteile zur Begutachtung auf dem Tisch, auf dessen rechter Seite schon drei Kardanwellen liegen. Als ich mit meiner Welle dran bin, folgt dem kurzen Blick auf das gewickelte Teil die knappe Frage »Jeep? Auf mein »Ja« folgt prompt der Hinweis: »Wir verwenden grundsätzlich stärkeres Rohr, die Welle ist in zwei Stunden fertig. Laß den Jeep hier, wir machen alles fertig.« So vergeht ein grauer Nachmittag in Monticello, auf den Monti La Salle-Bergen fällt Schnee. Unsere Lust auf eine Fahrt durch das felsige Canyonlands und weiter nördlich dann nach Moab kühlt ab. Als der Jeep fertig ist, fliehen wir in den wärmeren Süden. Und so kommt es, daß wir das Paradies im ersten Anlauf verpassen.

Monate später, die Geschichte einer Jeep-Reise durch den Wilden Westen ist veröffent-

Das Gelände links und rechts des jungen Colorado ist abwechslungsreich, zu Top of the World gehts hoch hinaus und auf der Poison Spider Mesa tief in den Sand.

Bei den Fisher Towers zeigt der Sandstein imposante Formen. An der Rinne zur Poison Spider Mesa lassen sich unterschiedliche Begabungen erkennen.

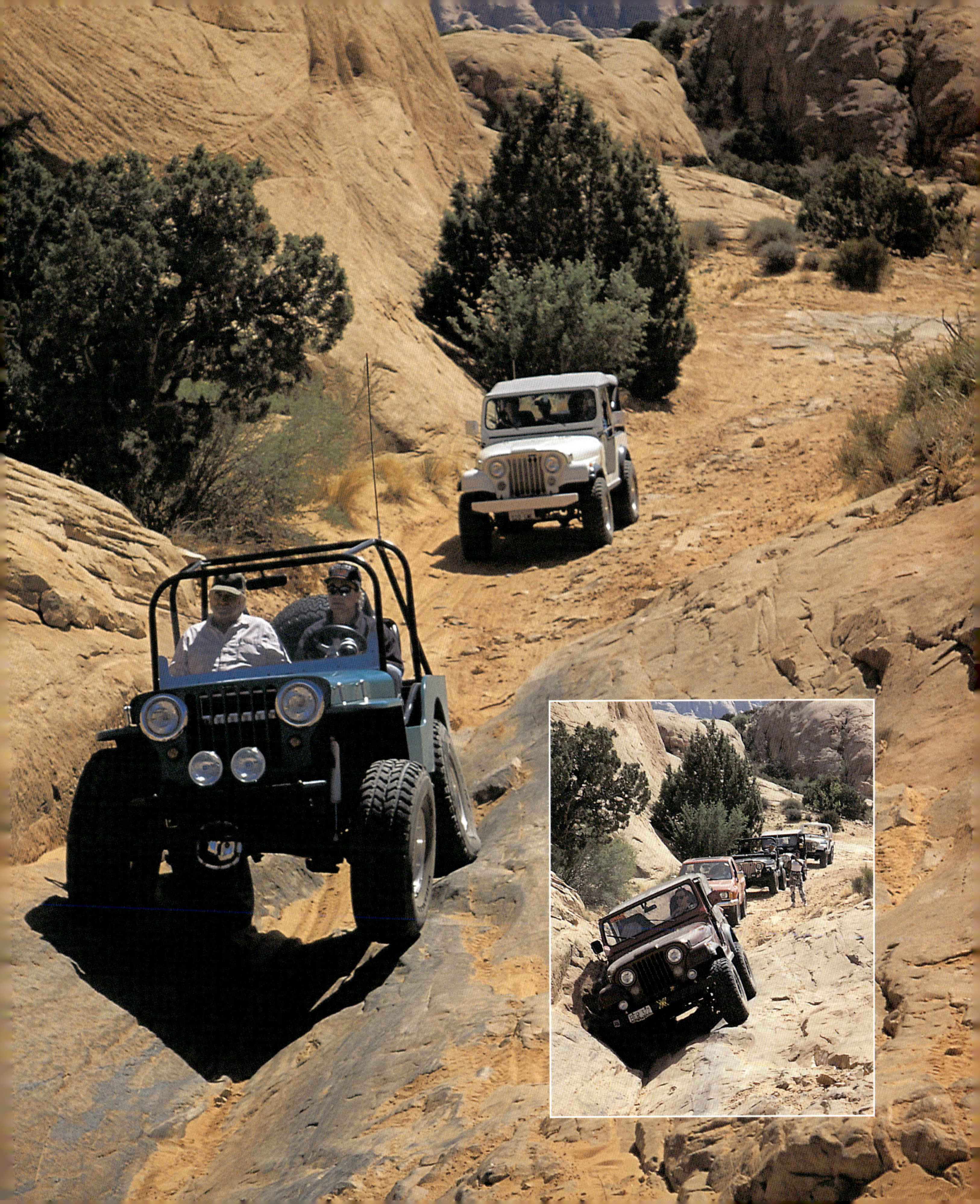

licht mitsamt dem Bild des Wrangler im Upper Mulay Twist Canyon. Das sieht auch auto motor und sport-Leser Eberhard Schmielinsky in Los Angeles. Er greift noch während des Frühstücks nach dem Telefon, um mich am Nachmittag mit der Frage zu überfallen: »Wo zum Teufel ist dieser Canyon. Ich habe alles gefahren, was hier im Südwesten hart und steinig ist, aber davon habe ich nie etwas gehört. Nach einer Stunde Übersee-Gespräch weiß ich, Herr Schmielinsky wohnt in L.A. gleich neben den Beverley Hills und sein Jeep fürs Grobe parkt permanent in Monticello. Er fliegt dort hin, so oft es geht, um dann in das gelobte Land zu reisen: in das Off-Road Revier rund um Moab, weil es das beste ist auf dieser Welt.
Den materiellen Zündstoff schickt er hinterher, eine Zeitung, die der Red-Rock Off Road Club von Moab zur Promotion seiner alljährlichen Easter Jeep Safari verteilt. Und seither weiß ich, dies ist eine sehr gefährliche Lektüre, deren Konsum womöglich gar zur Folge hat, daß Moab und Ostern alljährlich auf einen Tag fallen.
Wir sind natürlich zum nächst erreichbaren Osterfest in Moab und erfahren augenblicklich, diese Goldgräberstadt unserer Freizeitgesellschaft lebt keineswegs vom Jeep allein. Moab lockt die Mountainbiker und die Endurofahrer, hier läßt es sich wandern, klettern, reiten; der nahe Colorado-River lädt zum Rafting ein, und von den Bergen rundum läßt sich drachenfliegen und paragliden. So ist Moab sprichwörtlich fit for fun und von höchst eigenwilliger Sozialstruktur: Knapp 4000 Menschen wohnen hier auf Dauer, aber es gibt mit wachsender Tendenz an die 40 Hotels und Restaurants. Moab hat mit Richard Farabee den vermutlich größten lokalen Verleiher von Jeeps. Er begann sein Geschäft anfang der Neunzigerjahre mit weniger als zehn Wrangler und hat heute nicht nur eine Flotte von mehr als 60 Jeeps, sondern auch noch ein paar Konkurrenten, die auch nicht eben über den Gang ihrer Geschäfte klagen.
Von Kopf bis Fuß auf sehr aktive Urlauber eingestellt, bietet Moab Platz für ganz absonderliche Existenzen. Da hat beispielsweise ein findiger und an hektischem Arbeitstempo wenig interessierter Geschäftmann ein kleines Stück der großen Wüste zu seinem Eigentum erworben. Der Gewinn,

Der Pritchett Canyon gilt als einer der schweren Trails von Moab, denn die steilen Aufstiege über steinerne Stufen können nicht umgangen werden. Zu schaffen ist der Canyon nur mit großen Reifen und reichlich Bodenfreiheit.

den dieser Grund abwirft, kommt aus seiner Lage unmittelbar vor dem Lions Back. Des Löwen Rücken ist im Stil der Gegend ein Slick Rock, ein Sandsteinfelsen, eine versteinerte Düne. Das Format ist mit 400 Metern Länge, 100 Metern Höhe und fünf Metern Breite oben auf dem Kamm für einen Löwen ziemlich stattlich. Die wesentlichste Eigenschaft aber liegt im Profil, das ein Befahren des Lions Back in seiner Längsrichtung mit weichen Knien und am Rande der Traktion soeben noch ermöglicht.
Für die Zufahrt an den Berg der Versuchung werden drei Dollar berechnet. Und hinter der Zahlstelle steht als letzte Warnung noch ein Schild mit der Aufschrift: Wir können das Befahren des Lions Back nicht empfehlen. Auch der Lions Back warnt vor sich selbst mit einem ersten steilen Stück, dessen 85 Prozent Steigung von all dem Reifenabrieb schwarz geworden ist. Jedem ist hier sofort klar: Zufuß ist dieser Buckel nie zu schaffen, wie soll es dann ein Auto können. Der finstere Fels bestätigt solche Zweifel, denn er erzählt die tragische Geschichte jener, die hier mehr Mut als Nerven hatten. Sie haben, als das Auto aufstieg auf die Schräge, und als voraus nur noch der Himmel sichtbar war, mit dem Mut der Verzweiflung aufs Gaspedal getreten, die Reifen in Qualm verwandelt und im schlimmsten Fall mit einem zur Seite driftenden Auto einen seitlich abgerollten Abgang produziert.
Der Einstieg zum Lions Back erfordert die Reduktion, den ersten Gang und vor allem die Gewißheit, daß man mit einem Jeep die schwersten Hindernisse an den Grenzen der Traktion mit Gaswegnehmen eher meistern kann als mit beherztem Tritt auf das Pedal. Auch wer das alles weiß, beginnt den Aufstieg sehr ergriffen, weil auf den ersten Metern das Steilerwerden offenbar kein Ende hat, bis endlich alle Räder auf der Wand sind. Fest in die Rückenlehne gepresst und mit aller Zärtlichkeit im Gasfuß halte ich die Kraft des Motors zwischen Drehmoment und Durchdrehmoment. Und so nähern wir uns mit sanfter wunderbarer Kraft der Schwelle des Aufatmens, hinter der die Steigung etwas sanfter wird.
Der Löwe, dessen Rücken wir befahren, ist offenbar von Beulen stark geplagt. Sie machen den Aufstieg zu einer Schaukelpartie, bei der sich das Auto mal nach rechts

Der White Knuckl Hill, der Hügel der weißen Knöchel, fordert den furchtlosen Vollzug des eleganten Abstiegs. Hier hilft kein noch so kurzer erster Gang, hier fährt fast jeder im Schneckentempo auf der Bremse runter. Einige wenige Meister ihres Fachs sind den White Knuckl Hill auch schon hinauf gefahren.

Steigungen, wie diese hier, am Trail Behind the Rocks verlangen eine schwungvolle Bezwingung.

und mal nach links zum Abgrund neigt, der mit jedem Höhenmeter an Tiefe gewinnt. Und von da unten kommt unweigerlich die Frage:« Warum muß du auch immer wieder hier rauf?«
Aber irgendwann ist es dann doch geschafft, das schmale Hochplateau ist erreicht. Mit einem Spaziergang läßt sich das Wendemanöver herausschieben. Schaun wir doch mal nach, ob in den kleinen Teichen Wasser ist und was es denn am anderen Ende des Löwenrückens zu sehen gibt. Es zeigt sich hier, was jahrelang als unmöglich gilt, auch diese Seite ist bezwungen, bergab nur, wie die Spuren vermuten lassen, aber immerhin. Wer Räder hat, die kleiner sind als 33 Zoll, sollte lieber über des Löwens sanfte Seite absteigen. Dieser weise Ratschluß aber setzt das Wenden über dem Abgrund voraus. Da es auf dem Lions Back keine wirklich ebene Stelle gibt, genieße ich, je querer sich der Jeep zum Abgrund stellt, immer schauerlichere Ausblicke in die Tiefe. Aber schließlich dann, nach vielen furchtsamen Wendezügen, ist es dann geschafft.
Die anschließende Talfahrt führt mit langer Serienübersetzung unweigerlich in einen Zielkonflikt. Denn trotz der Reduktion und trotz des ersten Ganges, das Tempo talwärts steigt nicht unerheblich. Und sobald ich dies mit der Bremse zu zügeln trachte, versteht die Leerlaufstabilisierung dies gründlich falsch und gibt spürbar Gas, um den Drehzahlverlust auszugleichen. Langsam abfahren läßt sich nur wider alle Regel mit dem Schalthebel im Leerlauf und dem Fuß auf der Bremse. Mit den guten Bremsen eines Wrangler TJ ist die gebremste Schleichfahrt kein Problem, manch anderen aber sind überhitzte Bremsen und Fading am Lions Back schon zum Verhängnis geworden. Sie sind in Schußfahrt unten angekommen - dennoch, Ernstes passiert ist bisher nicht.
Der Betreiber der Zahlstelle hat sich erfolgreich auch Gedanken darüber gemacht, wie man vom abfließenden Verkehr des Lions Back ein zweites Mal kassieren kann. Zu diesem Zweck stellte er einen Container mit Duschkabinen auf, zum Abspülen von Angstschweiß.
Der Lions Back ist zweifellos der Psycho-Hit von Moab, aber kaum seine Eiger-Nordwand. Verglichen mit den tiefen Abgründen der Region und der ernsthaft schweren Strecken ist der steinerne Löwe eher harmlos. Sein Schwierigkeitsgrad ist nicht einmal klassifiziert, während die wirklich fordernden Strecken der Region eine feste Rangordnung zwischen 1 und 4 plus haben.

❶ Die Strecke ist zwar unbefestigt, aber mit normalen zweiradgetriebenen Autos zu befahren. Aber Strecken mit der ❶ werden im Trailregister des Red Rock Clubs nicht geführt

❷ Das sind die etwas gröberen Naturstraßen, die von zweiradgetriebenen Autos nur noch bei trockenem Wetter gemeistert werden können.

❸ Hier beginnt die Sache interessant zu werden, Allradantrieb und Geländeroutine sind erforderlich.

❹ Bei diesem Schwierigkeitsgrad sind serienmäßige Geländewagen an der Grenze ihrer Möglichkeiten. Größere Räder, ein modifiziertes Fahrwerk und Differentialsperren sind bei ❹ und erst recht bei ❹ plus unerläßlich. Denn eine ❹ in Moab ist bedeutend härter als eine ❿ am Rubicon-Trail.

Top of the World heißt eines jener Ziele, die mit der Härte drei als erste Lockerungsübung sehr geeignet ist. Die Anreise folgt auf dem Highway 128 dem Colorado-River, der auch hier seine Vorliebe für ein Bett im Canyon zu erkennen gibt. Nach 20 aussichtsreichen Meilen durch ein tief gefrästes Professor Valley zweigt rechts der Onion Creek Trail in das tiefe Rot der Berge aus Entrada Sandstone ab. Links von diesem Weg bildet der Sandstein die bezarren Fisher Towers, und vor uns formen sich die roten Felsen bald zu einer engen Schlucht. Hier erklärt sich auch der Name des Onion Creek, der uns entgegen fließt, denn er riecht tatsächlich nach Zwiebeln.
Von dem Plateau des Fisher Valley führt unser Trail in einen der zahllosen Cottonwood Canyons. Daß es einige hundert oder tausend Canyons dieses Namens gibt in den USA, hat einen wirklich schlichten Grund: die Cottonwood-Bäume, deren Samen den Baumwoll-Flöckchen gleichen, gedeihen in allen Tälern, die einen Bach oder wenigstens Grundwasser führen. Beim Ausstieg aus dem

Canyon macht uns der Rose Garden Hill klar, daß auch der dritte Grad der Schwierigkeit schon von gewisser Härte ist. Hier geht es nicht nur steil und stufig, sondern auch sehr weit nach oben.

Entspannter wird die Fahrt in 1800 Metern Höhe auf der Entrada Bluffs Road, einer maßvoll kultivierten Schotterstraße. Bluffs sind die Sandstein-Klippen, die massiv den Straßenrand säumen, oder den Weg mal wieder in einen kleinen Canyon zwingen. Es ist eine lange, schöne Fahrt zum Einstieg auf das Dach der Welt, die Landkarte verheimlicht uns die vielen Schleifen, in denen unser Trail dem Profil der Berge folgt.

Die Piste, die dann endlich doch nach Süden ihren Kurs auf Top of the World nimmt, scheint einen Rundkurs zu vollenden. Sie führt in ihrer Grundlinie recht gerade und bisweilen steil bergauf zurück zum Tal des Onion Chreek. Aber der Aufstieg endet sehr abrupt bei 2099 Metern an einer Steilwand, die sich 800 Meter aus dem Tal des Onion Creek erhebt. Ein Felsbalkon gewährt die beste Aussicht. Auch läßt sich die steinerne Zunge über dem Abgrund mit einem Wrangler wohl befahren. Aber das Titelbild dieses Buchs beweist, daß mein Mut an solchen Stellen im Angesicht der Tiefe seine Grenzen hat.

Ein ganz anderes Erlebnis als die einsame Erkundung von Top of the World ist eine dieser Kletterpartien im Konvoi, wie sie anläßlich der Easter Safari sieben Tage lang auf nicht weniger als 30 unterschiedlichen Trails stattfinden. So eine Gruppenreise über Fels und Stein ist ein eher langsames, sehr kommunikatives und folglich auch sehr amerikanisches Unterfangen. Auf engen Strecken, wie etwa am Cliff Hanger Trail werden so ein paar Meilen leicht zur Tagestour.

Doch für die 20 Dollar Nenngeld, die so ein geführter Ausflug kostet, fährt man geleitet von erfahrenen Händen. Zwar dauert es auf diese Weise weit mehr als eine ganze Stunde, bis alle 30 Jeeps den Cliff Hanger hinter sich haben; aber die Guides dirigieren hier mit äußerster Präzision, damit jeder auf den Zoll genau die Reifen über die Felsen bringt. Wer CB-Funk im Auto hat, darf am Unterhaltungsprogramm teilnehmen. Die Guides berichten aus dem reichen Schatz an Moritaten, die sich um Achs-, um Wellen- und um Felgenbrüche ranken. Hoch über dem Colorado-River erfahren wir auch etwas über die Geschichte der Kaligruben von Potash, die ein paar hundert Meter tiefer im Tale liegen.

Cliff Hanger heißt der Trail, weil er über weite Teile wie ein Balkon am steilen Abfall des Amasa Back über Jackson Hole und dem Colorado-Tal dahin läuft. Besonders reizvoll ist der spurbreite Weg an der Wand dort, wo er sich ein paar Stufen auf- oder abwärts gönnt. Der Wrangler TJ ist für solche Passagen mit reichlich Federweg sehr begabt. Für die rund 30 anderen Jeeper, die hier fahren, ist es der erste von der neuen Sorte, den sie sehen. Und sie begegnen ihm mit artigem Respekt. Die ungeteilte Bewunderung der Menge gehört einem reichlich 40 Jahre alten Pick up vom Stamme der Jeep, der auf mächtig breiten Achsen und mit geheimer Urgewalt jeglichen Felsen überklettert.

Das Geheimnis des starken Fossils lüftet der Fahrer erst beim Abschied: Unter der Haube des eher unansehnlichen Vehikels wütet ein gänzlich verchromter Kompressor-Achtzylinder. Wie der dahin kommt, kommentiert der glückliche Besitzer schlicht: »Ein Freund wollte ihn für 2500 Dollar verkaufen, da konnte ich nicht nein sagen.«

Es sind dann auch eher solche Geräte der absonderlichen Art, die über die ganz schweren Pisten steigen. Zu denen zählt mit Note 4 und einem Plus Hell's Revenge. Die Rache der Hölle beginnt mit einer grauenvollen Vorspeise: Auf dem Potato Salat Hill ist ein Kartoffelsalat angerichtet, dessen Scheiben das Format von Schränken haben. Mit Rädern, die weniger Durchmesser haben als 33 Zoll braucht sich da keiner anzustellen. Und eine kurze Übersetzung, bei der 70 Kurbelwellen-Umdrehungen die Räder nur einmal rotieren lassen, gilt hier als unbedingt empfehlenswert.

Mit einem serienmäßigen Wrangler und mit Einsicht ausgerüstet, umgehe ich klammheimlich den Potato Salat Hill und wende mich den schönen Seiten von Hell's Revenge zu. In seinem wesentlichen Teil bietet der Trail ein feines Surfen über Slick Rocks. Mal geht es steil herauf und flach herunter, mal ist auch das Gefälle ziemlich senkrecht. Das

Auf und Ab an den Hängen der versteinerten Dünen wird von der zunächst mulmigen Erfahrung zu einer unterhaltsamen Routine auf einer natürlichen Art von Achterbahn. Als Abschlußprüfung hält Hell's Revenge die Tip over Challenge parat. Raufkommen oder umfallen heißen die Alternativen, die dieser Hang seinen Angreifern zu bieten hat, wenn sie von einer Schräglage in die andere schaukelnd auf seine Flanke stürmen. Spielplätze der teuflischen Art bieten auch sechs weitere Trails der schwersten Kategorie. Der Pritchett Canyon ist gespickt mit kurzen Aufstiegen, die mit Brocken im Grabstein-Kaliber geschottert sind. Wer erst mal mit einer Gruppe losgefahren ist, für den gilt es als Ehrensache, diese Tour auch zu beenden, die niemals eine Chance bietet, das Schlimmste zu umfahren. Ein serienmäßiger Geländewagen und sei es auch ein Jeep bleibt hier ohne mechanische Überlebenschance, die nur bei reichlichster Bodenfreiheit gegeben ist.

Der Canyon solcher Schrecken endet in der Einsamkeit eines Tales, zu dessen Attraktionen der White Knuckle Hill zählt. Die Ursache der weißen Knöchel, die seinem Bezwinger kaum erspart werden, ist eine recht unregelmäßige Treppenstruktur, deren Stufen auch mal einen reichlichen Meter messen können. Ein umfallfreier Abstieg gilt als ehrenvoller Nachweis von Talent und Schneid. Doch seit die tapferen Männer mit ihren Jeeps auf Riesenrädern zunehmend häufiger ihn bergab bezwingen, gilt es als Krönung allen Wahnsinns, die steinerne Treppe aufwärts anzugreifen.
Vor wenigen Jahren noch scheiterte jedes dritte Fahrzeug an dieser Besteigung mit schweren mechanischen Defekten. Doch mittlerweile zählt der Red Rock Off Road Club diese schwierigste aller Kletterpartien zu den für Profis durchaus erwägenswerten Möglichkeiten. Wer es probieren will, sollte eines nicht vergessen: Es gibt auch in Moab keine Werkstatt für Jeeps - nur einen Mechaniker fürs Grobe.

Abenteuerlichen Aufstiegen wie dem zum Lions Back bei Moab gibt ein Wrangler TJ die Leichtigkeit eines Familienausflugs. Und auf der nächsten Seite gibts noch einmal Lions Back, drei Generationen Jeep und Abenddämmerung über den Slick Rocks.

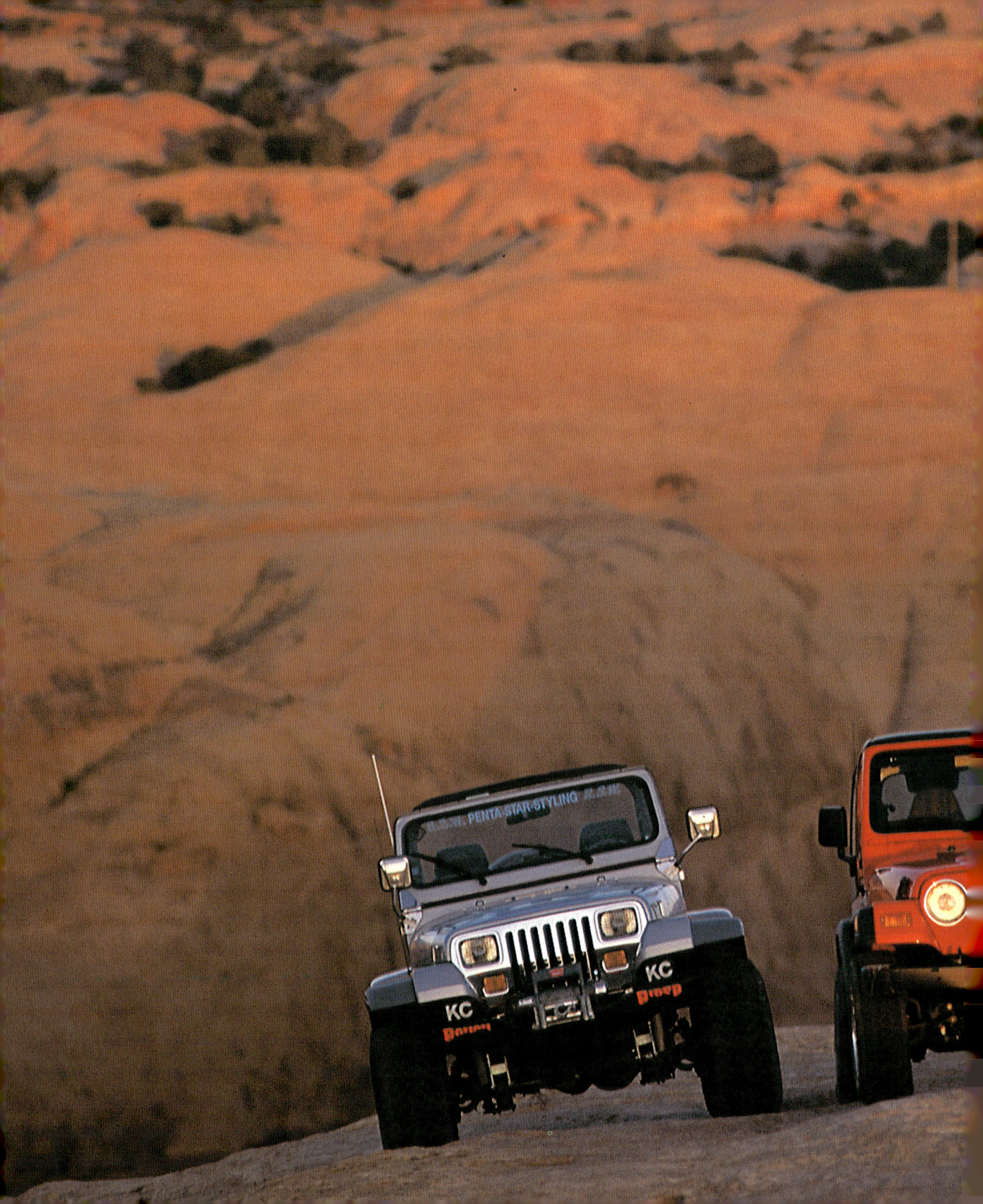
PENTA-STAR-STYLING
KC
KC

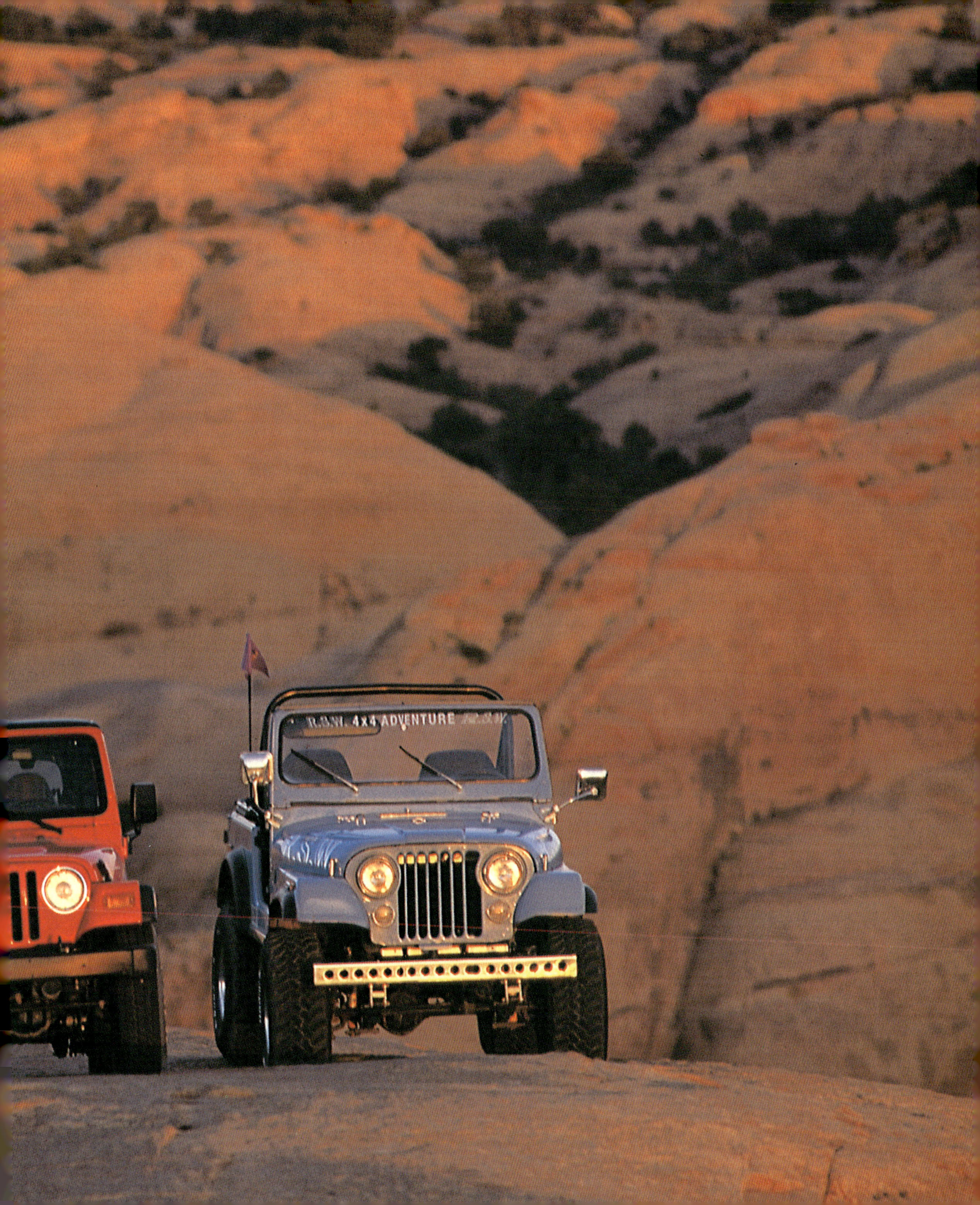
4x4 ADVENTURE

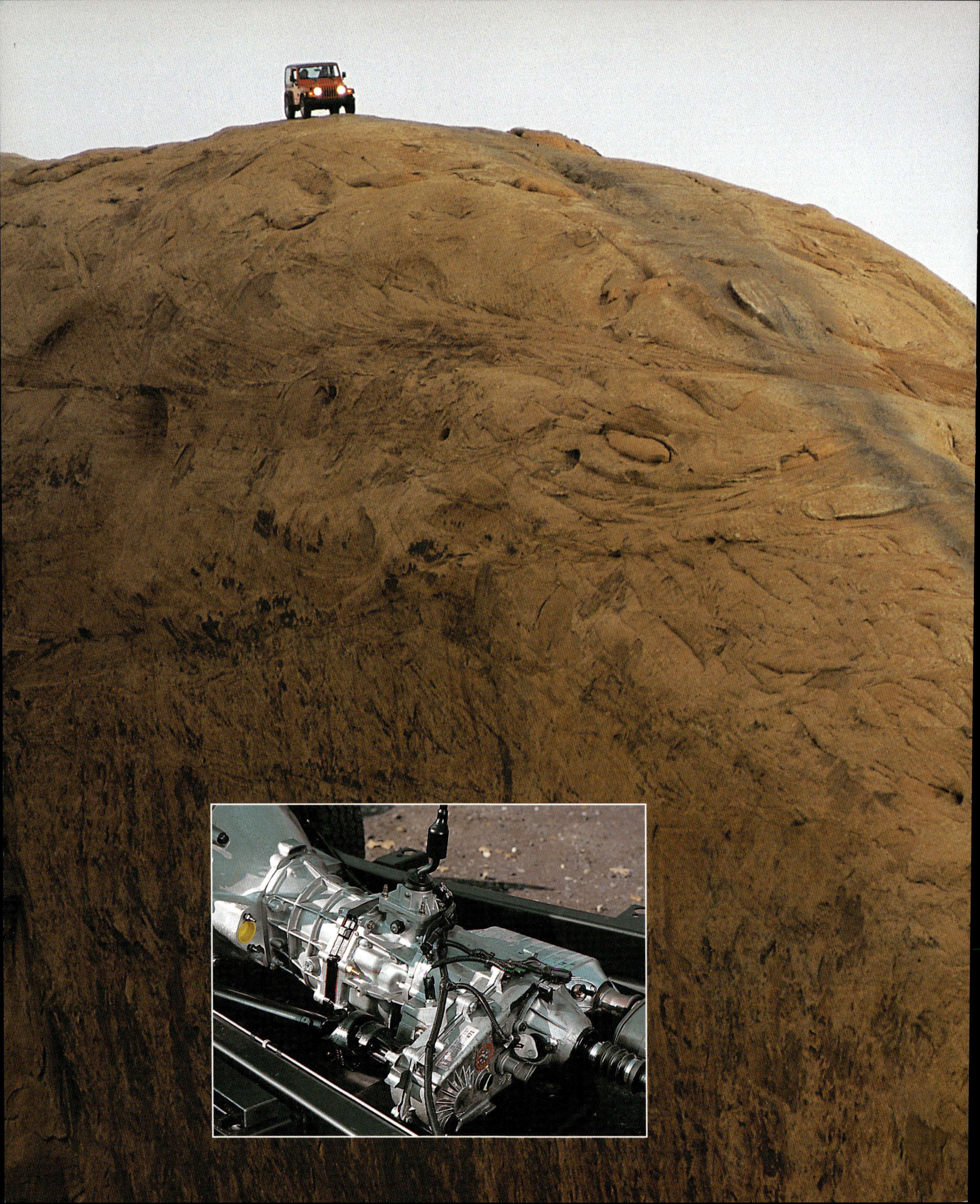

Schalten oder Schalten lassen

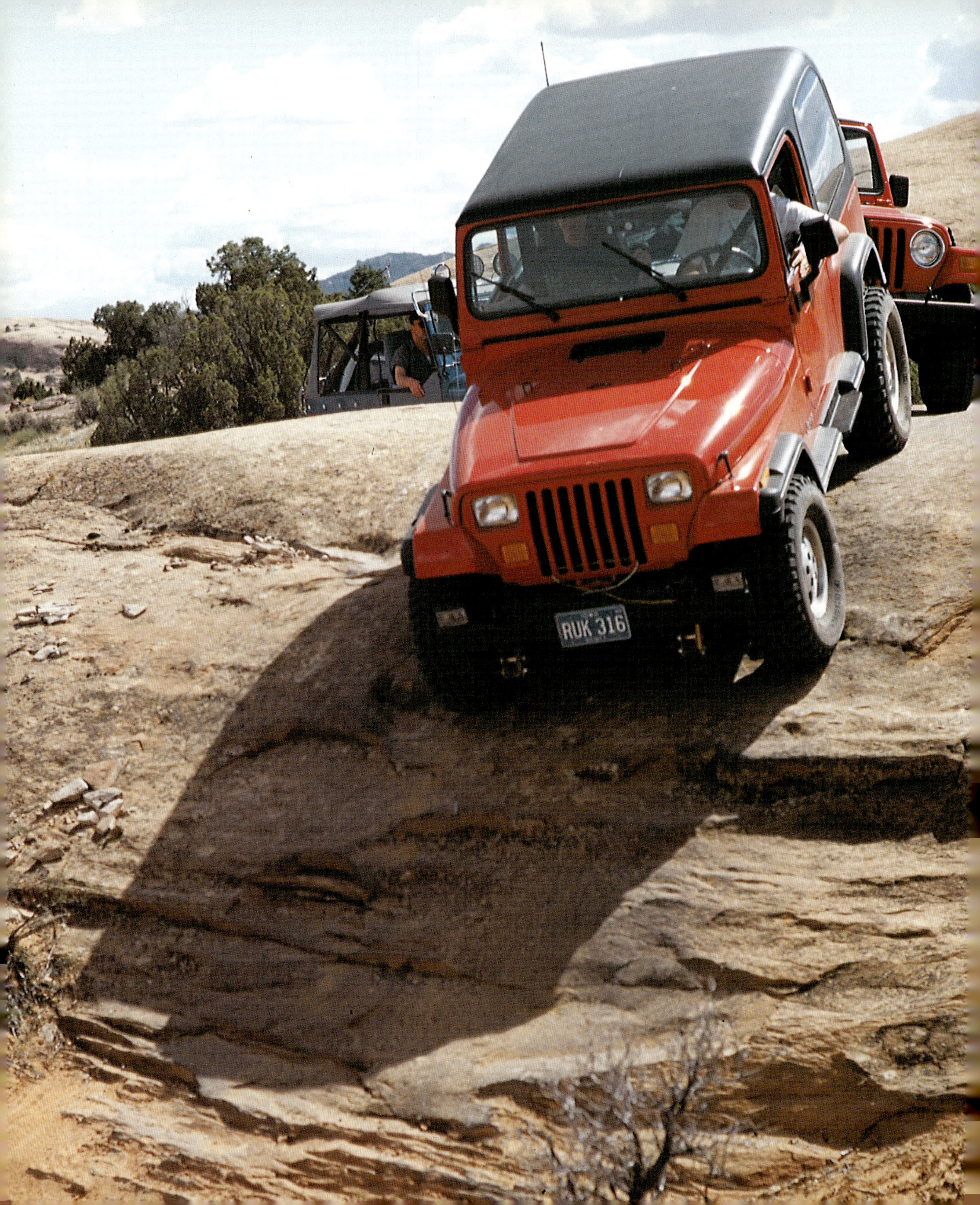
RUK 316

Fünfganggetriebe oder Automatik – mehr als eine Geldfrage

Der Jeep Wrangler bietet zwei Getriebe zur Auswahl: Ein Fünfganggetriebe, das von Hand geschaltet werden muß oder darf und eine Dreigangautomatik, die das allermeiste selbst erledigt. Die Wahl des Getriebes ist nicht unbedingt eine Frage der sportlichen Ehre. Schaltgetriebe und Automatik haben sowohl auf der Straße als auch im Gelände Vorzüge und Nachteile. Die gilt es auszuwägen.

Auf den ersten flüchtigen Blick steht die Partie der Gänge 5:3. Im Fußball wäre das ein klares Ergebnis. Beim Vergleich von Schaltgetriebe und Automatik ist die Wertung etwas komplizierter, denn bei der komfortableren Alternative kommt noch der Wandler ins Spiel. Dieses hydrodynamische Wunderwerk - erfunden von Herrn Föttinger schon zu Beginn dieses Jahrhunderts - hat eine Doppelfunktion. Zunächst einmal arbeitet die mit Öl und Schaufelrädern angefüllte Trommel als automatische Anfahrkupplung und zwar von Hindernissen praktisch unbeeindruckt weich und gefühlvoll. Die zweite Funktion steckt im vollen Namen dieses Teils: Drehmomentwandler. Denn ein turbulenter Fluß des Öls im Inneren macht es möglich, daß hohe Drehzahl vor dem Wandler auf eine kleinere am Ausgang reduziert wird. Aber dabei entsteht nicht einfach nur Schlupf wie bei einer mechanischen Reibscheiben-Kupplung. Die Gestaltung der drei Schaufelräder im Inneren (Pumpenrad, Leitrad und Turbinenrad) leitet den Ölfluß so, das ausgangs des Wandlers eine Drehmoment-Anhebung stattfindet. Der Wandlungsfaktor liegt bei einem Verhältnis 2:1. Dadurch überdeckt jeder der drei Gänge einen relativ großen Bereich.

Dieser nützliche Effekt des Wandlers sollte auch bei der Betrachtung der Getriebe-Spannweiten berücksichtigt werden.

Fünfganggetriebe

	2.5 Liter	4.0 Liter
1. Gang	3,93 : 1	3,83 : 1
2. Gang	2,33 : 1	2,33 : 1
3. Gang	1,45 : 1	1,44 : 1
4. Gang	1,00 : 1	1,00 : 1
5. Gang	0,85 : 1	0,79 : 1

Daraus lassen sich Gesamtspannweiten zwischen dem 1. und dem 5. Gang von 4,62 für den 2.5 Liter und von 4,85 für den 4.0 Liter errechnen.

Automatik

1. Gang	2,74 : 1
2. Gang	1,54 : 1
3. Gang	1,00 : 1

Die Spannweite ist hier auf den ersten Blick klein, aber durch die Funktion des Drehmomentwandlers vergrößert sich die effektive Breite des Übersetzungsbereichs auf mehr als 5 : 1. Aber es steht andererseits außer Zweifel, daß mit der Automatik alles noch viel besser wäre, wenn diese vier Stufen hätte, wie in den beiden Cherokee, denn da ist eine Spannweite von 3,97 : 1 gegeben. Aber die Verhältnisse im kurzen Wrangler, sie sind nicht so, die wesentlich längere Viergangautomatik läßt keinen Platz für eine hinreichend lange Kardanwelle zur Hinterachse. Insgesamt sind übrigens in der Wrangler-Baureihe drei Getriebe im Einsatz. Bei der 2.5 Liter-Version unterscheidet sich das Fünfganggetriebe nicht nur durch die Übersetzungen, es ist insgesamt leichter und nicht ganz so kräftig ausgeführt, was wichtig für alle jene ist, die irgendwann einmal über den Einbau eines stärkeren Motors nachdenken. Das zweite Fünfganggetriebe ist für das hohe Drehmoment des Vierliter-Sechszylinder ausgelegt, es wird übrigens in den USA auch für beide Cherokee angeboten. Die Dreigangautomatik ist für alle Wrangler gleich, auch wenn sie den 2.5 Liter-Motor haben. Allerdings gibt es den Vierzylinder mit Automatik nicht in Deutschland. Alle drei Getriebe ergeben zusammen mit den Achsübersetzungen (2.5 Liter 3,73 : 1; 4.0 Liter 3,07 :1) in der obersten Fahrstufe eine sehr lange drehzahlsenkende Gesamt-

Eine kurze Übersetzung im ersten Gang braucht ein Jeep nicht allein für den behutsamen Aufstieg sondern mindestens genau so nötig für das ganz bedächtige Bezwingen extremer Gefälle.

übersetzung. Rein rechnerisch erreicht ein Wrangler 4.0 mit Schaltgetriebe bei der Nenndrehzahl des Motors von 4600/min auf Reifen der Größe 215/75 R 15 eine Geschwindigkeit von 238 km/h im fünften Gang und von 188 km/h im vierten Gang. Die tatsächliche Höchstgeschwindigkeit von 174 km/h kann im fünften Gang bei einer Drehzahl von 3365/min und einer Leistung von 136 PS nicht erreicht werden. Das ist allenfalls im vierten Gang möglich, wo bei 4260/min immer noch nicht die volle Leistung sondern 169 PS zur Verfügung stehen. Der Fünfte ist ein reiner Spargang, der Vierte paßt knapp. Mit Automatik ist die Übersetzung in der dritten Stufe so

Die meisten Wrangler-Fahrer in Europa bevorzugen das Fünfgang-Schaltgetriebe, die Dreigang-Automatik hat im Gelände überzeugendere Vorteile als im Straßenbetrieb.

wie beim Schaltgetriebe im vierten Gang. Beim Wrangler 2.5 sind die Verhältnisse ähnlich: Theoretisch werden bei Nenndrehzahl 5200/min im fünften Gang 206 km/h erreicht und im vierten 175 km/h. Tatsächlich möglich sind 142 km/h, die ebenfalls kaum im fünften Gang mit den bei 3590/min zur Verfügung stehenden 96 PS erreicht werden können. Auch hier wird der vierte Gang für die Höchstgeschwindigkeit gebraucht, wo 142 km/h bei 4225/min mit 107 PS realisiert werden können.

Bei dieser Art von Übersetzung bleiben die Motorgeräusche im Auto dezent, der Verbrauch kann davon profitieren, wenn nicht, um Leistung freizusetzen, häufig heruntergeschaltet wird. Sicher ist aber auch, daß in den beiden oberen Gängen die volle Leistung des Motors nicht mehr zur Verfügung steht. Wer größere Reifen montiert, was unter Jeep-Fahrern praktisch zur Folklore zählt, verschlechtert die Situation zusätzlich, denn durch den größeren Abrollumfang sinkt die Drehzahl im Verhältnis zur Geschwindigkeit weiter ab.

Natürlich lassen sich diese Verhältnisse durch den Wechsel der Übersetzung ändern. Es sind folgende Übersetzungen verfügbar:

3,07 :1 (Wrangler TJ 4.0)
3,55 :1 (Wrangler YJ 4.0, Cherokee 4.0)
3,73 :1 (Wrangler TJ 2.5, Grand Cherokee V8, Cherokee 2,5 Diesel)
4,11 :1 (Cherokee 2,5 Benzin)

Eine kürzere Übersetzung wirkt sich auf die Fahrdynamik positiv aus. Die Fahrleistungen in den oberen Gängen werden lebhafter, es muß weniger geschaltet werden, aber der Verbrauch kann zumindest leicht steigen. Auch im Gelände ist eine Korrektur der Übersetzung vorteilhaft, weil sich die Verkürzung der Achsübersetzung natürlich auch im Geländegang auswirkt: Es kann noch langsamer geklettert werden, und die Bremswirkung des Motors wird besser.

Ein korrigierender Umbau ist möglich. Da

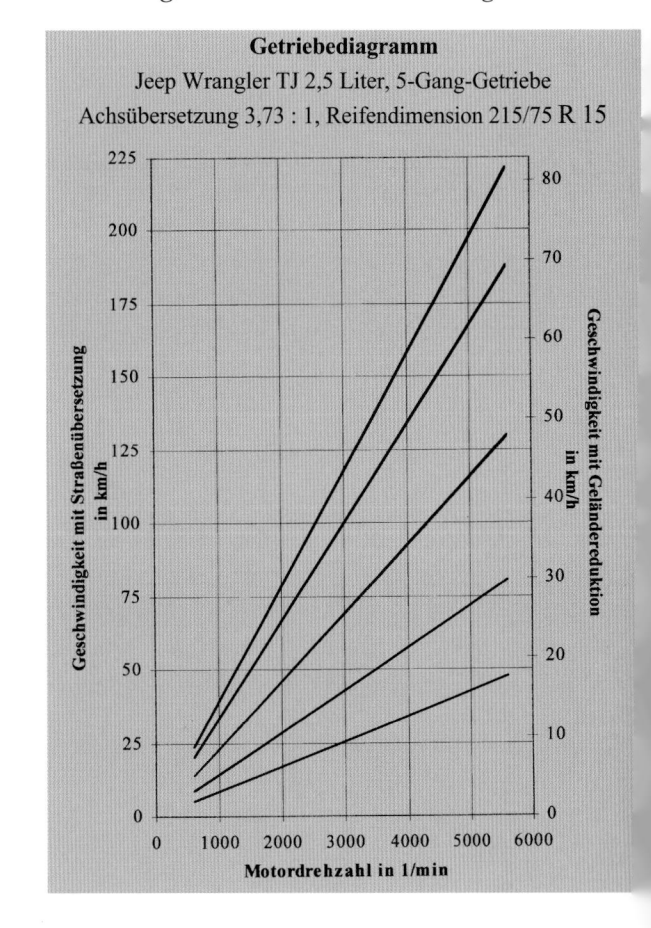

Getriebediagramm
Jeep Wrangler TJ 2,5 Liter, 5-Gang-Getriebe
Achsübersetzung 3,73 : 1, Reifendimension 215/75 R 15

die Achsen grundsätzlich gleich sind und die Teile auf hohe Belastung ausgelegt sind, können beim Wrangler 4.0 die Achsübersetzungen 3,73 :1 vom Wrangler 2.5 eingebaut werden. Vorausgesetzt die Serienbereifung (215/75 R 15) bleibt, entsprechen 4600/min einer Geschwindigkeit von 196 km/h, die der Wrangler mit 177 PS nicht erreichen kann. Diese immer noch etwas zu lange Übersetzung ist in der Praxis ganz in Ordnung, weil sie eine Höchstgeschwindigkeit von 180 km/h ermöglicht, solange keine wesentlich größeren Reifen montiert werden.

Für überwiegenden Geländebetrieb oder beim Einsatz sehr großer Reifen ist ein Wrangler TJ 4.0 mit der ganz kurzen Achsübersetzung 4,11:1 optimal gerüstet, damit läuft er im fünften Gang bei 4600/min mit Reifen der Größe 215/75 R 15 Spitze 178 km/h, und mit Reifen der Größe 225/75 R 15 stolze 182 km/h. Diese kurze Achse ist natürlich für den Wrangler 2.5 besonders empfehlenswert.

Eine Änderung der Übersetzung erfordert den Austausch von Kegel und Tellerrad an Vorder- und Hinterachse und einige Stunden Arbeitszeit. Kostenpunkt rund 3000 Mark. Und diese Manipulation hat einen weiteren Fehler: Sie ist illegal. Denn die Übersetzung eines Fahrzeugs ist Bestandteil der Allgemeinen Betriebserlaubnis und des Abgasgutachtens, beides muß zumindest nach den Buchstaben des Gesetzes neu erworben werden. Und wenn das der Fall ist, werden die Kosten astronomisch hoch. Andererseits läßt sich dazu nicht schriftlich raten, den Umbau heimlich durchzuführen und die Betriebserlaubnis aufs Spiel zu setzen in der berechtigten Überzeugung, daß garantiert kein TÜV-Prüfer darauf kommt.

Im praktischen Gebrauch auf der Straße ist das Schaltgetriebe mit seinen beiden Schongängen etwas gewöhnungsbedürftig, aber bei gelassenem Cruising nach amerikanischer Sitte durchaus akzeptabel. Das Fahren damit ist etwas arbeitsintensiver als mit der Automatik, aber auch unterhaltsamer.

Bei der Automatik bleibt die lange Übersetzung nicht ganz ohne Auswirkung auf die Fahrweise. Auch hier ist der dritte Gang etwas zu lang übersetzt, er ermöglicht aber

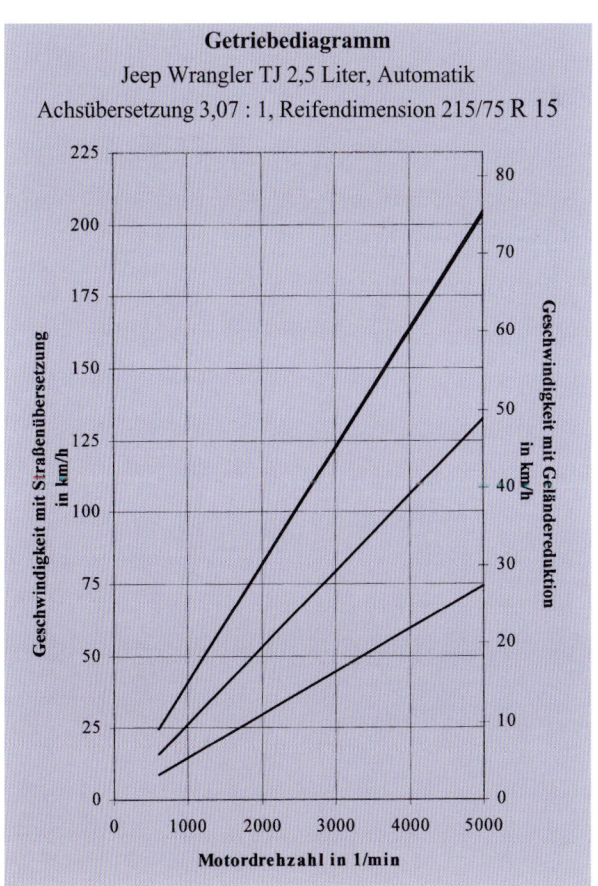

Die Antriebsübersetzungen aller Jeep Wrangler sind extrem lang. Durch ein Absenken der Drehzahl in allen Gängen war es möglich, die neuen europäischen Geräuschvorschriften zu erfüllen und den Normverbrauch zu senken.

Auch mit drei Gängen ist eine Automatik ein relativ kompliziertes Stück Maschinenbau. Die Viergang-Automatik der Cherokee-Modelle findet im kurzen Wrangler nicht den nötigen Platz.

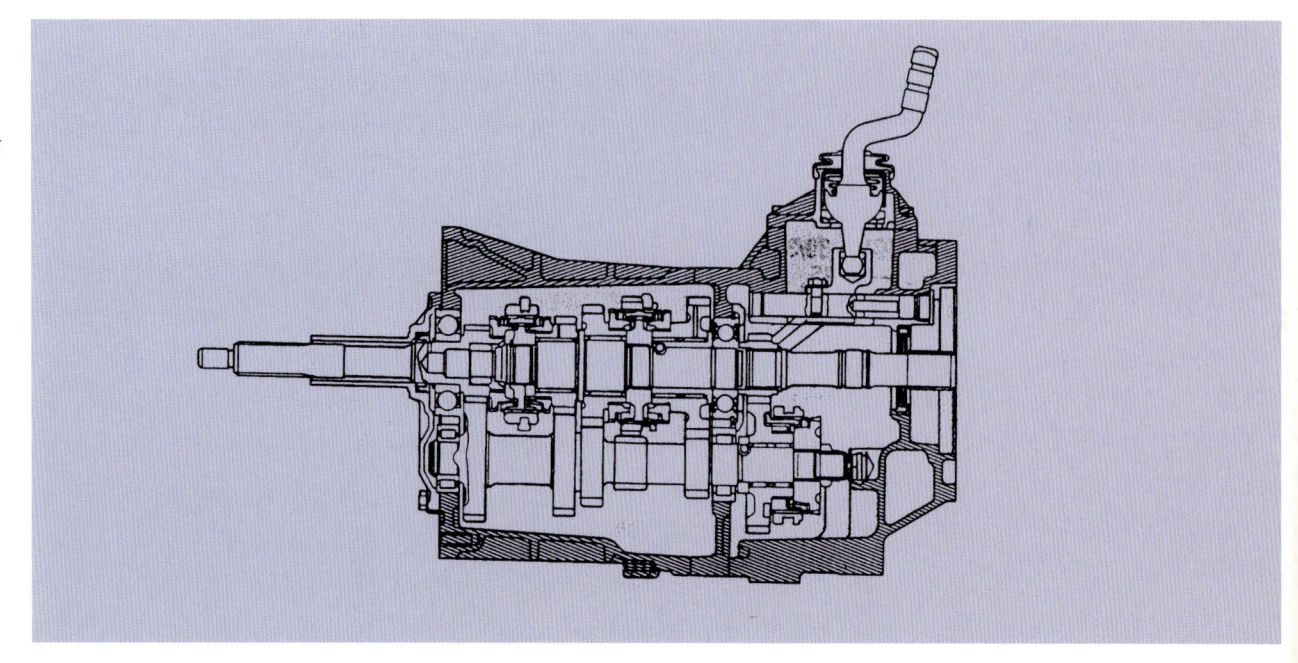

1 Wandlerkupplung
2 Drehmomentwandler
3 Ölpumpe
4 vordere Kupplung
5 hintere Kupplung
6 vorderer Planetensatz
7 hinterer Planetensatz
8 Bremsband für L- und R-Gang
9 Freilauf
10 Park-Gang-Rad
11 Regler
12 Lager
13 Abtriebswelle
14 Antriebswelle
15 Bremsband für Kick-Down
16 Ölwanne
17 Antriebsglocke für Sonnenräder
18 Ventil-Gehäuse
19 Arretierstift der Parksperre
20 Dichtung

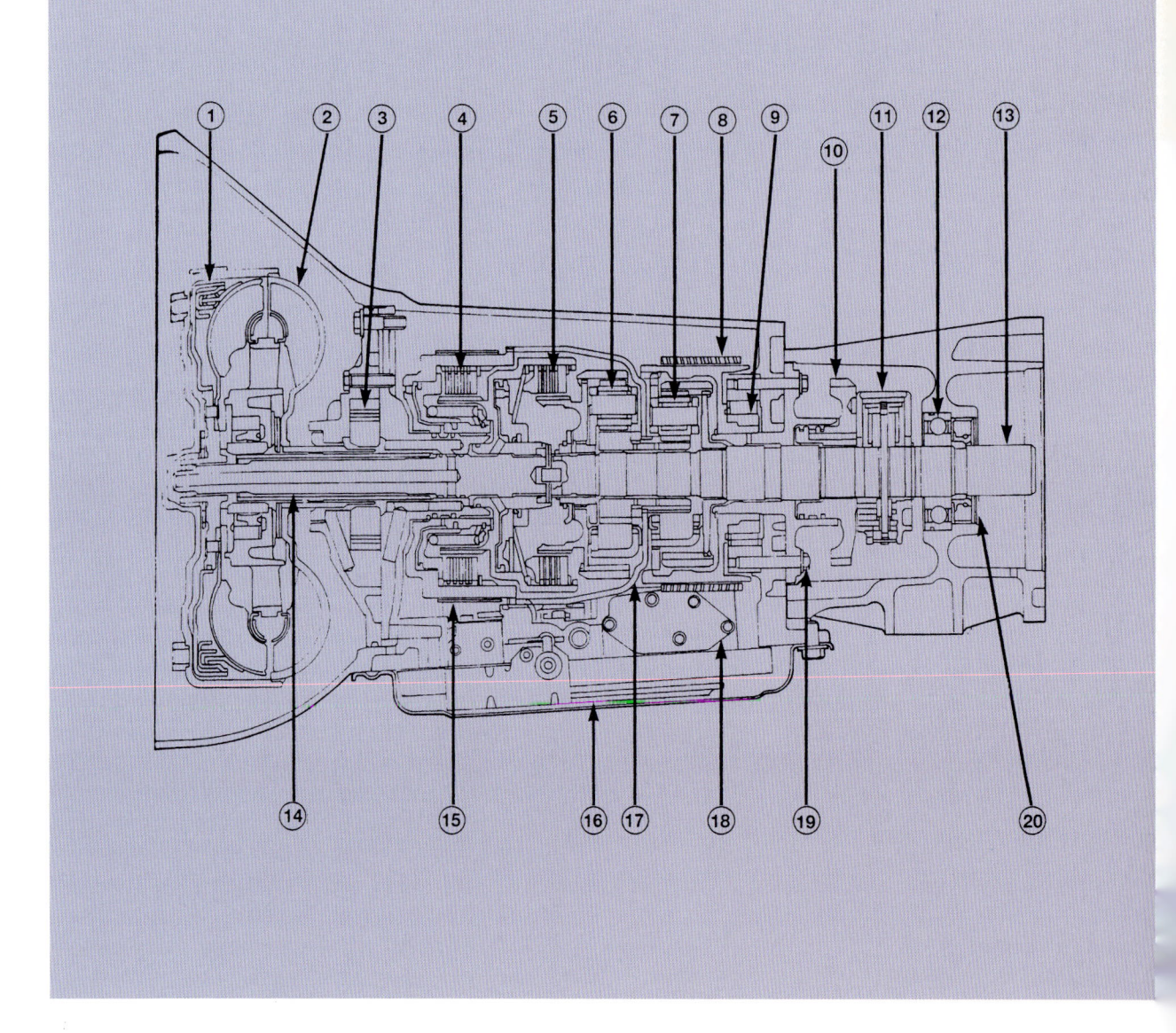

eine Höchstgeschwindigkeit von 170 km/h bei 4165/min, während der zweite bis etwa 133 km/h ausgefahren werden kann. Der Umgang mit den großen Gangsprüngen setzt einen gefühlvollen Gasfuß voraus.

Im Gelände wiederum ist es eher die mechanische Kraftübertragung, die eine sensible Einstellung verlangt. Anfahren an steilen Aufstiegen oder das Überklettern von Felsbrocken bei Schrittempo bedeutet ein Risiko für jede Reibscheibenkupplung. Sie muß hier sehr gefühlvoll und mit möglichst wenig Schlupf zum Eingriff gebracht werden. Experten empfehlen im schweren Gelände die aller Fahrschulweisheit zuwiderlaufende Methode, bei eingelegtem Geländegang und im ersten Gang des normalen Getriebes überhaupt nicht auszukuppeln, sondern einfach mit dem Anlasser loszufahren und Gas zu geben, bis der Motor läuft. Es geht.

Wer eine Automatik hat, bedarf solcher Gewalttaten nicht. Er muß an extremen Steigungen zum Anfahren nur den Fuß von der Bremse nehmen. An Steinstufen kann er heranfahren, wenns sein muß anhalten, und dann mit sanft dosiertem Gas den Jeep über den Felsen klettern lassen. An steilen Gefällen im Gelände kommt auch der Automatikfahrer nicht um ein Zurückschalten herum, denn eine angemessene Motorbremse gibt es nur in den unteren Stufen.

Einen deutlichen Vorteil hat die Automatik wiederum auf weichem Boden mit schlechter Traktion – wie Sand und Schlamm – wo etwas Schwung der Traktion sehr dienlich ist. Denn in solchen Situationen kann die Automatik ohne Zugkraftunterbrechung herauf- und auch herunterschalten. Mit so einem fließenden Übergang fährt man sicherer durch den Modder als mit der in der Aufregung womöglich etwas zu lang geratenen Schaltpause zwischen zwei von Hand sortierten Gängen.

Die Dreigang-Automatik des Jeep Wrangler spielt ihre Vorteile dort aus, wo der Laie sie am wenigsten vermutet. Für ganz schweres Gelände ist sie auf die Dauer die bessere und haltbarere Wahl. Das haben auch die Betreiber jener Safari Jeeps begriffen, die von Sedona in Arizona Touristen über Kletterpfade in die Berge kutschieren. Sie fahren grundsätzlich mit Automatik. Unsereins aber, den Schicksal und Sperrschilde viel zu häufig auf die feste Straße verbannen, ist mit den fünf von Hand sortierten Gängen in Grund genommen besser bedient.

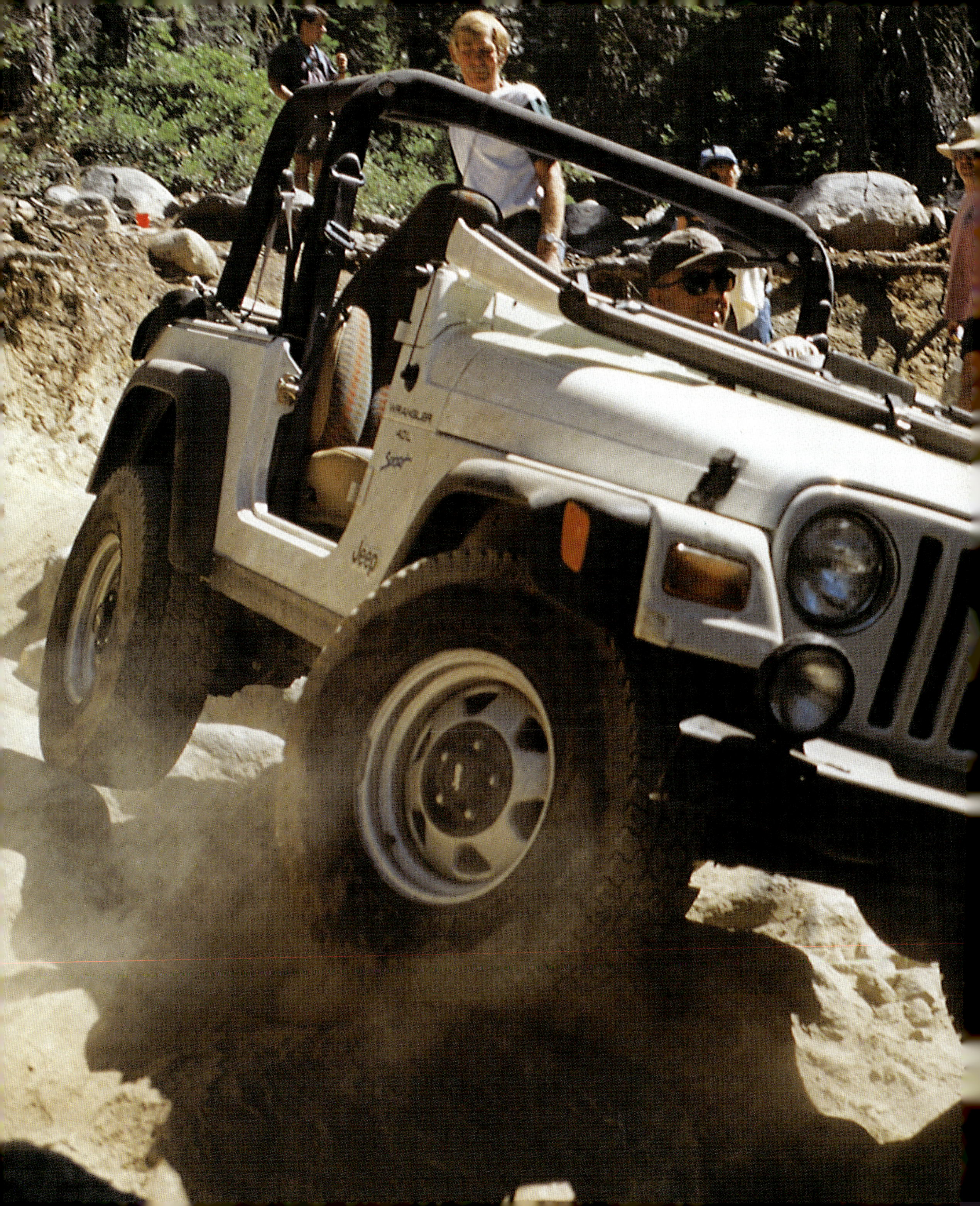
WRANGLER
4.0L
Sport
Jeep

Aktion mit Traktion

Der Allradantrieb des Jeep, und wie man damit am besten über den Berg kommt

Der Allradantrieb des Jeep Wrangler folgt jenem klassisch einfachen Konzept, das schon in der Gründerzeit vor mehr als fünf Jahrzehnten das Leitfossil Willys Overland rüstig durch den Schlamm und über Felsen klettern ließ. Das Zwischengetriebe überläßt dem Fahrer bis heute die Entscheidung zwischen Zweiradantrieb zu den Hinterrädern oder Allradantrieb durch eine hinzugeschaltete Kraftübertragung zu den Vorderrädern. Diese traditionelle Lösung, die bei Jeep seit langem schon Command-Trac heißt, ist einfach, effektiv, robust und preisgünstig. Der Zweiradantrieb im Straßenbetrieb sichert dem Wrangler die für ihn so charakteristische Handlichkeit mit einer sportwagenmäßigen Neigung zum Leistungsübersteuern, wenn in der Kurve kräftig Gas gegeben wird. Der starre Durchtrieb zwischen beiden Achsen bei eingeschaltetem Allradantrieb garantiert maximale Traktion im schweren Gelände.

Geschaltet wird das für den Allradantrieb und die Geländereduktion zuständige Zwischengetriebe, dem Stil des Wrangler angepaßt mechanisch mit einem Hebel auf dem Mitteltunnel. Es sind vier Positionen vorhanden:

2H - Hinterachsantrieb, der ist grundsätzlich zu verwenden bei allen Fahrten auf befestigten Straßen, sofern diese nicht wirklich glatt sind durch Nässe oder Schnee und Eis.

4H - Allradantrieb mit Straßenübersetzung, in diesem Modus wird auf glatten Straßen, mit Anhänger an heftigen Steigungen oder auf Schotterstraßen und in leichtem Gelände gefahren.

N - Neutral, in dieser Position ist der Antrieb vom Zwischengetriebe zu den Achsen unterbrochen. Dadurch ist bei Abschleppfahrten eine Entlastung einiger Antriebskomponenten gewährleistet. Das ist vor allem für Wrangler mit Automatikgetriebe vorteilhaft, die dank des Leerlaufs im Zwischengetriebe abgeschleppt und nach schönem amerikanischem Brauch über lange Distanzen hinter einem Wohnmobil einhergezogen werden können.

2L - Allradantrieb und Geländegang, diese Kombination erklärt sich von selbst. Man braucht sie, wenn die Strecke grob wird.

In seinem technischen Aufbau ist der zuschaltbare Allradantrieb des Wrangler mit den Jahren raffinierter geworden. Die seit dem Wrangler YJ aktive Version hat den meisten anderen Geländewagen ein cleveres Detail voraus: Beim Umschalten von 4H auf 2H wird nicht nur der Antrieb zu den Vorderrädern im Zwischengetriebe unterbrochen, gleichzeitig kommt auch in der Vorderachse die rechte Antriebswelle aus ihrem Eingriff in einer Verzahnung im Differentialgehäuse in eine entkoppelte Ruheposition. Es hat eine Reihe von Vorteilen, den Kraftfluß zu den Vorderrädern an zwei Stellen zu unterbrechen oder herzustellen. Durch diese Lösung werden die sogenannten Freilaufnaben überflüssig. Und das vereinfacht den Umgang mit dem Wrangler gegenüber den Kollegen deutlich. Denn sind die Freilaufnaben manuell zu betätigen, muß der Fahrer aussteigen und den Eingriff von Hand regeln. Sind die Freilaufnaben automatisch, ist es erforderlich, vor dem Eigenleben des Allradantriebs anzuhalten, und soll der Kraftfluß durch die Naben unterbrochen werden, kommt man nicht umhin, ein Stück zurückzusetzen - was nur zu oft vergessen wird. Die vorteilhaften Folgen einer doppelten Unterbrechung des Kraftflusses aber bleiben beim Wrangler erhalten. Die Kardanwelle zur Vorderachse kommt zur Ruhe, im Zweirad-Modus gibt es keine Laufgeräusche, sie erzeugt keine Reibungsverluste, was eine milde Senkung des Benzinverbrauchs mit sich bringt. Ein weiterer wesentlicher Vorteil aber ist, der Vorderradantrieb des Jeep kann - wie die amerikanische Betriebsanleitung bemerkt - bei allen (in den USA) legalen Geschwindigkeiten zu- und abgeschaltet werden. Für Deutschland lautet die Empfehlung, Allradantrieb bis 100 km/h.

Die spezifischen Eigenheiten des zuschaltbaren Allradantriebs sind für den Wrangler weniger problematisch als für größere

Geländewagen. Bei starrem Durchtrieb gibt es namentlich in engen Kurven Verspannungen zwischen den beiden Achsen. Das kommt daher, daß bei einem Auto in der Kurve alle Räder unterschiedliche Radien beschreiben. Deshalb gibt es an den Achsen Differentiale. Fehlt aber nun das Differential in der Mitte, so bewirken die unterschiedlichen Wege der Vorder- und der Hinterräder eben diese Verspannungen. Die aber fallen grundsätzlich um so stärker aus, je länger der Radstand eines Autos ist. Und in diesem Punkte wäre der Wrangler mit 2375 Millimetern Radstand gegenüber einem Grand Cherokee mit 2690 Millimetern Abstand zwischen den Achsen klar im Vorteil, hätte der Häuptling aller Jeeps nicht konsequenterweise permanenten Allradantrieb mit zentralem Ausgleich über eine Visco-Kupplung. Das einfache Antriebskonzept des Wrangler verlangt jedoch in manchen Situationen eine den Gegebenheiten angepaßte Fahrweise: Ist nur die Hinterachse angetrieben, empfiehlt sich ein gefühlvoller Umgang mit Drehmoment und Leistung der Motoren, und das besonders, wenn vier Liter Hubraum bei der Arbeit sind. Reifenfressende burn outs mit durchdrehenden Hinterrädern sind keine Schwierigkeit. Folgenreicher kann ein zu kräftiges Gasgeben in der Kurve sein, beson-

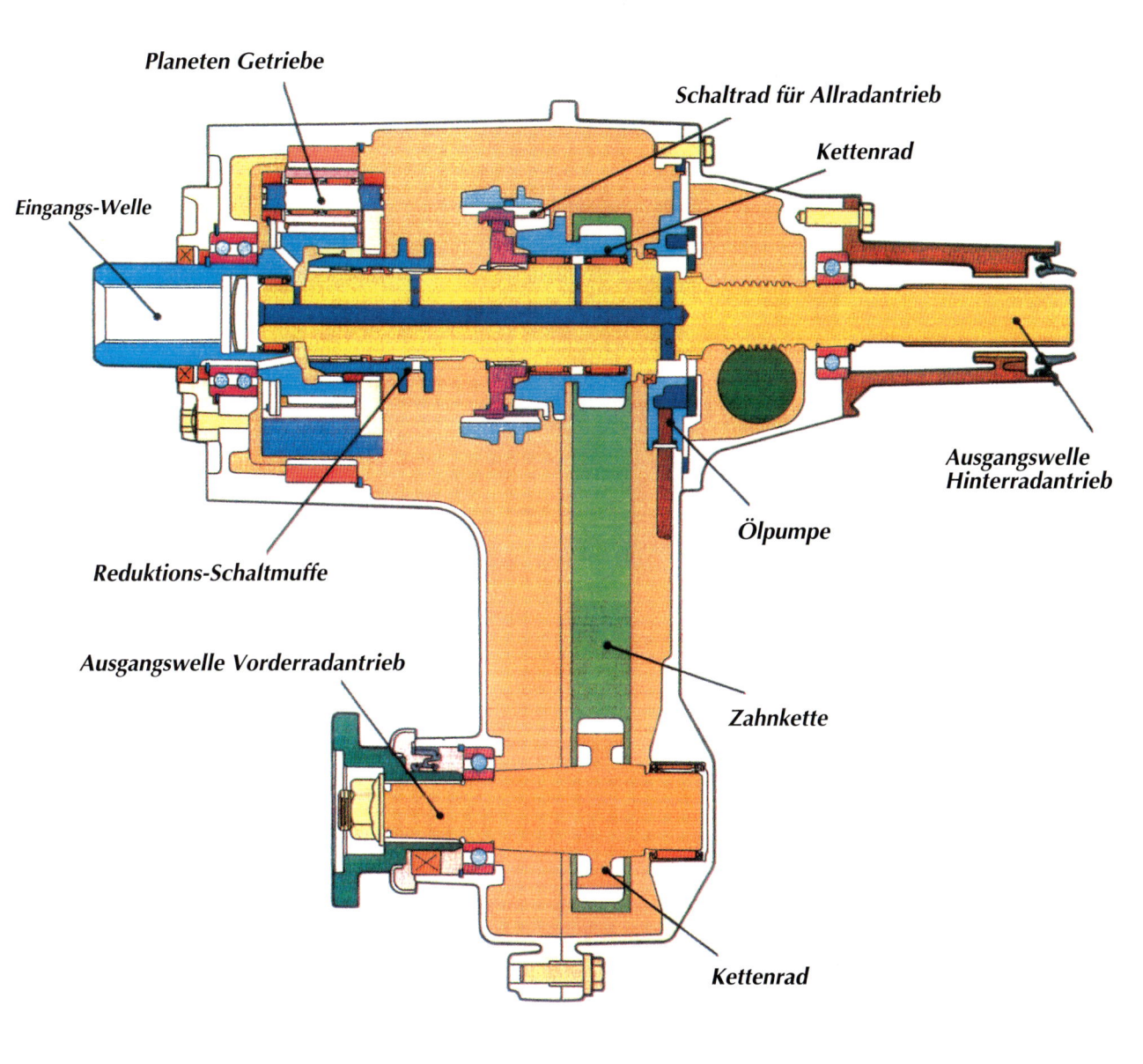

Das Zwischengetriebe macht den Wrangler zum Geländewagen. Hier wird über eine formschlüssige Kupplung der zuschaltbare Vorderradantrieb zum Eingriff gebracht. Die Reduktion im Verhältnis 2,72:1 erfolgt über das Zuschalten eines Planetengetriebes.

ders bei Nässe droht in der Folge das Heck unverhofft heftig auszubrechen.
Wer zur Verbesserung der Traktion auf der Asphalt-Straße den Allradantrieb einlegt, sollte folgendes berücksichtigen: Es kommt dann zwangsläufig zu Verspannungen im Antrieb, die nicht immer für den Fahrer spürbar sind. Die Belastung der Teile wächst ebenso mit der Griffigkeit des Belags wie mit zunehmendem Tempo und höherem Leistungseinsatz. Rasantes Tempo auf befestigten Bergstraßen mit engen Kehren - und womöglich noch trockenem Belag - geht bei einem Wrangler mit eingelegtem Allradantrieb unweigerlich aufs Material. Starker Reifenabrieb ist da noch die harmloseste Folge. Denn zu den Nebenwirkungen zählen auch erhöhter Verschleiß an den Differentialen und im Extremfall ein gewisses Bruchrisiko für die Teile im Zwischengetriebe und für die Antriebswellen.
Vollbremsungen auf fester Straße verlaufen bei eingeschaltetem Allradantrieb nicht ganz so kontrolliert wie sonst. Die Regelung der Bremskraftverteilung arbeitet dann nicht mehr perfekt. Es kann dazu kommen, daß Vorder- und Hinterräder gleichzeitig blockieren. Ein jedes Auto, auch ein Jeep, ist dann instabil. Die Regelqualität eines ABS wird durch die starre Verbindung zwischen den Achsen negativ beeinflußt, die mögliche Verzögerung auf griffiger Straße entspricht dann dem maximalen Wert der Hinterräder, die durch eine wesentlich geringere Belastung zwangsläufig schlechter bremsen.
Umsicht und Zurückhaltung erfordert ferner auch die Fahrerei auf Schnee und Eis. Die fabelhafte Traktion dank Allradantrieb vermittelt ein Gefühl der Sicherheit, dem beim Bremsen oft die enttäuschende Gewißheit folgt: man kann auf solchem Belag nicht besser verzögern als beschleunigen. Obacht ist auch in engen und glatten Kurven geboten, hier können sich die Verspannungen destabi-

Für den Jeep Wrangler gibt es drei unterschiedliche Differentiale. Das konventionelle Differential ohne Sperrvorrichtung, das selbsthemmende Differential, wie es als Sonderausstattung in USA erhältlich ist und das manuell sperrbare Differential der australischen Firma ARB Air Locker, das auf dem deutschen Markt als Sonderausstattung zu haben ist.

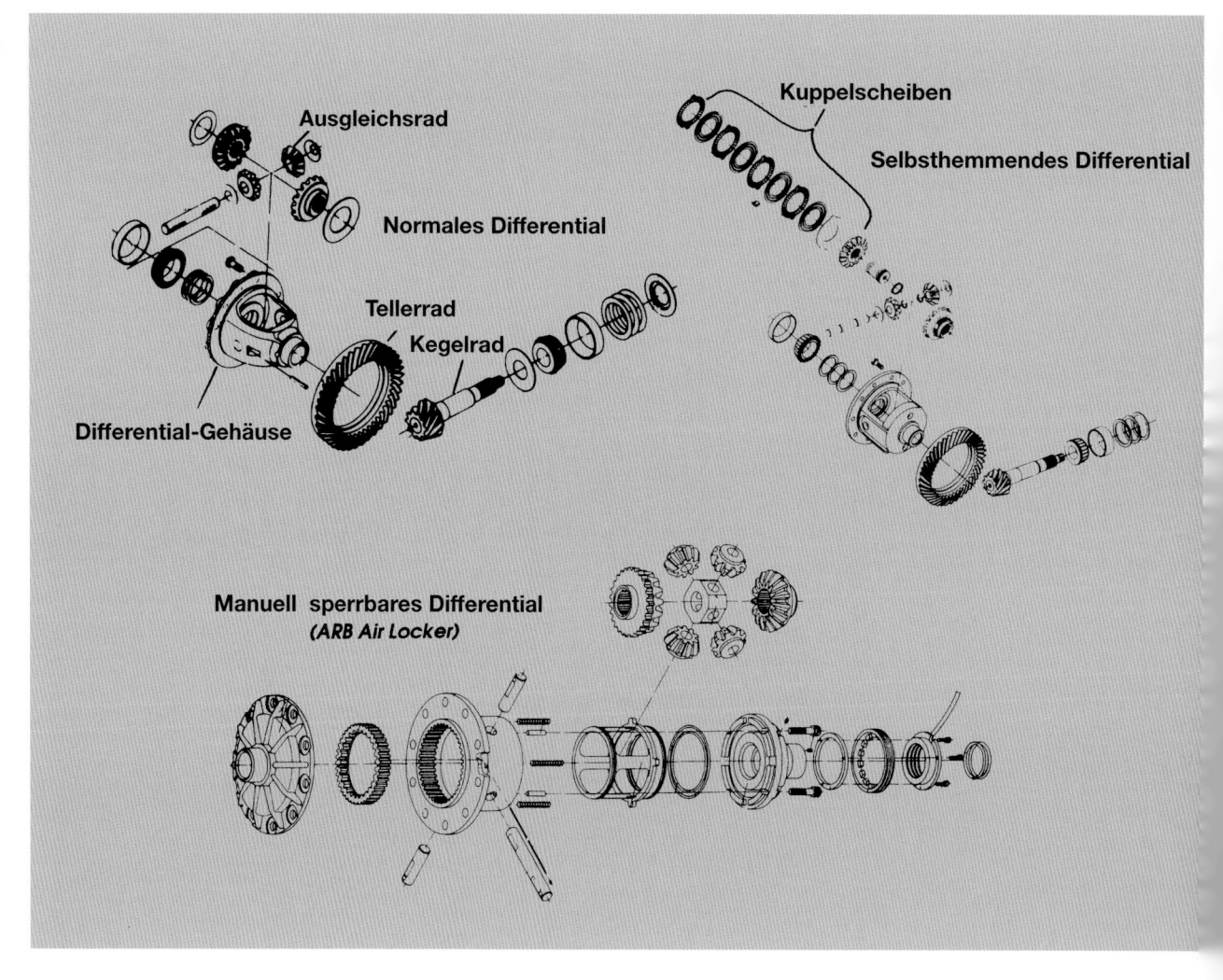

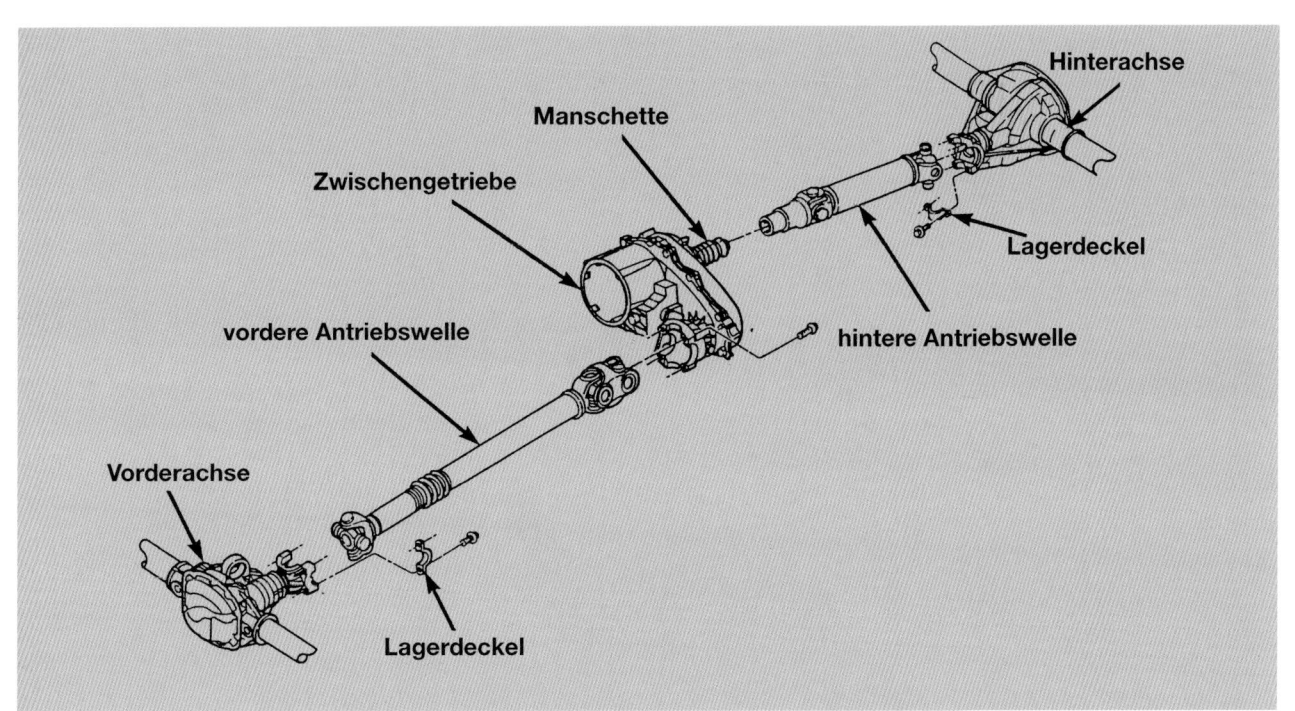

Der Antriebsstrang des Jeep Wrangler mit dem Zwischengetriebe und den beiden Differentialen verblüfft damit, daß die hintere Kardanwelle kürzer ist als die vordere. Die Kraftübertragung zu den gelenkten Vorderrädern erfolgt über sehr robuste doppelte Kreuzgelenke.

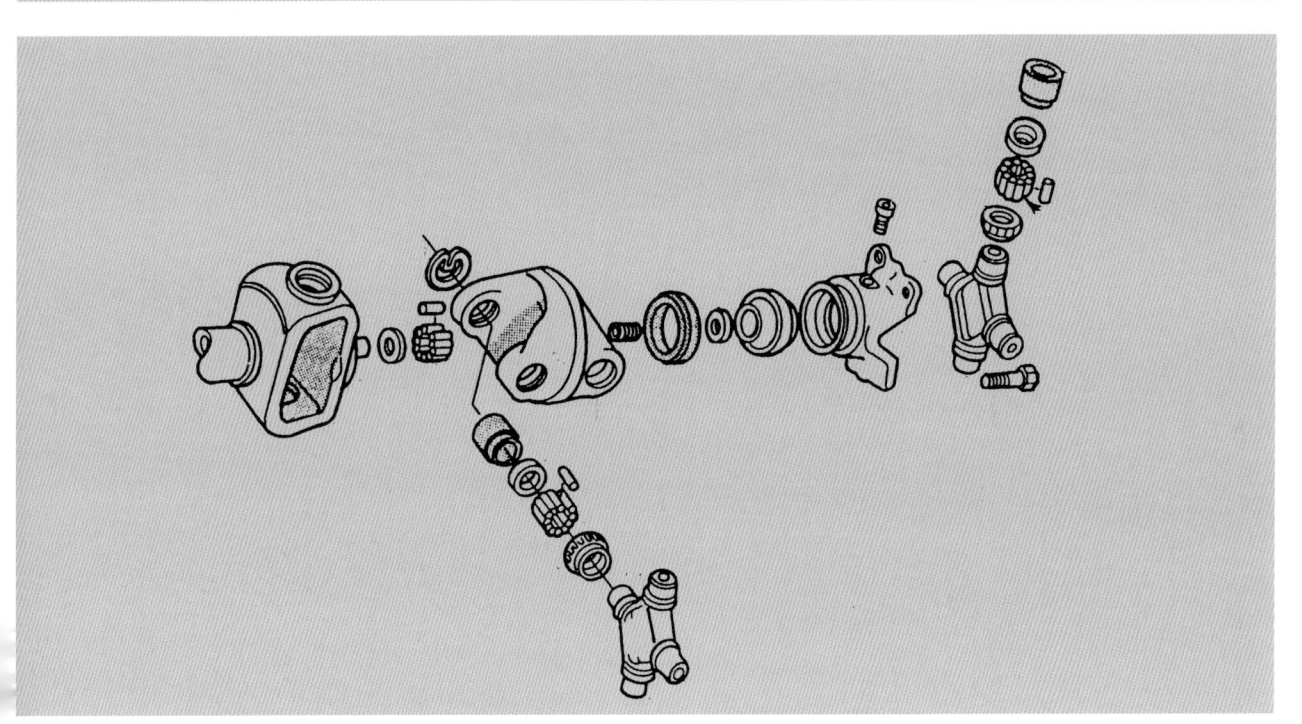

lisierend auf das Fahrverhalten auswirken. Im normalen Straßenbetrieb spricht wenig dafür, den Allradantrieb des Wrangler häufig zu benutzen. Er bleibt hier eine Traktionshilfe für wenige extreme Fälle im tiefen Winter oder mit schwerem Anhänger. Auf losem Untergrund hingegen ist die Situation genau umgekehrt.
Denn im Gelände gilt die Regel: Nutze die technischen Möglichkeiten deines Autos vorsorglich und nicht erst, wenn die Probleme

da sind. Also empfiehlt sich auf Naturstraßen und allem, was noch grober ist, grundsätzlich der Allradantrieb. Es kommt zwar auch auf Schotter zu gelegentlichen Verspannungen, aber die sind weniger energisch und strapaziös für das Material.
Die gleiche Regel gilt auch für den Umgang mit der Geländereduktion. Die braucht ein Jeep-Fahrer zwar nicht für Schotterstraßen, aber sobald der Weg schlecht wird, und sich die Fahrerei in den Gängen eins und zwei

Im selbsthemmenden Differential kommt keine starre Verbindung zwischen den beiden Antriebswellen zustande. Es herrscht immer ein bißchen Schlupf, was zum Verschleiß der Kupplungslamellen führt und die Sperrwirkung auf die Dauer reduziert.

der Straßenübersetzung abspielt, macht es viel Sinn, die kurze Übersetzung einzulegen. An der extremen Kürze der Reduktion fürs Grobe erkennt man leicht die lange Off-Road-Tradition bei Jeep. Die Geländeübersetzung verkürzt die Gänge von Schaltgetriebe und Automatik um den Faktor 2,72:1. Die Steigfähigkeit in den einzelnen sehr kurzen Gängen ist dadurch gewaltig. Rein theoretisch könnte ein Jeep Wrangler 4.0 im ersten Gang eine Steigung von weit mehr als 100 Prozent bezwingen. Das ist in der Praxis nicht möglich, weil die erforderliche Kraft von den Reifen nicht mehr auf das Steilstück übertragen werden kann. Das liegt einfach daran, daß an einer Steigung mit 100 Prozent die Vorderräder deutlich entlastet sind und folglich nicht mehr ihre volle Traktion haben. Um diesen Nachteil an steilen Hängen so gut es geht zu kompensieren, hat der Jeep Wrangler - wie die meisten Geländewagen - eine ungleiche Achslastverteilung mit 60 Prozent der Masse auf der Vorderachse und 40 Prozent auf der Hinterachse.

Der wahre Sinn der kurzen Übersetzung liegt auch ganz wo anders, nämlich in der Tugend der Langsamkeit. Bei einem Jeep Wrangler 2.5 zum Beispiel, der mit Reduktion im ersten Gang fährt, entsprechen 40 Kurbelwellenumdrehungen einer Radumdrehung, beim Wrangler 4.0 beträgt dieses Verhältnis 32:1, und die extremsten Relationen erreichen beide Autos im Rückwärtsgang mit 48:1 und 35:1.

Damit gelingt dem Wrangler 2.5 ein extremes Kriechtempo: Bei Leerlaufdrehzahl 800/min bewegt er sich 70 Zentimeter in der Sekunde oder mit 2,5 km/h. Seine größte Kraftentfaltung das höchste Drehmoment - erreicht ein Wrangler mit der kürzesten Übersetzung bereits bei Jogging-Tempo 11 km/h.

Solche Werte aus dem Datenblatt der Schnecke helfen beim gemächlichen materialschonenden Klettern. Noch wertvoller ist die Begabung für die Gemächlichkeit, wenn es steil bergab geht, denn da kann sich ein Wrangler mit der Motorbremse regelrecht abseilen.

Auf der Suche nach der Traktion spielen Sperrdifferentiale je nach Fahrzeugtyp eine mehr oder minder große Rolle. Bei Jeep berücksichtigt man dies durch eine unterschiedliche Grundausstattung. Beim Cherokee und Grand Cherokee ist an der Hinterachse eine Sperre serienmäßig vorhanden, für den Wrangler gibt es so ein selbsthemmendes Differential als Extra.

Die ungleiche Verteilung der Traktionshilfen hat nicht unbedingt mit dem Preis des jeweiligen Modells zu tun, der tatsächliche Bedarf an Unterstützung ist unterschiedlich. Die beiden Cherokee mit höherem Gewicht und längerem Radstand brauchen nach Ansicht der Versuchsfahrer eine Sperre nötiger als der leichte und kurze Wrangler. Und da die neue Version TJ mit Schraubenfedern wesentlich längere Federwege hat als der alte YJ mit den Blattfedern zuvor, ist die Notwendigkeit eines Trac-Lock ohnehin geringer. Aber für die beinharten Geländeprofis gibt es ARB Air Locker, mit denen sich die Differentiale voll sperren lassen, als Zubehör direkt von Jeep.

Bei der Wahl der Ausrüstung ist es wichtig festzustellen, wozu eine solche Differentialsperre erforderlich ist. Gebraucht wird diese in einigen Fällen, um eine natürliche Schwäche des normalen Differentials zu unterdrücken. Und die besteht darin, daß die ausgleichende Wirkung der genialen Zahnradkonstruktion nicht in allen Fällen praxisgerecht ist. Die Kraft des Motors leitet so ein Differential immer auf den Weg des geringsten Widerstandes. Das bedeutet, wenn ein Rad auf glatten Untergrund gerät oder von der Masse des Wagens nicht fest genug an den Boden gedrückt wird, dann dreht es durch. Um dies im Ansatz zu verhindern, haben Sperrdifferentiale Lamellenpakete, die bei Drehzahldifferenzen zwischen linkem und rechtem Rad zusammengepreßt werden und das schneller laufende Rad abbremsen. Differentialsperren wie die

ARB Air Locker setzen, wenn sie eingeschaltet werden, das Differential ganz außer Betrieb und stellen eine starre Verbindung zwischen den Halbwellen einer Achse her. Diese Zusammenhänge machen klar, Sperrdifferentiale werden auf Wegen mit wechselnder Griffigkeit und auf extrem buckligen Pisten gebraucht. Auch da ist es für ein Auto mit einem Allradantrieb wie der Wrangler ihn hat, noch kein Problem, wenn nur ein Rad ohne Grip bleibt. Wirklich nötig wird die Sperre erst, wenn an jeder Achse ein Rad nicht mehr greifen will.

Weitere Vorteile hat das Sperrdifferential beim Kurvenfahren, denn es mildert die Tendenz zum Übersteuern. Und grundsätzlich ist die Traktionshilfe auf Winterglätte vorteilhaft, wo sie der Fahrsicherheit höchst dienlich ist.

Zur Markteinführung des Wrangler TJ allerdings ist Trac-Lock in Deutschland nicht lieferbar. Da Jeep in USA das Sperrdifferential nicht mit ABS kombiniert, entschied sich die deutsche Importgesellschaft für die sichere Alternative mit ABS und bietet als konsequente Lösung aller Traktionsprobleme ARB Air Locker als Extra an.

Die Antriebs-Konzepte der Kollegen

Der **Jeep Cherokee** hat das Selec Trac-Zwischengetriebe. Dies verfügt über ein Zentraldifferential mit einer mechanischen Sperre, die es, wie der Techniker sagt, formschlüssig, also zu 100 Prozent ausschaltet. Wegen des Selec Trac kann der Cherokee permanent im Allradantrieb gefahren werden. Es gibt daneben aber auch die Möglichkeit, um etwas Benzin zu sparen, allein die Hinterräder anzutreiben. Selec Trac ist für einen überwiegenden Straßenbetrieb vor allem bei glatter Fahrbahn eine sichere Lösung.

Der **Jeep Grand Cherokee** verfügt über das Quadra Trac-Zwischengetriebe. Bei diesem findet neuerdings der zentrale Ausgleich über eine Visco-Kupplung ganz ohne Differential statt. Diese in Grund genommen einfache Lösung verteilt das Drehmoment automatisch ganz nach der Lage der Traktion auf die beiden Achsen.

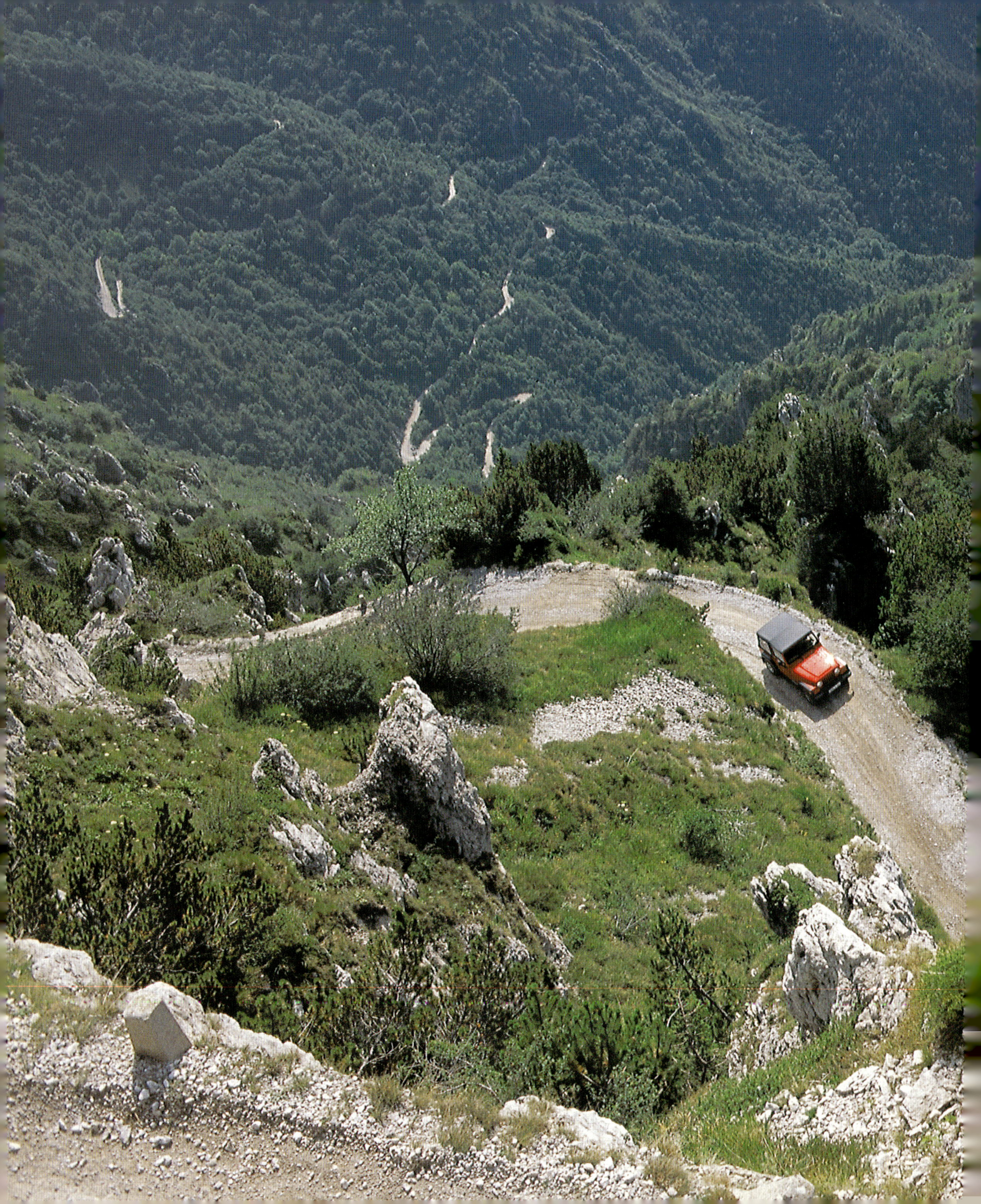

Das Revier vor der Tür

Lago di Garda:
Als italienische Vorspeise der Monte Tremalzo

Die artgerechte Haltung eines Jeep bedingt ein regelmäßiges Fahren auf steilen unbefestigten Straßen, denn dort liegt der natürliche Lebensraum all dieser kernigen Kraftfahrzeuge. Ein Wrangler, der in Toledo Ohio zur Welt kommt, freut sich auf Rubicon Trail, Death Valley, oder die Slick Rocks von Moab. All jene aber, die das Schicksal einer Verschleppung nach Europa trifft, drohen Asphalt und Schwermut bis an Lebensende. Eine vorbeugende Behandlung ist in den Ländern deutscher Sprache mit nahezu flächendeckendem Off Road-Verbot wohl kaum in jeepgerechter Form zu praktizieren. Ein paar offen gelassene Kiesgruben oder Steinbrüche hier und da sind kein geeigneter Ersatz für die Trails und die Weite des Wilden Westens, die ein Wrangler Zeit seines Lebens sucht. Aber die wilden Wege, die den Jeep und uns erfreuen, sie liegen immer noch greifbar nahe. Die Alpen zwischen Wien und Nizza sind voll davon. Für die Pyrenäen zwischen Perpignan und Biariz gilt das gleiche. Wer auf unserer Seite dieser Erde in Frankfurt oder Dresden lebt, der ist in Grund genommen gar nicht weiter weg von einer Bergwelt voller Abenteuer als ein Jeeper, der in San Francisco wohnt, in Detroit oder Boston.

Das eine aber haben wir den amerikanischen Kollegen weit voraus. Wir haben das Buch der Bücher: Denzels Großer Alpenstraßenführer.

Der Denzel kennt jeden fahrbaren Weg in den Alpen. Er erklärt, wo er ist, er beschreibt, was es zu sehen gibt, und er klassifiziert den Schwierigkeitsgrad. Diese Anleitung zur lebenslangen Erforschung der Alpen kostet 54 Mark. Allerdings muß vor den Risiken und Nebenwirkungen gewarnt werden. Wer einen Jeep hat und einen Denzel, ist hochgradig suchtgefährdet, das Wilde-Pässe-Fahren wird ganz leicht zum ausschließlichen Lebenszweck.

Die 19. Auflage dieses verführerischen Buches beschreibt 471 Paß- und Höhenstraßen. Aus diesem reichen Schatz alpiner

Die Landschaft rund um den Gardasee verpflichtet zu einer geruhsamen Gangart. Es lohnt sich, auf den kleinen Pässen, die vom Ufer ins Gebirge führen, immer wieder anzuhalten und eine neue Perspektive ins Tal zu genießen.

Abenteuer habe ich ein paar Reviere ausgewählt, die zeigen sollen, daß ein Wrangler durchaus auch fern der Heimat auf den rechten Weg gebracht werden kann.

Einen nicht allzu herben Vorgeschmack auf die wilden Wege europäischer Gebirge bietet die Region westlich des Gardasees. An seinen Ufern tut sich ganz Europa seit mehr als 2000 Jahren gütlich. Die Römer badeten hier bereits in großem Luxus. Die Venezier fanden die Vorzüge einen Seekrieg gegen die Lombarden wert, zu dem sie ihre Flotte über die Berge nach Torbole rollten. Johann Wolfgang von Goethe widmete dem Gardasee einen besonders schönen Teil seiner Italienischen Reise. In jüngster Zeit eroberten die Windsurfer und die Mountainbiker den Lago di Garda. Aber trotz der zwei Jahrtausende Tourismus herrscht hier ein paar Kilometer hinter der Küste relative Ruhe.

Nur die alten stillen Zeiten sind vorbei, als die Menschen unter dem Tremalzo noch eine eigene Sprache hatten, ein seltsames Gemisch aus Latien und Italienisch mit Anklängen an das Südtiroler Deutsch. Und auch die armen Zeiten sind vergangen, als man Zitronen züchtete in Treibhäusern oder ein mageres Auskommen fand in den Textilfabriken von Campione. Die weitverzweigte Gemeinde Tremosine lebt heute oberhalb des Badeortes Limone in deutlicher Distanz zum See von einer eigenen Art Touristen, die statt eines nassen Surfbretts unter den Füssen lieber eine Schotterstraße unter den Reifen haben wollen. Also treffen sich hier Mountainbiker, Endurofahrer und Off-Roader auf vier Rädern aus den Ländern diesseits und jenseits der Alpen zum Zwecke der Besteigung des heiligen Berges, des Monte Tremalzo.

Der Tremalzo ist weder besonders hoch - 1665 Meter über dem Meer, aber immerhin 1600 Meter über dem Gardasee – noch ein besonders schwieriger Schotterpaß für einen Wrangler und seinen Fahrer. Denn bezwungen wird der Tremalzo auch von ganz bürgerlichen Autos. Der Reiz der Strecke liegt vielmehr in der appetitanregenden Wirkung der Landschaft und der Streckenführung. Hinter dem Orte Vesio begibt sich die Strecke in ein Tal, das sie nach wenigen Kilometern in einem scharfen Abzweig bei einem Unterstand verläßt. Von da an steigt die Straße durch die Vegetationszonen der Alpen an den Flanken der Tremalzo-Hänge

Die Tugend der Langsamkeit ist ganz besonders am Tremalzo angebracht, denn die Mountainbiker glauben, daß ihnen der ganze Berg und alle Vorfahrt gehört, wenn sie downhill auf Bestzeit fahren.

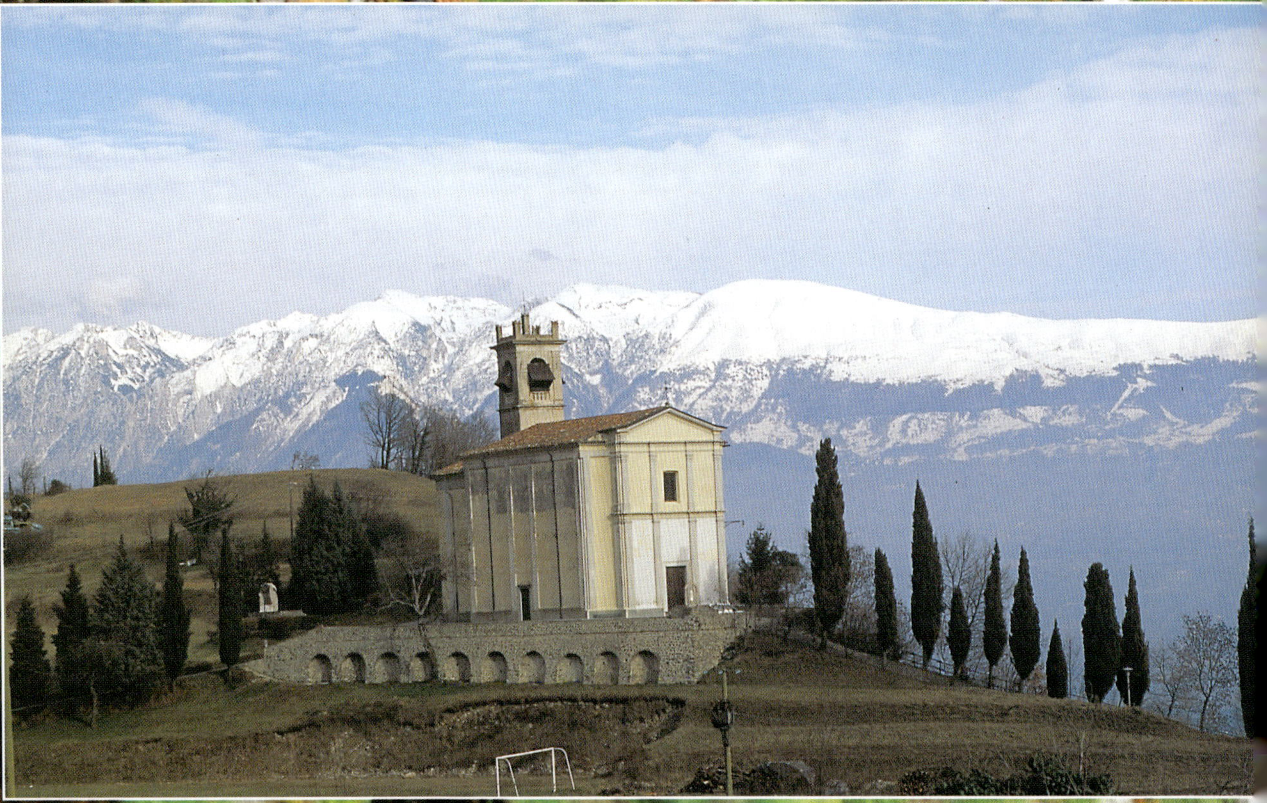
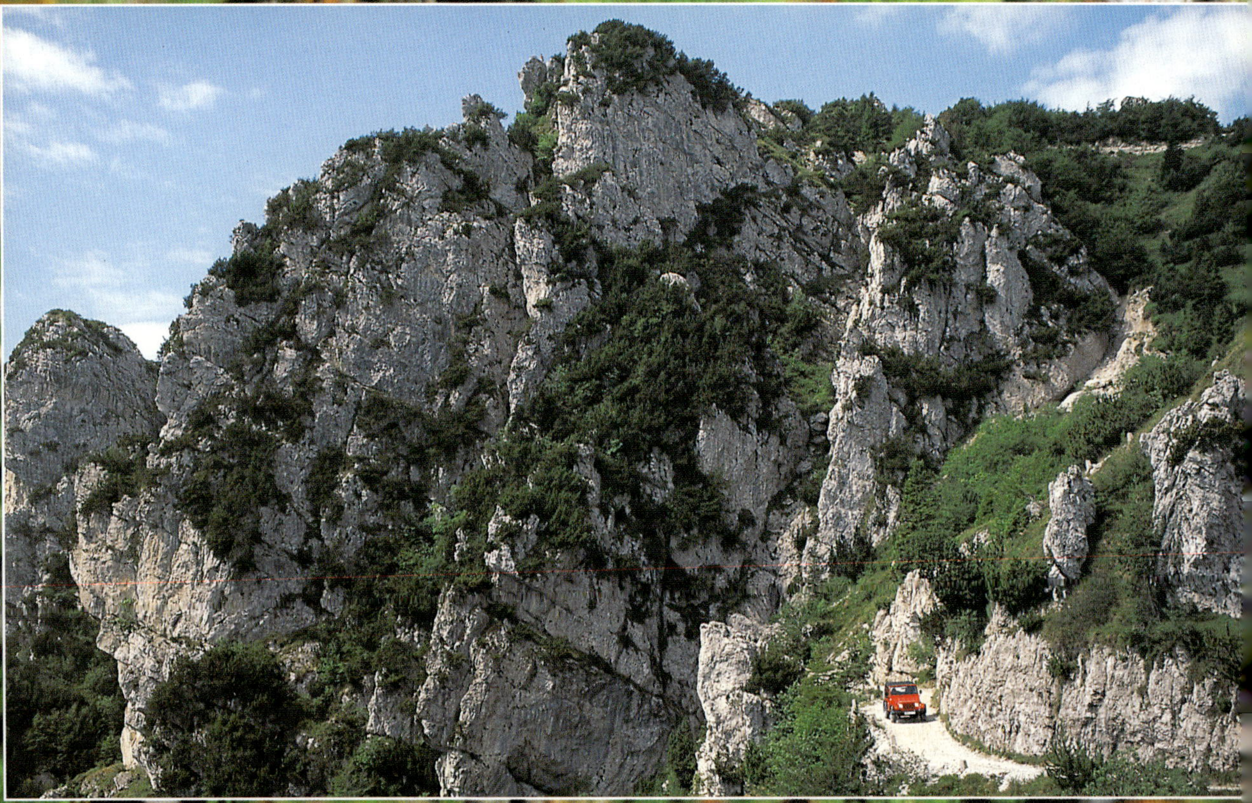

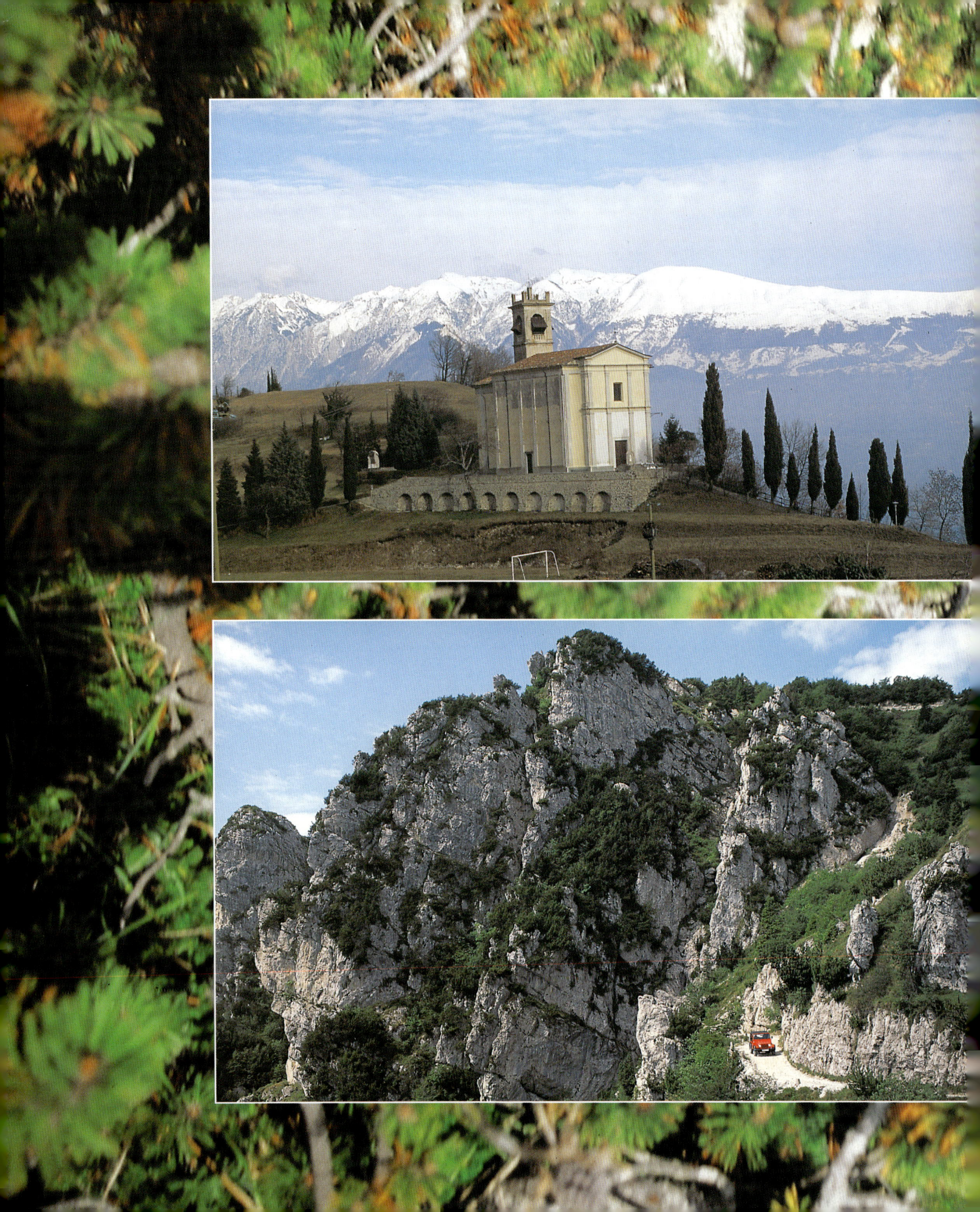

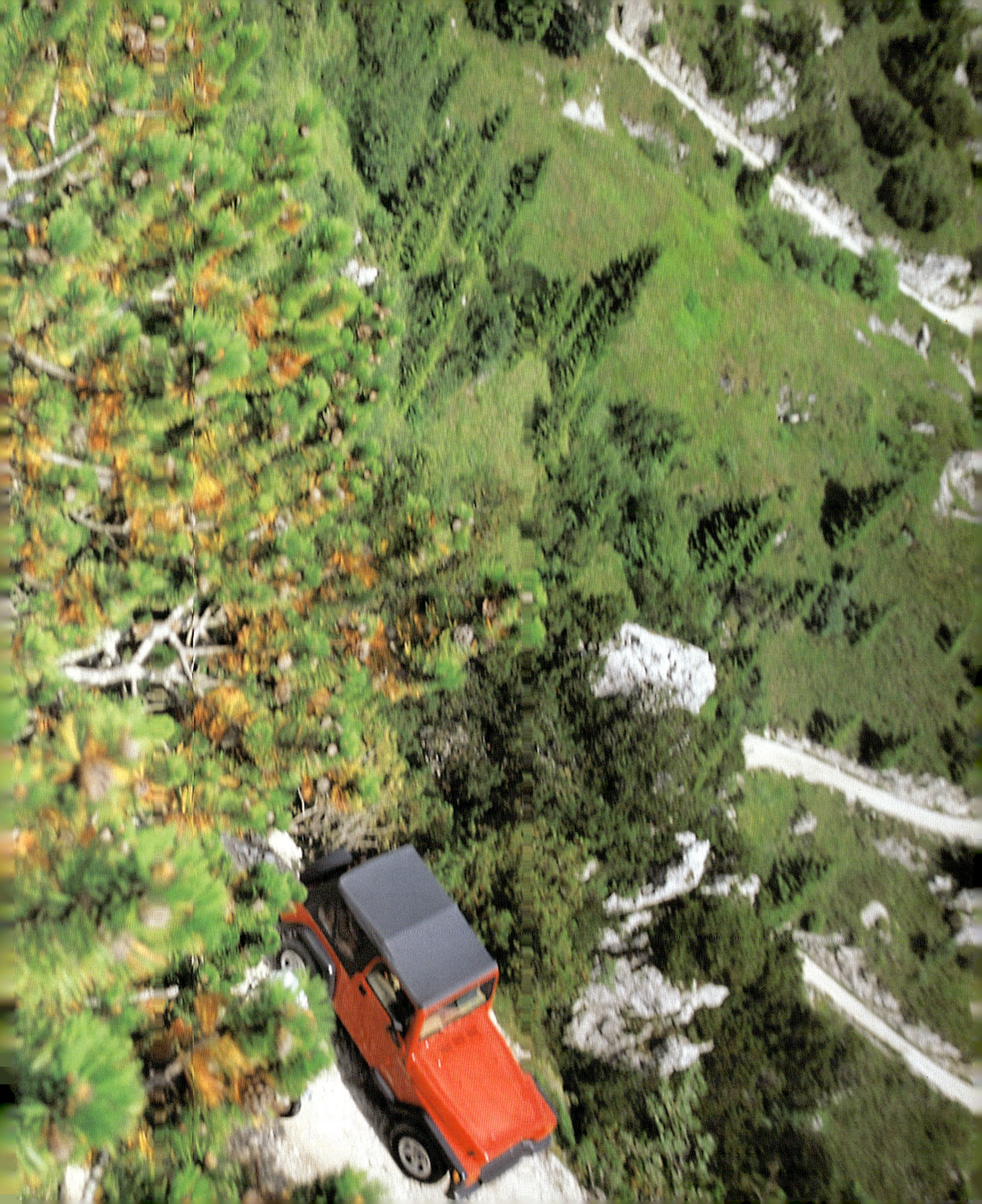

Am Gardasee reicht die Saison von Mitte Mai bis weit in den Oktober. Und wer nach dem Geländespiel etwas Kultur genießen will, den läßt die Festung von Sirmione einen Blick ins Mittelalter werfen.

bis zum Scheiteltunnel auf. Wie viele Straßen in der Region ist sie eine Hinterlassenschaft des Alpenkrieges zwischen Italien und Österreich. Dem militanten Ursprung verdankt der Paß eine solide Trasse und einen sehr bemerkenswerten Verlauf. Wer hier nach oben fährt, hat meistens eine exzellente Aussicht ins Tal, aber der weitere Verlauf der Straße weiter nach oben bleibt dem möglichen Angreifer verborgen. So nimmt denn der Tremalzo auf fast 20 Kilometern immer wieder einen ganz überraschenden Verlauf. Vielleicht ist letztlich das der Grund, warum ausgerechnet diese alte Kriegsstraße ganz oben steht in der Gunst aller alpinen Schotterfahrer.

Diese Beliebtheit bleibt nicht ohne Schattenseiten. Der Verkehr auf dem Tremalzo ist für eine Straße dieser Art in Urlaubszeiten und an sommerlichen Wochenenden ziemlich rege. Vorsorglich wird den sportlichen Endurofahrern auf Schildern bereits mitgeteilt, es sei dies keine Piste und ein Tempo wie im Moto Cross sei unerwünscht. Aber ein paar Local Heros sind immer noch arg eilig unterwegs. Bei weitem bedrohlicher aber ist ein Tempo, wie es die Down-Hill-Fraktion der Mountainbiker anschlägt. Dem wilden Treiben auf zwei Rädern gilt es mit Weisheit zu begegnen, mit milder Geschwindigkeit und warnendem Hupen vor der Kurve.

Die Auffahrt über den Monte Nota zum Tremalzo ist ganz gewiß die landschaftliche Zuckerseite dieser Tour am Gardasee. Aber jenseits der Paßhöhe gibt es eine bei weitem ruhigere Route, die über San Michele zurück nach Tremosine führt. Die beste Belohnung für ein braves Fahren mit erwünschten Tempo 30 über den Tremalzo gibt es am Schluß im kleinen Orte Villa in Brunos Spaghetteria, deren Besuch den Magen mit der Rüttelei versöhnt.

Der Tremalzo ist ein guter Anfang einer langen und schönen Freundschaft mit der Südseite der Alpen. Denn in seiner Umgebung gibt es Schotterstraßen noch die Fülle. Im Westen führt ein steiniger Weg von Anfo am Idro-See über Passo del Marè, Passo della Spina, Giogo del Maniva, Goletto del Crocette, Giogo della Bala zum Passo di Croce Domini.

Im Osten lockt hinter Rovereto und Lavarone das Hochplateau von Assiago mit den Sette Communi, den sieben Gemeinden, in denen teilweise noch Deutsch gesprochen wird. Auch hier ist die Vergangenheit der Wege kriegerisch. Der österreichische Feldmarschall Erzherzog Eugen ließ hier 1916 eine Straße seines Namens zum Vezzena-Sattel in den Fels brechen. Die mächtigen Festungswerke und die historischen Heerstraßen aus dem ersten Weltkrieg verfallen langsam. So kommt es, daß eines der alten Berg-Paradiese für die kraftfahrende Welt geschlossen wurde. Am Monte Pasubio, die Strada degli Eroi, die Straße der Helden, ist nicht mehr bis zur Paßhöhe und bis zum Rifugio Vincenzo Lancia befahrbar.

Landkarten:
Kompass
Lago di Garda - Monte Baldo
1:50 000

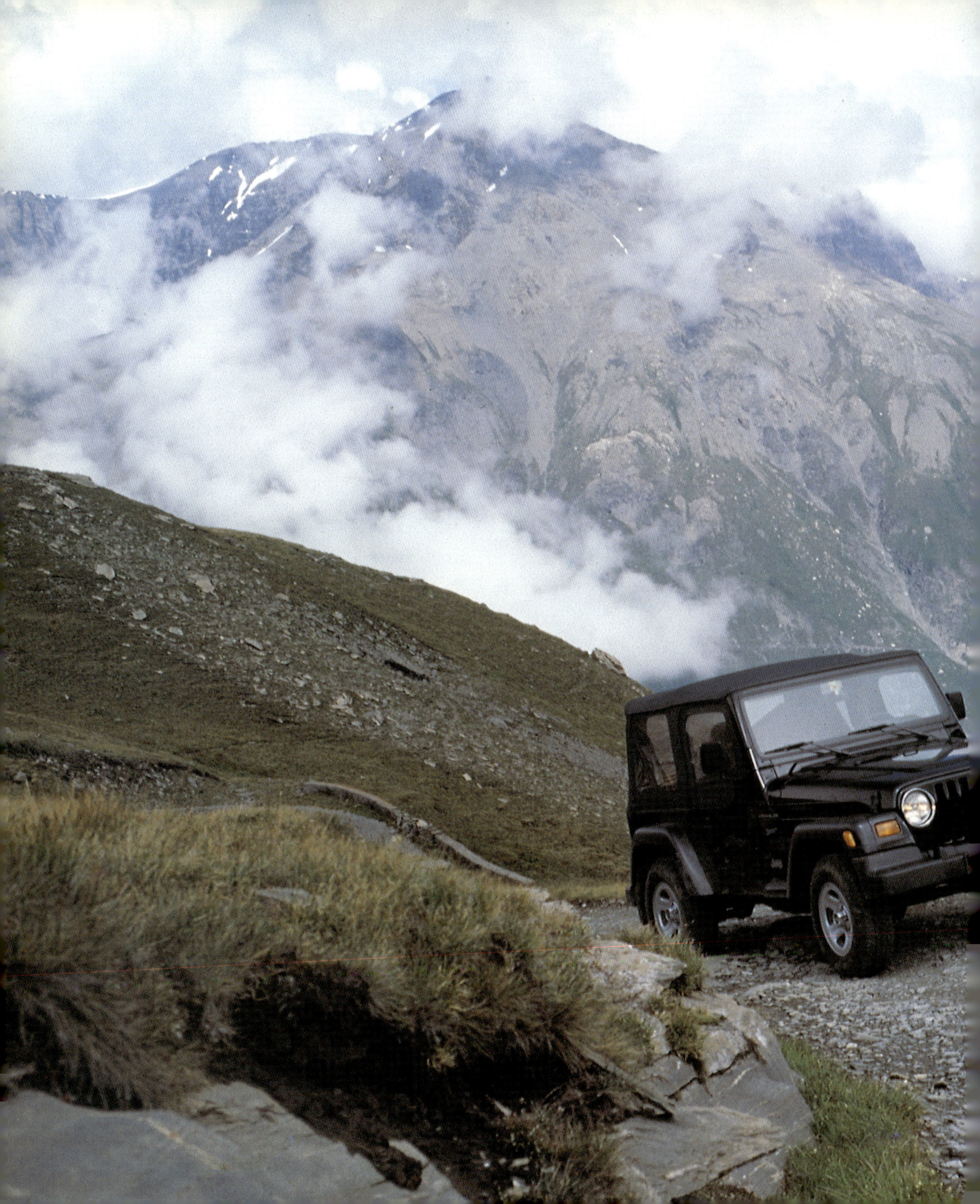

Auf Hannibals Spuren

Ein Wrangler besteigt den Mont Malamot – fast

Aus dem Altertum zitiert uns der Geschichtsunterricht den nordafrikanischen Feldherrn Hannibal als einen Schrecken des Römischen Reiches. Drei punische Kriege mußten die Römer gegen ihn führen, bis wieder Ruhe war am Mare Nostrum, am Mittelmeer. Respekt verschaffte sich Hannibal im kriegerischen Kollegenkreis, weil er sein Heer nicht nur den weiten Weg von Kathago (bei Tunis) bis in die Mitte von Italien führte, sondern erst recht, weil er klammheimlich und unerkannt die Alpen überquerte. Sicher ist, er tat dies mit seinem großen Troß, zu dem beim Aufstieg noch Elefanten zählten, in der Nähe des Col du Mont Cenis zwischen Landslebourg und Susa, aber welchen der vielen Saumpfade Hannibal wählte, weiß heute keiner ganz genau. Vermutlich ist die Punier-Piste im Hochgebirge zwischen Frankreich und Italien längst verschüttet. Den attraktivsten Aufstieg dieser Region hat vermutlich auch der mutige Hannibal gescheut, zumal die delikaten neun Kilometer Kletterpfad keineswegs von Frankreich nach Italien, sondern nur auf die kühlen 2917 Meter beim Gipfelfort auf dem Mont Malamot führen. Da die Festung auch nicht unbedingt zu den förderungswürdigen Touristenzielen gerechnet wird, ist es knapp an Wegweisern. Am besten hilft hier die Topographische Karte von IGN weiter.

Der folgen wir nun von der südlichen Seepromenade aus auf einem schmalen Weg bergan, der sich bald in Richtung Malamot nach rechts verzweigt und fürchterlich wird. Hier kümmert sich keiner mehr darum, wenn Steinbrocken auf die Piste kollern oder Teile des Unterbaus mit dem Schmelzwasser ins Tal abwandern. Der Weg verfällt. Und er hat den exquisiten Grad an Schlechtigkeit, der uns einen virtuellen Tachometer-Defekt erleben läßt: Die Nadel liegt am unteren Anschlag, der Kilometerzähler ändert fast zehn Minuten lang seine Zahlen nicht. Da muß etwas kaputt sein. Ist aber nicht. Irgendwann kommt doch ein neuer Kilometer zum Vorschein. Neun Kilometer Aufstieg sind hier mehr als eine Arbeitsstunde.

Die Bezwingung des Malamot ist über weite

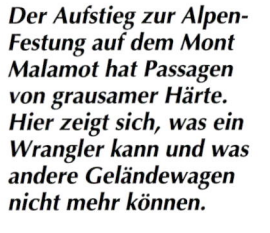

Der Aufstieg zur Alpen-Festung auf dem Mont Malamot hat Passagen von grausamer Härte. Hier zeigt sich, was ein Wrangler kann und was andere Geländewagen nicht mehr können.

Der Gipfel des Malamot bleibt in einem kühlen Sommer unter der Schneedecke. Er ist dann auch für einen Jeep Wrangler nicht mehr erreichbar.

Teile ein fleißiges Durchkurbeln zahlloser enger Serpentinen. Da verdient der enge Wendekreis des neuen Wrangler ein großes Lob. Als wir bei Kilometer sieben gerade wieder ein verfallenes Fort passieren, kommt uns ein Suzuki Vitara entgegen, aus dem der Fahrer mit verzweifelten Gesten den fürchterlichen Zustand der nun folgenden Piste schildert, was in dem Urteil »impossible« endet.

Was ihn zum Wenden zwang, ist wirklich eine der etwas gröberen Zumutungen. Die von einem Steinschlag gezeichnete Strecke verlangt eine präzise Navigation, damit die Brocken nicht die Differentiale kratzen. Aber der Wrangler kommt hier knapp nur an seine Grenzen. Und ein staunender Suzuki-Fahrer nimmt zur Kenntnis: »Anarchie ist machbar, Herr Nachbar.«

Zum Gipfel hin wird das Gelände, wie in den Bergen oft, gemäßigter. Der Malamot samt Fort liegt schon zum Greifen nahe, aber die Bezwingung scheitert doch zu schlechter Letzt. Es ist August, aber der kühle Sommer 1996 hat den Schnee nicht ganz gefressen. Die letzten paar hundert Meter einer fast wieder flachen Zielgeraden sind noch immer tief verschneit.

Auf unserem Weg ins Tal sehen wir zwei Endurofahrer, die schwungvoll und des besten Mutes ihre starken Eintöpfe auf die verschüttete Schlüsselstelle zutreiben. Doch als die Steine größer werden, ist leicht zu hören, wie es nun um den Mut bestellt ist. Die vormals kernigen Auspufftöne klingen leiser. Und bald ist auch das typische Ausschnaufen einer abgewürgten Yamaha XT zu vernehmen. Noch zwei verzweifelte Angriffe, dann geht das Heben und Wenden los. Der Malamot hat wieder mal gewonnen.

Im Hannibal-Revier am Mont Cenis ist der Malamot die höchste unter vielen schönen Touren abseits des Asphalts. Gleich hinter Susa liegen 65 Kilometer Schotter, die sich bei 2000 Metern über dem Meer über einen langen Bergkamm schlängeln: die Assietta-Hochalmenstraße. Ein Stück weiter südwestlich bei Bardonecchia führt ein weiter grober Weg zum Colle Sommeiller, zum Paß des Wein-Kellermeisters. Warum der so heißt, ist unerforscht, aber die klimatische Entwicklung rechtfertigt die Bezeichnung kaum noch, denn der zur Kühlung von Weißwein und Champagner geeignete Gletscher ist verschwunden.

Empfehlenswert ist hier ferner die einsame Auffahrt zum Fort Jafferau, die im Susatal in Salbertrand beginnt und kurz vor dem Fort in 2801 Metern Höhe endet.

Empfehlenswerte Landkarten
Michelin 77
1:200 000
IGN Carte Touristique
Charbonnel - Mont Cenis
1:25 000

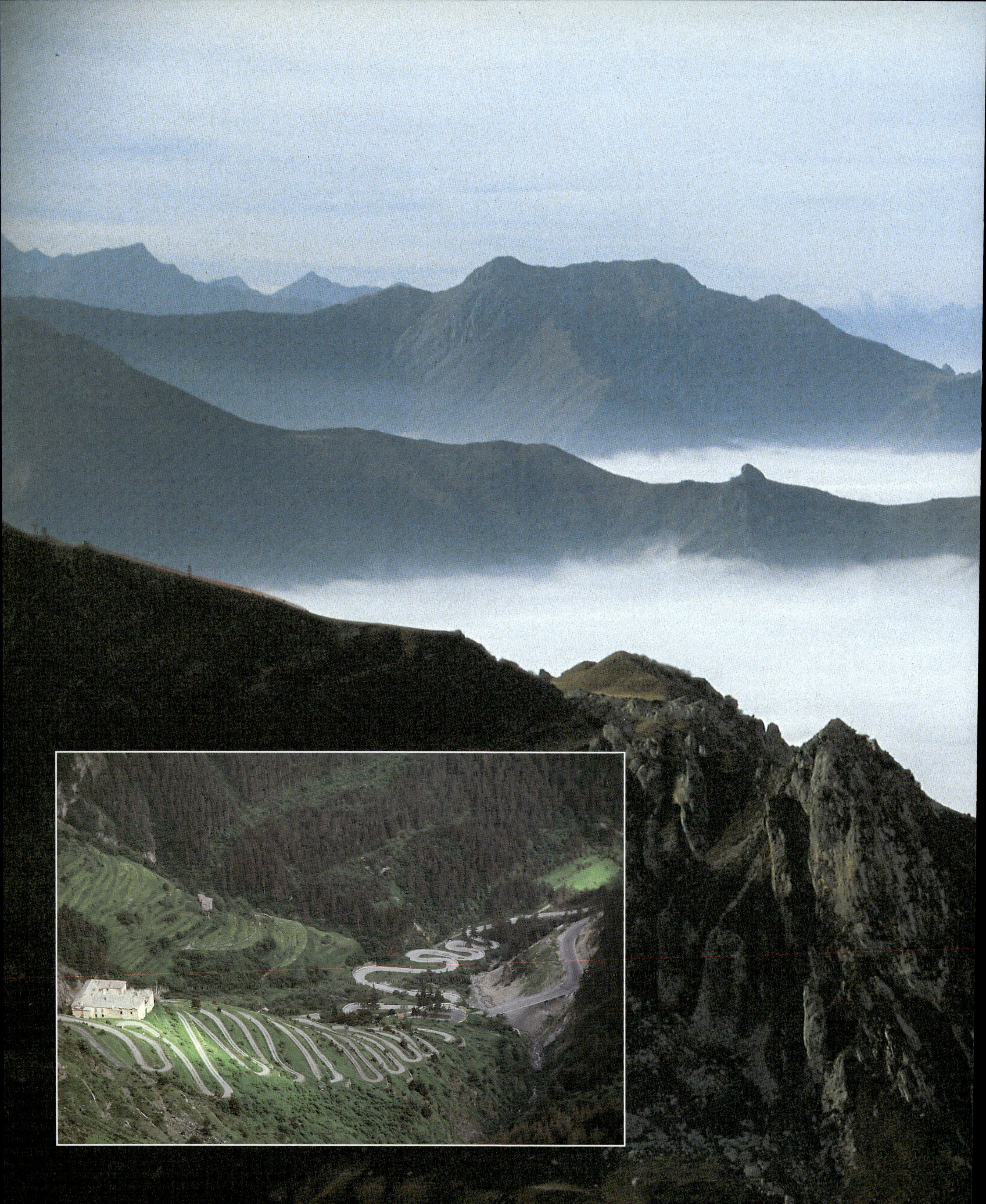

Im Grenzbereich

Seealpen-Grenzkamm: Das Schotterparadies

Das offensichtliche Bedürfnis vieler Feldherren, die eigenen Alpen gegen die Fremden zu verteidigen, hat uns auch die ligurische Seealpen-Grenzkammstraße hinterlassen. Mussolini ließ sie bauen, um von Ligurien aus freie Sicht zu bekommen auf die Franzosen im Roya-Tal. Und damit die sich ruhig verhalten, drohte Italien von der Höhe auch noch mit mancherlei Festungen.
Inzwischen hegt man beiderseits des Kammes eine nette Nachbarschaft in der Europäischen Union. Da aber die Gegend auf der einen wie auf der anderen Seite alpin und karg ist, pflegt man die rund 100 Kilometer Hochalpen-Saumpfad am Grenzkamm als Touristen-Attraktion.
Besonders deutlich wird das an der Schlüsselstelle dieser alpinen Panorama-Tour, am Tende-Paß. Der Col du Tende oder Colle di Tenda, auf halbem Weg zwischen Turin und Nizza, wurde als wichtiger Alpenübergang schon ausgangs des 19. Jahrhunderts durch einen Tunnel winterfest gemacht. Und während die Italiener die Straße zur Paßhöhe wegen des Forts noch unterhielten, verfiel das Serpentinen-Geschlängel auf französischer Seite im Lauf vieler Jahrzehnte. Um 1980 war der Weg für jede Art von Auto wegen abgerutschter Kehren endgültig unpassierbar. Aber dann kam der Plan auf, die Reste alter militärischer Schotterstraßen zu restaurieren und in Routes Touristiques zu verwandeln.
Damit betreibt man hier in feinster Weise Denkmalschutz: Naturstraßen bleiben Naturstraßen; Asphalt oder Beton kommen nur sparsam dort zum Einsatz, wo regelmäßiger Erdrutsch droht.
Die Finsternis des 100 Jahre alten Tende-Tunnels ist ein stilvoller Anfang für eine lange Zeitreise in die Epoche unbefestigter Straßen. Denn kaum, daß uns am südlichen Ende Frankreichs Sonne begrüßt, geht es schon rechts ab auf die Route Touristique. Was wir nun erleben dürfen, ist ein sensationeller Aufstieg auf der naturbelassenen Straße durch 48 Kehren. Die Sicht ins Roya-Tal wird immer weiter. Ein verlassener Bauernhof - so etwa in der Mitte - wäre restauriert und würde mir gehören, wär ich Milliardär, denke ich hier jedesmal. Manche haben darüber schon mehr als nachgedacht, mit einer Sanierung begonnen und wieder aufgehört. Es waren offenbar auch keine Milliardäre.
Auf der Paßhöhe sind nach habhafter Lenkarbeit 1871 Meter und eine Querstraße erreicht. Rechterhand liegt das große Fort Central und sehr viel mehr verlockend die klassische Grenzkammroute, links weist das Schild in die bei weitem nicht so prominenten Baisse Peyrefique.
Der Entschluß, zunächst dem unscheinbaren Ziel zu folgen, wird rasch belohnt. Der Abstieg in die Baisse, die Niederung, ist in grandiose Landschaft eingerahmt. Zivilisation kehrt erst im Tal, Vallon de Castérine, zurück. Zwei Abstecher sind hier möglich: einmal die Schleife zum Refuge de Fontanalbe. Desweiteren zweigt südlich des Ortes Castérino ein Weg ab, der all jene freuen wird, die ihren Jeep ein bißchen klettern lassen, die Schotterpiste wird im Wald zum Teil recht grob. Das Ende des Aufstiegs liegt auf der Baisse de Peyrefique, was die Wiederholung einer schönen Talfahrt möglich macht oder zum Ausgangspunkt des kürzeren und kernigeren von zwei Rückwegen ins Roya-Tal führt. Der Höhenweg am Mont Chajol entlang durch die Baisse d'Ourne und vorüber an der Cime de Pray ist wesentlich reizvoller als die Tour am Lac des Mesches.
Wir landen in Tende, einem Ort, der sehr französisch und touristisch ist. Die kleine Grenzkamm-Tour liegt hinter uns, die große vor uns; und es gibt zwei Möglichkeiten, das Abenteuer zu beginnen. Neun Kilometer nördlich liegt der Tende-Paß und der Einstieg im Norden. Vier Kilometer südlich ist der Anfang eines weiten Weges, von Süden her die Bergtour zu beginnen. Dies aber ist für alle, die auf eine Dramaturgie des Reisens wert legen, der einzig wahre Weg nach oben, denn er beginnt tief im Tal und legt eine besinnliche Tagestour vor den Scheitelpunkt.
Je nach dem, wie weit der Nachmittag vorangeschritten ist, speisen wir zu Abend französisch oder italienisch. In La Brigue em-

Die Straße über den Seealpengrenzkamm bleibt meist bis in den Sommer verschneit. Durchgängig ist sie vielfach erst Ende Juni befahrbar. Aber sie ist oft bis weit in den Oktober schneefrei.

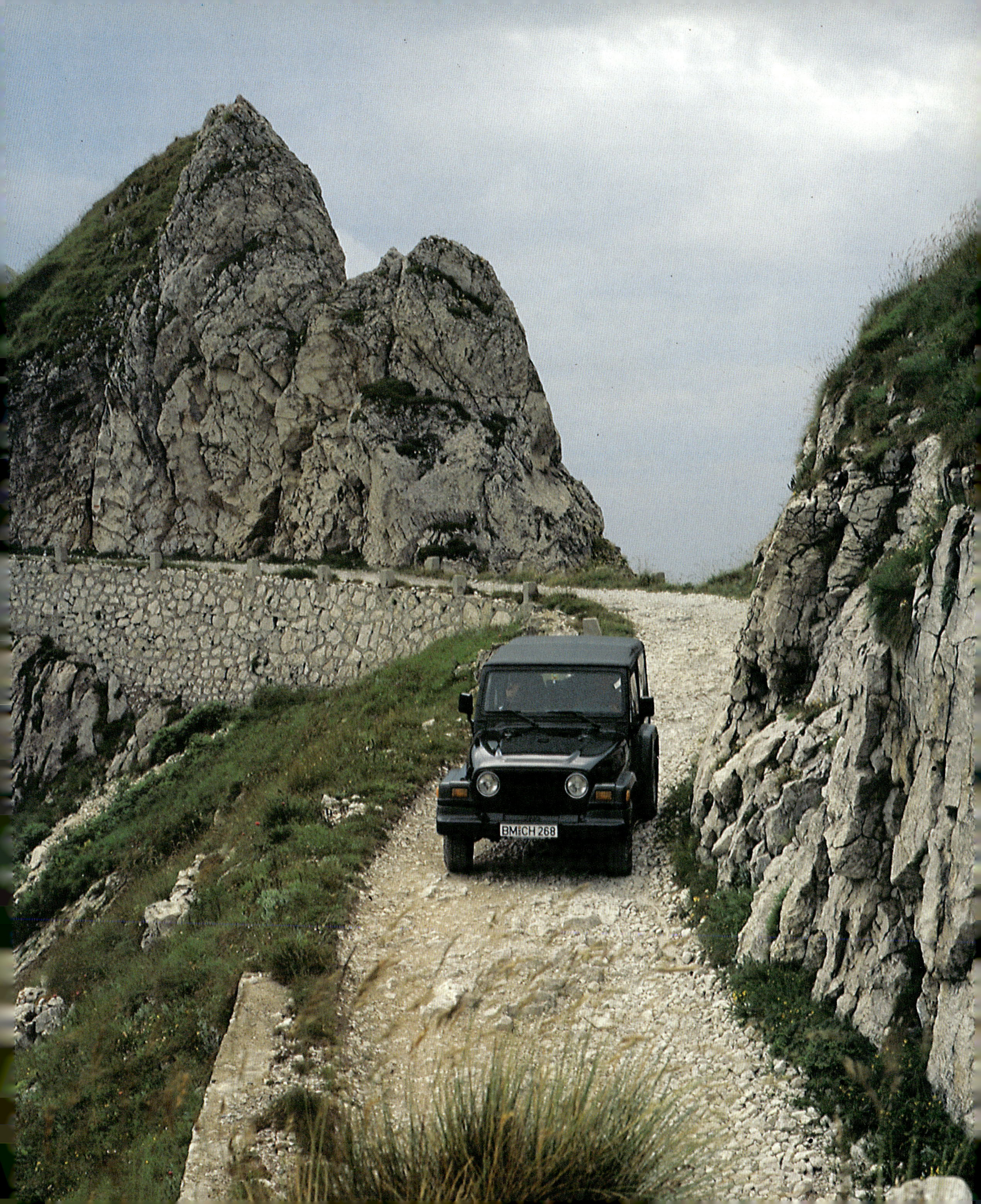
BMICH 268

Wer den Grenzkamm und seine vielen Nebenwege in vollen Zügen genießen will, darf sich ruhig eine Woche Zeit damit lassen, zumal die Gegend nicht nur landschaftliche sondern auch gastronomische Genüsse bieten kann.

pfiehlt sich das Hotel Mirval, jenseits der Berge in Triora das Colomba d'Oro, wo beim gastronomischen Menü zwölf Vorspeisen, zweierlei Pasta vor den Hauptgerichten in ligurischer Fülle kommen.

Ich gebe gerne zu, dort meist zu landen, weil Triora mittlerweile der logische Endpunkt eines unfreiwilligen Umwegs ist. Am Ortsende von La Brigue sehen wir den Grenzkamm als den Scheitel eines Höhenrückens greifbar nahe. Die Straße im Tal der Levense nach Notre Dame des Fontaines bringt uns zügig an den Fuß der Berge. Eine doppelte Steinbrücke liegt am Weg. Der geschotterte Aufstieg dann gewinnt forsch an Höhe. Nach einer langen Waldpartie auf der Höhe Bois de Sanson zeigt sich der Abzweig nach dem Pas du Tanarell. Doch dieser wilde Bypass hin zum Grenzkamm wird neuerdings zur Falle. Weil er nun in bedrohlicher Weise verfällt, wurde er gesperrt und regelrecht vergattert.

Wer nun auf dem kürzesten Umweg weiterfahren will in Richtung Grenzkamm, bleibt auf der Schotterpiste, die dem Höhenrücken folgt und gelangt über den Passo della Guardia, den Colle Garezzo (mit Tunnel) nach San Bernardo und Monesi. Reisende nach Tende haben zwei Möglichkeiten: den direkten Weg über Realdo, Verdeggia und Creppo. Oder rechts abbiegend die aussichtsreichere Route über den Colle Melosa, Colla Belenda, Colla Langan und Molini di Triora.

Ich jedenfalls gönne es mir gerne, gut gestärkt vom ligurischen Abendessen, das Colomba d'Oro und Triora morgens zeitig zu verlassen, und zwar bergwärts zum Monte Trono, wo bald der Asphalt einem groben Schotter weicht. Es folgt nun eine einsame und gut gerüttelte Fahrt auf dem Passo della Guardia, wo es nach rechts geht zum Garezzo mit dem Tunnel und wie zuvor beschrieben weiter nach Monesi.

Knapp fünf Kilometer auf der Luftlinie weiter ragt nun der Grenzkamm 900 Meter höher auf. Es folgt ein steiler Aufstieg durch den Wald, in ein Almen- und Ski-Gebiet unter dem Monte Saccarello. Der Weg dort hoch führt auf 2200 Meter zu einem Erlöserdenkmal und bei besonders gutem Wetter zur freien Aussicht bis ans Mittelmeer.

Nach dem Abstieg vom Saccarello verläuft die Grenzkammstraße noch ein langes Stück östlich und unterhalb des Höhenrückens, der die Grenze zwischen Frankreich und Italien bildet. Es geht durch lichten Lärchenwald vorüber an den dichten Büschen der Alpenrose. Das üppige Grün weicht erst, als hinter dem Col de la Veille Celle das Massiv der Cima de Pèrtega, die Piste zu einem weiten Umweg zwingt. Aus 2099 Metern beginnt hier der Aufstieg in eine felsige Berglandschaft, und wenige Kilometer weiter am Colle del Lago dei Signori gehen die Wiesen in eine Steinöde über. Der ganze Berghang ist mit hellgrauen Kalkfelsbrocken überschüttet, zwischen denen sich die Straße weiter nach oben windet.

Der Platz zum Fahren wird mit zunehmender Höhe bedeutend enger. Denn Platz für einen Weg ist bald nur noch zwischen Felswand und einem Abgrund, der zunehmend tiefer wird. Ein Straßengraben von diversen 100 Metern Tiefe, der rechts jenseits der Tür im Ungewissen liegt, ist allemal gewöhnungsbedürftig, zumal der Grenzkamm keine Einbahnstraße ist. Endurofahrer kommen oft entgegen und dem Gefälle folgend Mountainbiker auch. Begegnungen mit Autos setzen ein höfliches und gelegentlich auch etwas mulmiges Zurücksetzen voraus. Ein Blick in Fahrtrichtung bestätigt, diese Straße ist auf ihrem Weg nach oben offenbar nicht aufzuhalten, weiter voraus strebt sie bis an den Rand der Gipfelregion. Die Spitzkehre auf der Höhe des Col della Boaria (2102 Meter) liegt nur knapp unter der Cime du Coine (2259 Meter). Das war vor 60 Jahren den italienischen Grenzern gerade recht, auch sie legten Wert auf gute Aussicht.

Am Colle della Perla fällt der Blick wieder auf den Tende-Paß. Die Vorstellung geht langsam zuende, die Grenzkammstraße senkt sich ihrem End- und Ausgangspunkt entgegen, dem Fort Central.

Empfehlenswerte Landkarten:
Michelin 195
Côte d'Azur-Alpes Maritimes
1:100 000
Istituto Geografico Centrale
Alpi Marittime e Liguri
1:50 000

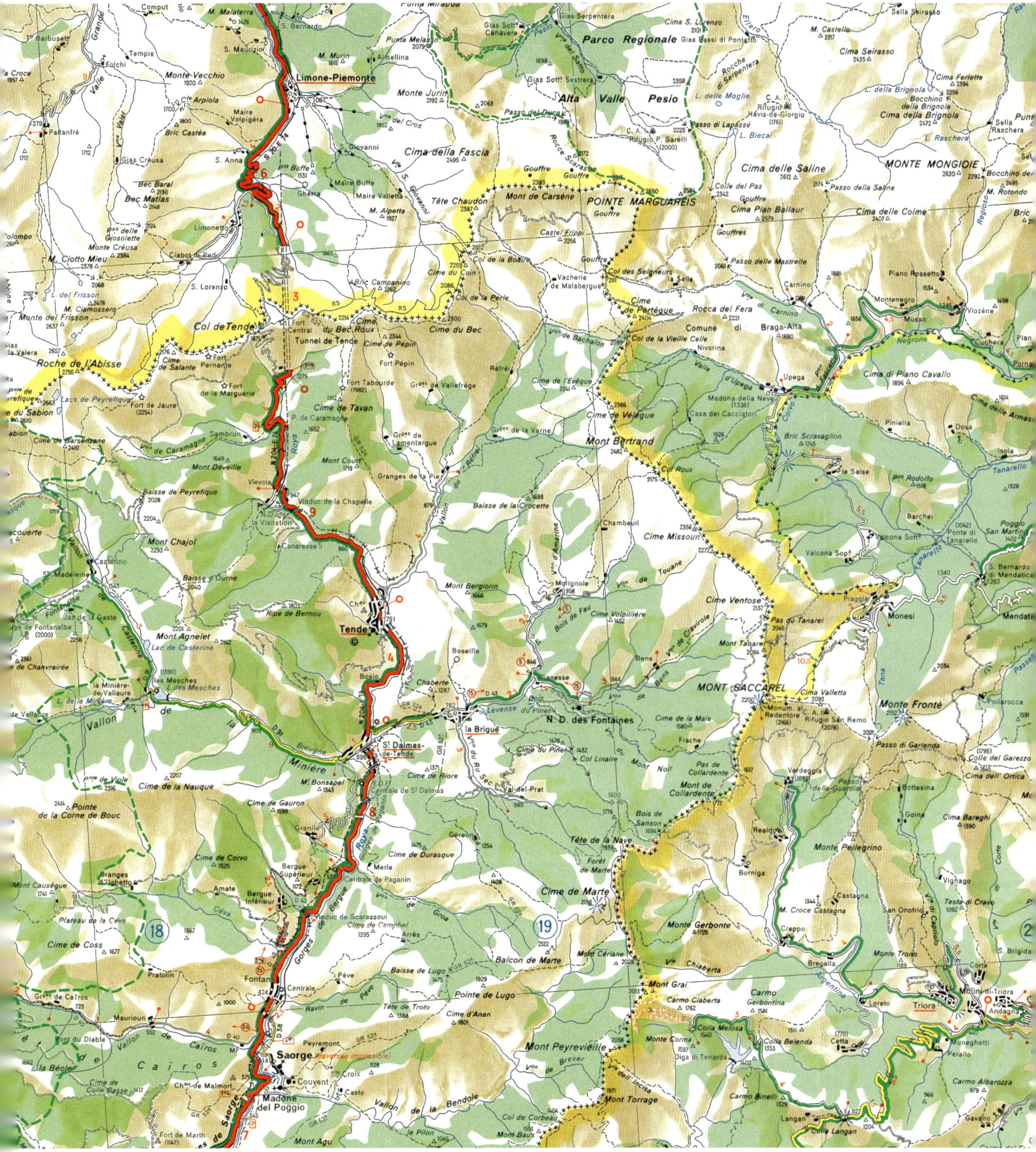

Limone-Piemonte
S. Bernardo
M. Malaterra
S. Maurizio
M. Murin
Almellina
Punta Melasso
Monte Vecchio
Monte Jurin
Parco Regionale
Alta Valle Pesio
Gias Serpentera
Cima S. Lorenzo
Passo del Duca
Passo di Lapassè
Rifugio P. Garelli
L. delle Moglie
L. Biecai
Rifugio Havis-de-Giorgio
Cima della Brignola
Bocchino della Brignola
Cima Seirasso
Sella Seirasso
M. Castello
Cima Ferlette
L. della Brignola
Sella Raschera
L. Raschera
Pallanfrè
Gias Creusa
Bec Baral
Bec Matlas
Arpiola
Maire Volpigèra
Bric Castéa
S. Anna
S. Giovanni
Cima della Fascia
Maire Buffe
Gherra
Maire Valletta
M. Alpetta
Tête Chaudon
Mont de Carsène
POINTE MARGUAREIS
Cima delle Saline
MONTE MONGIOIE
Bocchino del Pas
Colle del Pas
Passo della Saline
Cima Pian Ballaur
Cima delle Colme
M. Rotondo
Castel Frippi
Vacherie de Malabergue
Col de la Boaire
Cime du Coin
Col des Seigneurs
Passo delle Mastrelle
Piano Rossetto
Limonetto
Ciabot del Pero
Monte Créusa
M. Ciotto Mieu
L. del Frisson
M. Ciamossero
Monte del Frisson
S. Lorenzo
Bric Campanino
Col de la Perle
Cime de Pertègue
Rocca del Fera
Carnino
Montenegro
Viozène
Col de Tende
Fort Central
Tunnel de Tende
Cime du Bec Roux
Cime du Bec
Cime de Pépin
Fort Pépin
Comune di Briga-Alta
Col de la Vieille Celle
Nivorina
Upega
Cima di Piano Cavallo
Roche de l'Abisse
Cime de Salante
Fort Pernante
Fort de la Marguerie
Fort Tabourde
Granges de Vallefrège
Cime de l'Evêque
Madona della Neve
Casa dei Cacciatori
Cime de Vélègue
Mont Bertrand
Lacs de Peyrefique
Fort de Jaure
Cime de Tavan
P. de Caramagne
Sambrun
Granges de Lamentargue
Granges de la Varne
Bric Scravaglion
Piniella
Dova
Cima delle Armasse
Cime de Barsenzane
Mont Déveille
Mont Court
Granges de la Pie
Col Roux
Le Salse
Pro Rodolfo
Isola
Tanarello
Baisse de Peyrefique
Vievola
Viaduc de la Chapelle
N.D. de la Visitation
Baisse de la Crocette
Chambeuil
Cime Missoun
Barchei
Ponte di Tanarello
Poggio San Martino
Mont Chajol
Canaresse
Valcona Sopr.
Valcona Sott.
S. Bernardo di Mendatica
Casterino
St. Madeleine
Baisse d'Ourne
Mont Bergiorin
Morignole
Cime Ventose
Piaggia
Monesi
Jas de la Gaste
Ripe de Bernou
Tende
Bois de Fau
Cime Volpilliére
Pas du Tanarei
Mont Agnelet
Lac de Casterine
Boseille
Mont Tanarel
Lac de Fontanalbe
Chanvrairée
Les Mesches
L. des Mesches
La Minière-de-Vallauria
L. de la Minière
Bosio
Chaberte
Levense
Granesse
Bens
MONT SACCAREL
Cima Valletta
Monte Frontè
Poilarocca
Vallon de la Minière
Bieugne
St Dalmas-de-Tende
la Brigue
N.D. des Fontaines
Monum. al Redentore
Rifugio San Remo
Cime de la Malle
Frache
Passo di Garlenda
Cima del Garezzo
Cima dell' Ortica
Cime de Viole
Cime de la Nauque
M. Bonsapel
Cime de Rioré
Cime du Pinet
Col Linaire
Noir
Pas de Collardente
Mont de Collardente
Verdeggia
Passo della Guardia
Bottesina
Goina
Pointe de la Corne de Bouc
Cime de Gauron
Granile
Centrale de St Dalmas
Val-del-Prat
Gérèon
Bois de Sanson
Realdo
Cima Bareghi
Cime de Corvo
Bergue-Supérieur
Bergue-Inférieur
Cime de Durasque
Merle
Centrale de Paganin
Tête de la Nave
Forêt de Marte
Borniga
Monte Pellegrino
Granges d'Ughetto
Mont Causègue
Amate
Ceva
Gorges de Bergue
Cime de Marte
Castagna
M. Croce Castagna
San Onofrio
Vignago
Testa di Cravo
Plateau de la Céva
Cime de Coss
Viaduc de Scarassoui
Cime de Campbel
Arrès
Monte Gerbonte
Creppo
Pratolin
Balcon de Marte
Mont Cériane
Chiaberta
Bregalla
Monte Trono
Corte
S. Brigida
Fontan
Centrale
Pêve
Baisse de Lugo
Mont Graï
Carmo Gerbontina
Argentina
Molini-di-Triora
Triora
Andagna
Loreto
Granges de Caïros
Mauriouns
Pont du Diable
Ravin de Pêve
Tête de Troto
Pointe de Lugo
Carmo Ciaberta
Colla Melosa
Colla Belenda
Cetta
Cime d'Anan
Mont Peyrevieille
Monte Corma
Diga di Tenarda
Muneghetti
Perallo
la Béole
Vallon de Caïros
Saorge
Peyremont
traversée impossible
St Croix
Couvent
Casto
Madone del Poggio
Chau de Malmort
Cime de Colle Basse
Carmo Albarozza
Vallon de la Bendole
Carmo Binelli
Mont Torrage
Vallon de Brever
Col de Corbeau
Langan
Colla Langan
Gavano
Fort de Marth
Mont Agu
Mont Baus
le Pilon
Gorges de Saorge

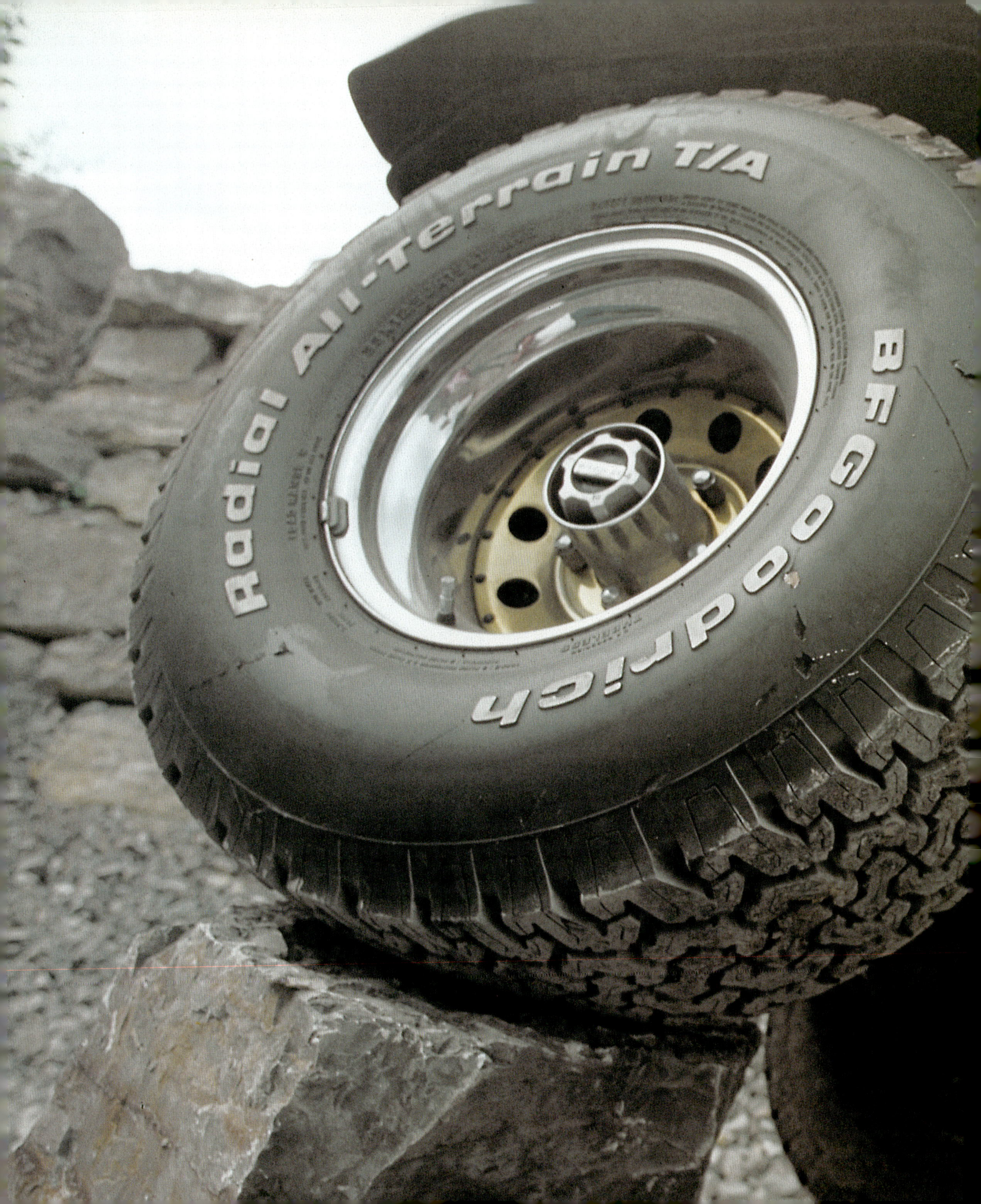
Radial All-Terrain T/A
BFGoodrich

Voll im Griff

Jeep

Die Reifen formen den Charakter eines Wrangler, welches Profil für welchen Zweck?

Reifen sind gerade bei einem Jeep ein sehr vielschichtiges Thema. Sie erfüllen hier nicht nur eine ganz entscheidende fahrdynamische Funktion. Reifen und Räder sind für eine große Zahl der Wrangler-Fahrer auch ein hochgeschätztes Element der Individualisierung. Jeep selbst trägt dieser Neigung Rechnung. Es gibt neben dem nicht eben knapp bemessenen Serienformat auch fülligere Dimensionen als Mehrausstattung. Goodyear-Reifen sind in folgenden Größen ab Werk verfügbar:
215/75 R 15 BSW A/T (Wrangler RT/S)
225/75 R 15 OWL A/T (Wrangler GS-A) vorerst nur in USA
30 x 9.50 R 15 105 S (Wrangler G-SA)
Sonderausstattung von Chrysler Deutschland: 255/55 R 16 (General Tyre) auf Alurädern der Größe 7.50 J 16.
Alle Jeep Modelle werden ab Werk grundsätzlich mit Goodyear-Reifen ausgeliefert. An dieser klaren geschäftlichen Abmachung gibt es aus technischer Sicht nichts auszusetzen; der größte Reifenhersteller der Welt versorgt Jeep mit auf die einzelnen Modelle korrekt abgestimmten Reifen, die dem Beanspruchungsprofil des durchschnittlichen Fahrers durchaus angemessen sind. Nur muß man sich darüber klar sein, daß die an einen Reifen gestellten Aufgaben außerordentlich vielfältig sind: Auf der einen Seite geht es um Fahrsicherheit, Bremsweg, Geräusch und Komfort; auf der anderen Seite kommen Geländegängigkeit und Wintertauglichkeit hinzu. Mögen diese alles erfassenden Allround-Eigenschaften noch so gut sein, auch für Reifen gilt die Regel: Wer alles durchschnittlich gut kann, der bringt auf keinem Gebiet Spitzenleistungen. Bestimmte Fähigkeiten eines Autos lassen sich durch den Einsatz optimaler Reifen für spezielle Zwecke unterstützen.

Die am häufigsten gestellte Frage zum Thema Reifen für einen Jeep lautet: Darf's was mehr sein. Es darf, denn hoch gesteckte Grenzen des Wachstums der Reifendimension verlangt die Kundschaft. Jeep hat bei der Konstruktion des Wrangler TJ dieser Neigung Rechnung getragen, die Radhäuser sind

Michelin bietet, wie die meisten Firmen dieser Branche, Reifen für Geländewagen mit vier unterschiedlichen Profil-Strukturen an. Die besonders grobstolligen bieten zwar perfekte Traktion im Gelände, aber sie verschleißen auf der Straße schneller, sie sind lauter und ihr Grip auf Asphalt ist nicht der beste.

geräumiger geworden, der Freigang der Reifen wurde größer. Ohne wesentliche Änderungen am Fahrzeug selbst finden Reifen bis zu einem Durchmesser von 715 Millimeter (31 Zoll) Platz, die Breite kann bis zu 277 Millimeter (10,5 Zoll) betragen. Bereits bei dieser Größe bekommen die Reifen bei vollem Lenkeinschlag Kontakt mit den Längslenkern der Vorderachse. Das muß durch eine Korrektur der Lenkanschläge oder durch Felgen mit kleinerer Einpreßtiefe korrigiert werden. Wer noch mehr Rad und Reifen zeigen will, muß andere Federn und angepaßte Stoßdämpfer montieren. Beim Wrangler YJ mit den Blattfedern war das durch stärker gekrümmte (Fachausdruck 'gesprengte') Federpakete möglich, eine Menge Platz zu schaffen. Beim Wrangler TJ führt der Weg über längere Schraubenfedern und ebenfalls längere Stoßdämpfer, bei großen Veränderungen sind auch entsprechend längere Führungsstreben erforderlich. Bislang aber fehlen sowohl die Teile als auch die nötigen TÜV-Gutachten.

Die radikalste und konsequenteste Methode, mehr Raum für größere Reifen zu schaffen, besteht darin, die Karosserie mit Distanzstücken etwas höher über dem Chassis zu montieren. Dies Lifting verleiht dem Wrangler zugleich auch eine vielfach sehr geschätzte, weil erhabene Höhe. Platz für Reifen läßt sich so im Extremfall bis zu einem Durchmesser von 760 Millimeter (33 Zoll) schaffen. Alle wirklich respektgebietenden Formate sind übrigens zöllig. Sie beginnen mit dem Wichtigsten, dem Durchmesser in Zoll. Beispiel 30 x 9.50 R 15 oder 33 x 12.50 R 15.

Allerdings bleibt die Aufrüstung mit imposanteren Reifen nicht ohne Nebenwirkung: Während die Serienbereifung 215/75 R 15 einen Abrollumfang von 2155 Millimetern aufweist, legt das Aufsteigerformat 30 x 9.50 R 15 mit jeder Umdrehung 2320 Millimeter zurück. Diese acht Prozent Differenz verlängern die Antriebsübersetzung im Fahrbetrieb und sind bereits als Temperamentzügler spürbar. Außerdem verlangt der TÜV in diesem Fall schon eine Korrektur des Tachos. Spezialreifen bewirken noch einmal wesentlich größere Durchmesser-Abweichungen. Wird anstelle des 215/75 R 15 der Extrem-

Beseitigen läßt sich dieser Nachteil durch eine Änderung der Übersetzung. Aber das ist teuer, weil zwei Achsantriebe und die Tachoanzeige zu ändern sind. Und ohne ein womöglich kostspieliges Gutachten ist es nicht legal, weil die Antriebsübersetzung in der ABE erfaßt ist und nicht ohne weiteres geändert werden kann.
Echte Geländeprofis nutzen die so gewonnenen zehn Zentimeter mehr Bodenfreiheit unter den Differentialen dennoch gerne aus. Außerdem tragen die riesigen Reifen natürlich beträchtliche Radlasten: Bei einem 33 x 12.50 R 15 LTC sind bei 2,5 bar 1000

Erste Reihe:
BFGoodrich
Radial All-Terrain T/A
Trac Edge
Radial Mud Terrain T/A
Baja T/A

Zweite Reihe:
Goodyear Eagle GT
Wrangler A/T
Wrangler M/T
Militäry G 90/82

Dritte Reihe:
Michelin
4 x 4 A/T
4 x 4 O/R

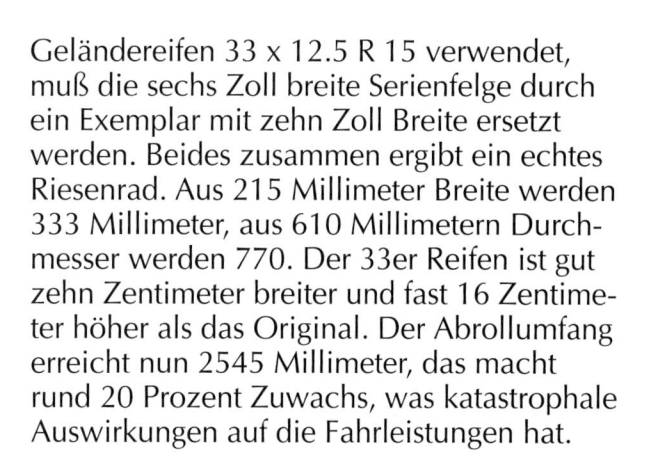

Geländereifen 33 x 12.5 R 15 verwendet, muß die sechs Zoll breite Serienfelge durch ein Exemplar mit zehn Zoll Breite ersetzt werden. Beides zusammen ergibt ein echtes Riesenrad. Aus 215 Millimeter Breite werden 333 Millimeter, aus 610 Millimetern Durchmesser werden 770. Der 33er Reifen ist gut zehn Zentimeter breiter und fast 16 Zentimeter höher als das Original. Der Abrollumfang erreicht nun 2545 Millimeter, das macht rund 20 Prozent Zuwachs, was katastrophale Auswirkungen auf die Fahrleistungen hat.

Erste Reihe:
Fulda
Tramp 4x4 H
Tramp 4x4 Mix
Tramp 4x4 Tour
Tramp 4x4 Trac

Zweite Reihe
Bridgestone
Dueler A/T
Desert Dueler RD 604
Dueler D 671/672 M/T
Desert Dueler D 651

Dritte Reihe:
Pirelli
Scorpion S/T
Scorpion AS

Vierte Reihe:
Firestone
MS 212/4WD
Firehawk ATX

Kilogramm pro Rad erlaubt, und das bringt natürlich im Gelände brauchbare Reserven, wenn der Reifenluftdruck für schwierige Passagen abgesenkt werden muß.
Eine so aufwendige Umrüstung ist nur für extreme Geländeeinsätze zweckmäßig. Für normalen Straßenbetrieb macht der Griff zum Riesenrad allenfalls Sinn, wenn es allein um die Schau geht. Breitreifen kosten sehr viel mehr Geld als schmale, sie verschlechtern die Lenkpräzision und beanspruchen die Teile der Lenkung stärker.
Wer aber im Gelände die Grenzen des Fahrbaren sucht, kann mit breiten Reifen weiter kommen: Auf sumpfigem Grund, im weichen Sand der Wüste und sogar auf tiefem Schnee sind üppig bemessene Breite und reichlich Durchmesser der Reifen eine gute Vorsorge gegen das Einsinken und Steckenbleiben. Das hat mit der Tragfähigkeit von Aufstandsflächen mit geringer Flächenpressung zu tun: Je breiter der Reifen, desto geringer der spezifische Druck zwischen Reifen und Untergrund. Damit sinkt die Neigung zum Eingraben. Hierin liegt übrigens

der Grund, weshalb Panzer und Planierraupen auf Ketten unterwegs sind: Ihr enormes Gewicht stützt sich so über eine gewaltige Fläche am Boden ab, die Flächenpressung bleibt gering, die Neigung zum Eingraben ist beschränkt. Pistenraupen laufen aus dem gleichen Grund mit besonders breiten Ketten über die Schneeflächen, ohne tiefe Spuren auf den Pisten zu hinterlassen.

Wo immer es darum geht, gute Traktion aufzubauen, hilft die Reifenbreite meist ganz entschieden. Ist es die Herausforderung, extrem steile Felspartien zu erklettern, so sind breite Reifen von Vorteil, weil sich ihre Aufstandsflächen besser an die Unebenheiten des Untergrundes anpassen können. Der größere Durchmesser von Geländereifen hilft in diesem Fall, zusätzlich eine Handbreit mehr Luft unter den Wagen zu bekommen - allerdings um den Preis eines nach oben verschobenen Fahrzeugschwerpunkts, der die Kippneigung unterstützt.

Wenig vorteilhaft ist die Breite auf winterlicher Straßenglätte. Hier allerdings ist ein Satz ganz normaler Winterreifen, angepaßt an europäische Verhältnisse und Temperaturen mit Abstand die beste Wahl.

Wenn es auf gute Traktion auf losem Untergrund – Sand oder Schlamm – ankommt, hilft ein einfacher Trick zur Verbreiterung der Reifenaufstandsfläche: Luft ablassen. Meist genügt es, auf weichem Grund bei langsamem Tempo mit einem Reifendruck von 0,8 bis 1,0 bar zu fahren. Die Empfehlungen der Reifenhersteller warnen allerdings mit drastischen Worten davor, in diesem Zustand zu weit und schnell zu fahren. Bereits ab Tempo 20 sollte der Reifendruck wieder erhöht werden, und wer dann keinen elektrischen Bordkompressor zur Hand hat, der muß sich eine Stunde lang mit einer Handpumpe beschäftigen, um vier Geländewagenreifen von 0,8 auf etwa 2,0 bar zu bringen.

Es ist immer auch eine Frage des Profils, wie gut Reifen ihre Aufgabe im Griff haben. Das Angebot der Reifenindustrie für den Jeep Wrangler reicht vom reinen Straßenreifen über die On&Off-Road-Reifen bis hin zu Geländereifen.

Straßenreifen, die es auch in den für Wrangler üblichen Dimensionen gibt, zeichnen sich durch sichere Fahreigenschaften, hohe Seitenführungskraft in der Kurve, guten Abrollkomfort, leises Laufgeräusch, geringen Rollwiderstand und gute Haltbarkeit aus. Sie sind alles in allem auf der Straße vorteilhafter und im Gelände klar im Nachteil. Folgende Reifen können zu dieser Kategorie gezählt werden:

BFGoodrich
215/70 R 15   Trail T/A, Trailmaker, Lifesaver
225/70 R 15   Trail T/A, Lifesaver A/W
30 x 9.50 R 15 Trail T/A

Bridgestone
215/75 R 15   RD 604 Desert Dueler
225/75 R 15   RD 604 Desert Dueler
30 x 9.50 R 15 RD 604 Desert Dueler
30 x 9.50 R 15 AU 699 Dueler

Goodyear
215/75 R 15   Wrangler AP, Wrangler RT/S
225/75 R 15   Wrangler AP, Wrangler RT/S
225/70 R 15   Eagle GT + 4

Michelin
215/75 R 15   4 x 4
225/75 R 15   4 x 4

Für die leistungsfähigeren Geländereifen führten die amerikanischen Hersteller zur klaren und einfachen Unterscheidung zwei Kategorien ein:

A/T = All Terrain und **M/T** = Mud Terrain.

A/T-Reifen für Straße und jederlei Gelände haben relativ breite Blöcke und schmale Nuten – wenig Profilnegativ – sie sind haltbar, leise, haben gute Fahr- und Bremseigenschaften auf der Straße, sind aber in schwerem und feuchtem Gelände nicht so leistungsfähig.

M/T-Reifen sind ihrem Namen nach für schlammiges Gelände konzipiert, sie haben schmalere Blöcke, weite Nuten - also viel Profilnegativ. Damit sind sie in fast jedem Gelände außer Sand überlegen. Aber sie laufen sehr viel lauter ab, verschleißen deutlich schneller und ihre Fahr- und Bremseigenschaften auf der Straße sind nicht auf dem Niveau der **A/T**-Reifen, sie haben ferner einen höheren Rollwiderstand, was den Verbrauch erhöht. Entsprechende Reifen in den Seriendimensionen des Jeep Wrangler sind wie folgt lieferbar:

BFGoodrich
215/75 R 15   Radial T/A, Radial Mud Terrain
215/75 R 15   Trailmaker Plus
225/75 R 15   Trailmaker Plus
30 x 9.50 R 15 Radial Mud Terrain T/A
30 x 9.50 R 15 Radial All Terrain T/A

Bridgestone
225/75 R 15   RD 691 Desert Dueler A/T
30 x 9,50 R 15 RD 691 Desert Dueler A/T
30 x 9.50 R 15 D 672 Desert Dueler M/T

Goodyear
30 x 9.50 R 15 Wrangler AT
30 x 9.50 R 15 Wrangler MT

Firestone
215/75 R 15   Firehawk ATX
225/75 R 15   Firehawk ATX
30 x 9.50 R 15 Firehawk ATX

Michelin
215/75 R 15   4x4 A/T
225/75 R 15   4x4 A/T

Für extremen Einsatz bei Wettbewerben, Wüstenfahrten oder sehr schwierigen Passagen im Gebirge empfiehlt sich eine Umrüstung auf 16 Zoll-Felgen. Denn dafür gibt es Reifen mit wesentlich groberem Profil, das meist von Militärreifen abgeleitet ist.

BFGoodrich
245/75 R 16 und 7.50 R 16 - Trac Edge

Bridgestone
7.00 R 16 D 651 Desert Dueler
7.50 R 16 D 671 Desert Dueler M/T
7.50 R 16 VSJ (Expeditionsreifen)

Goodyear
6.50 R 16 und 7.50 R 16
G 90 und G 82 (Military)

Firestone
6.00 - 16C SAT
6.50 - 16C SAT
7.50 - 16C SAT

Michelin
7.00 R 16 und 7.50 R 16
4 x 4 O/R (Off-Road), XSF (Sand), X 4x4 (Fels)

Natürlich sind die zuletzt genannten Reifen nur für spezielle Einsatzzwecke zu empfehlen. Wer vorwiegend auf Asphalt unterwegs ist, der sollte einen A/T-Reifen oder einen anderen Straßenreifen mit nicht zu grobem Profil verwenden. M/T-Reifen oder andere der aggressiven Sorte mit griffigen Stollen und großem Profilnegativ erfordern auf der Straße eine umsichtige Fahrweise. Man sollte sie nicht zuletzt aus Kostengründen dort einsetzen, wo sie hingehören: auf Geröll, ins Gelände oder in den Sand der Wüste.
Unter den Spezialreifen gibt es ein paar interessante Konstruktionen, die Außerordentliches leisten können. Der Baja Belted von Goodrich zum Beispiel, der bei einem der gröbsten Geländerennen der Welt zu höchster Härte reifte. Bei der Baja 1000, einem Offroad-Rennen über die Halbinsel Baja California vor der mexikanischen Pazifik-Küste, wird auf steinigem Grund mit Geländewagen und Buggies ohne Rücksicht auf Verluste durch das Geröll gebolzt. Diese Rallye ist für die Reifen eine sehr steinige Hölle, hier entstanden Karkassen-Konstruktionen, die beinahe so widerstandsfähig sind wie Panzerketten.
Die Goodrich-Techniker rüsten ihren Baja-Belted-Reifen mit sieben Gewebelagen unter der Lauffläche aus: zwei Lagen Nylonfäden, zwei Lagen Stahldraht und drei weitere Lagen Kunstfaser. In der Flanke des Baja Belted sind vier Lagen von extrem widerstandsfähigem Polyester, eingesetzt zum Schutz des Baja-Reifens vor seitlichen Verletzungen. Zum Vergleich: Normale Straßenreifen haben einen Gürtel aus zwei Lagen Stahldraht und eine Lage radiale Fäden.
Der Baja Belted ist ein Reifen für extreme Offroad-Einsätze, seine annähernde Unverwundbarkeit bewahrt ihn vor Pannen, was nicht nur bei Rennen, sondern auch bei Expeditionen wichtig ist. Der große Nachteil: der Baja Belted ist fast doppelt so schwer wie ein normaler Reifen und entsprechend teuer.
Bei Bridgestone geht das Angebot weit über die gängigen Allround-Reifen hinaus. Neben der A/T und M/T Spezifikation wird der Bridgestone VSJ angeboten. Dies ist der mehrfache Siegerreifen der Rallye Paris-Dakar, der außer einer besonders festen Kar-

kasse über ein etwas höheres Querschnittsverhältnis verfügt, das die Bodenfreiheit etwas anhebt. Der D651 Desert Dueller ist ein spezieller Sandreifen, der sich durch einen recht geringen Anteil an Negativprofil auszeichnet.

Auch bei Goodyear sind Spezialreifen erhältlich, die für den professionellen Offroad-Auftritt gut geeignet sind. Deutlich über die Griffigkeit von A/T und M/T hinaus, krallt sich der G 90 ins Gelände und zeigt sich als Weiterentwicklung eines Militärreifens durch Flankenverstärkung gegenüber Verletzungen unempfindlich. Die Version G 82 ist ein spezieller Sandreifen.

Michelin fertigt für extra harte Einsätze den 4x4 O/R. Der Off-Road-Reifen zeigt nicht nur grobes Profil, er hat der Strapazen wegen verstärkte Flanken, die ihn verletzungssicher machen und außerdem erlauben, den Luftdruck in Sand und Schlamm stark abzusenken. Im Michelin XSF steckt die lange Wüstenerfahrung der französischen Firma. Sein Clou ist, er verdichtet den Sand, über den er fährt, statt sich darin einzugraben. Der Michelin X 4x4 ist besonders hart im Nehmen, er ist für den Einsatz auf felsigem Terrain verstärkt.

So grimmig diese grobstolligen Walzen aussehen, so klingen sie auch: Auf Asphalt gefahren, rollen sie sehr lautstark ab. Ihre Fahreigenschaften auf festem Untergrund haben bei weitem nicht jene Qualität, die mit Allround-Reifen gegeben ist. Und es empfiehlt sich sehr, mit längeren Bremswegen zu rechnen.

Die Spezialisten sind also wirklich keine Reifen für alle Tage. Aber die Lösung dieses Zielkonflikts ergibt sich praktisch von allein. Wer sich zur Serienbereifung eine besonders griffige Garnitur besorgt und gleich auf einen zweiten Satz Felgen spannt, der ist für alle Fälle gut gerüstet. Das einzige Problem der Expeditions-Walzen liegt zwischen der deutschen Heimat und dem Hohen Atlas, denn weite Anfahrten sind mit dem groben Gummi kein Vergnügen, auch wenn bissige Stollen haltbar sind.

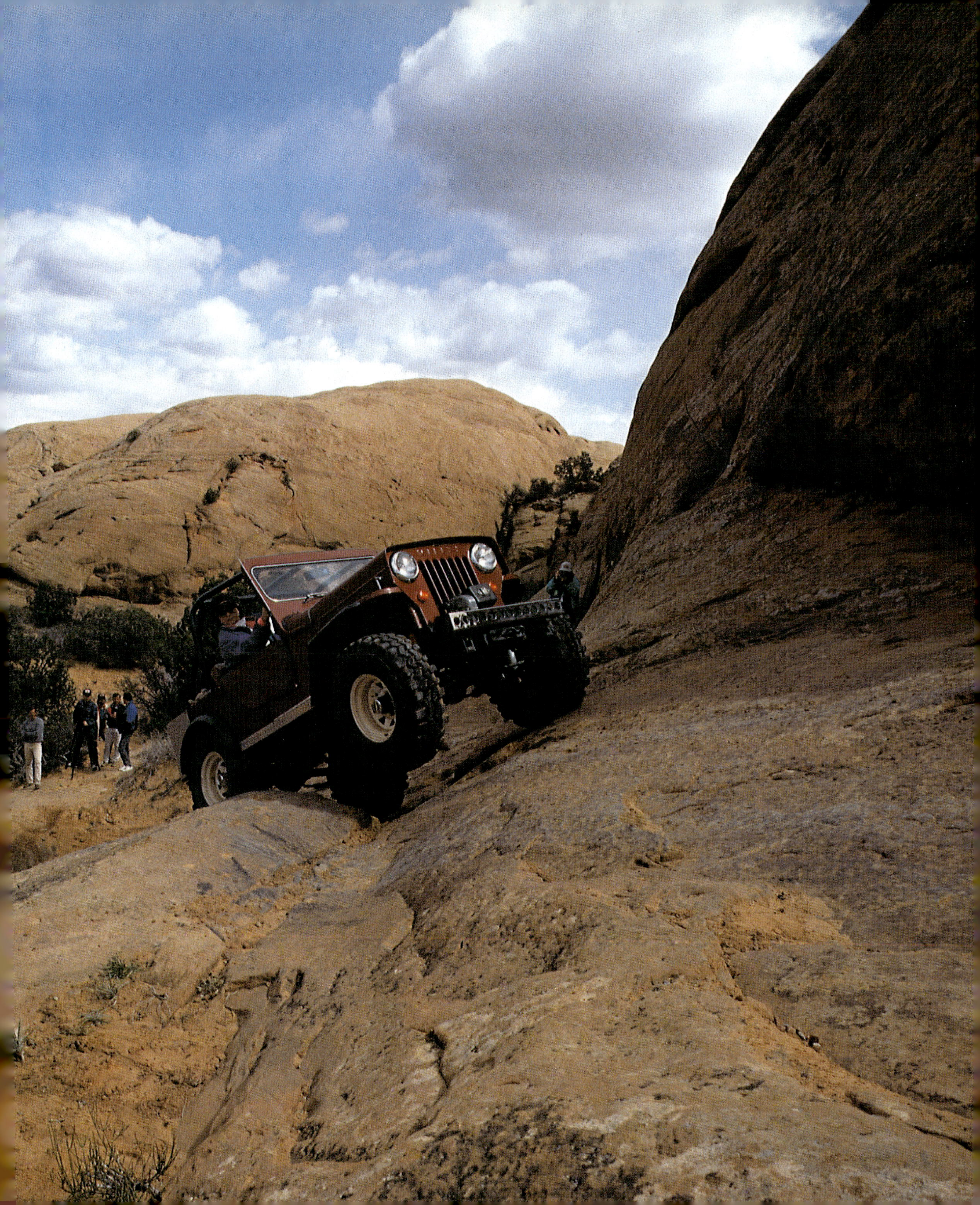

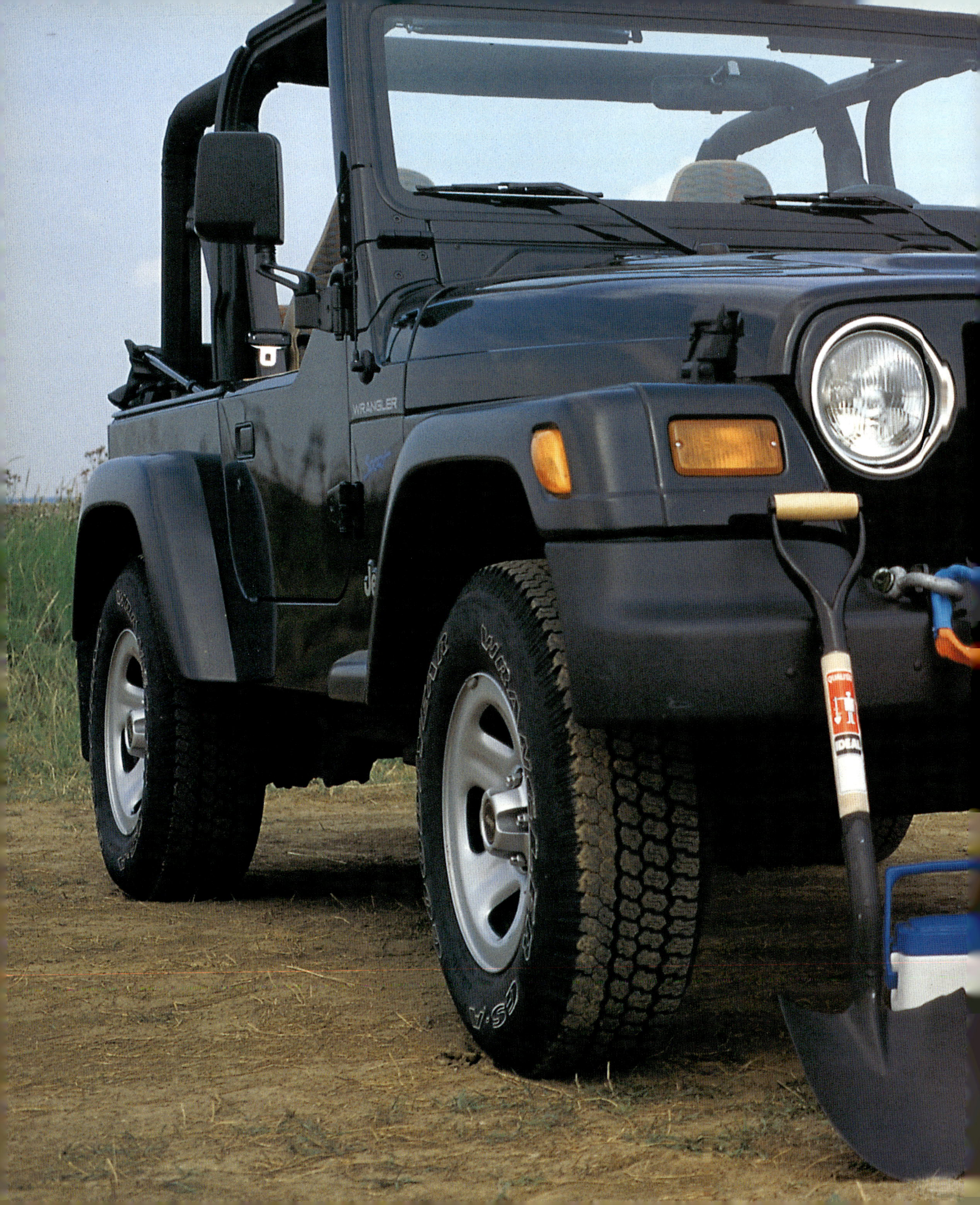
WRANGLER

Darf es was mehr sein?

Zubehör für den Wrangler

Nicht einmal, wenn sie vom Fließband in Toledo rollen, sind alle Wrangler gleich. Denn wenn wir alle Motoren, Getriebe, Dächer, Ausstattungs-Varianten und auch Farben multiplizieren, kommt eine gigantische Zahl an unterschiedlichen Jeeps zusammen. Aber das allein genügt dem wahren Wrangler-Fan noch lange nicht. Er will seinen ganz persönlichen Jeep. Und mancheiner folgt dabei durchaus dem Grundsatz: »Koste es, was es wolle.«

Die ganz persönliche Note eines Jeeps wird stark von seinem Dach geprägt. Aber die Wahl beim Kauf ist keine Entscheidung fürs Leben. Man kann zunächst das eine Dach und später noch das andere kaufen. Das Hardtop ist bei wirtschaftlicher Betrachtung die erste Wahl. Denn es gibt dies nie wieder so preiswert wie beim Neukauf: Es kostet einen Aufpreis gegenüber der Basisausführung mit Softtop von 1745 Mark. Als Ersatzteil erfordert das feste Dach - nicht zuletzt wegen der hohen Fracht für das sperrige Teil - eine Ausgabe von mehr als 5000 Mark. Die Softtops hingegen, die bei Bestop in Holland gefertigt werden, sind im Zubehörverkauf des Jeep-Händlers preiswert. Das Supertop Economy kostet 1186 Mark, das Supertop De Luxe 1652 Mark.

Der Preisunterschied von fast 500 Mark steckt in der unterschiedlichen Konstruktion der Dächer. Das preisgünstigere Economy ist einfacher in seiner Technik, aber mühevoller und zeitraubender beim Aufbau. Es ist ein Dach für Länder mit stabiler Wetterlage – wie Californien – und ohne unverhoffte Regengüsse. Das Dach De Luxe ist aufwendiger in seiner Konstruktion, die Handhabung ist zwar noch deutlich vom Bedienungskomfort eines Cabriodachs entfernt, aber einfacher und schneller als beim Economy. Zweifellos ist das teurere Dach für unser von Schauern heimgesuchtes Land zweckmäßiger. Dieser Ansicht ist auch Jeep. Die Softtop-Wrangler für den Export nach Europa haben das Dach De Luxe.

Bleibt die Frage der Farbe. Black Denim ist zwar schwarz, aber kein Jeansstoff, sondern kunststoffbeschichtetes Gewebe. Spice entspricht im Farbton dem Gewürz Zimt und besteht aus dem gleichen Plastik-Material. An heißen Sommertagen sind Bikini-Tops ideal, weil sie einerseits perfekt die Sonne abschirmen und andererseits eine erfrischende Brise ins Cockpit lassen. Die Mini-Dächer lassen sich sehr schnell aufspannen

Eine Panzerplatte unter dem Tank brauchen alle, die ihren Jeep gern über Felsen rutschen lassen. Ein Ansaugschnorchel wiederum ist jenen zu empfehlen, die ihren Jeep als Wassersportgerät benutzen.

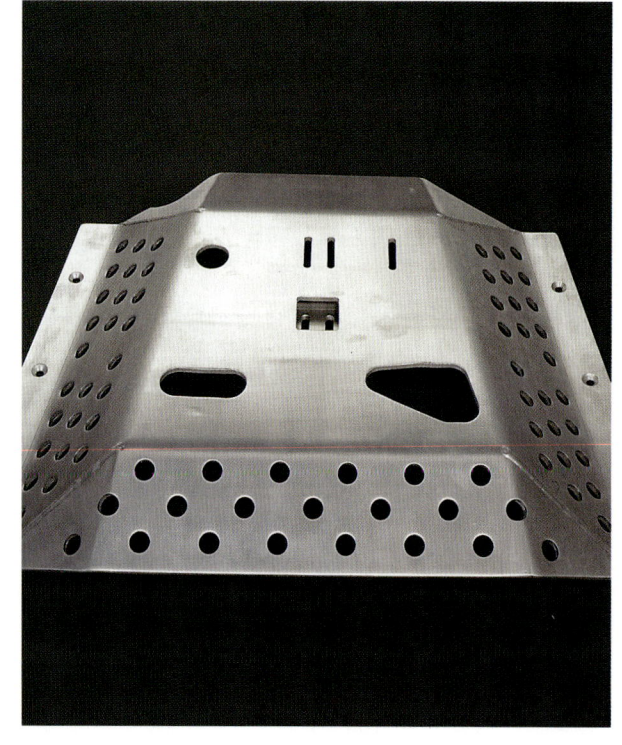

Eine elektrische Winde vorn auf der Stoßstange ist kostspielig, repräsentativ, aber auch eine ideale Heimfahrhilfe für steckengebliebene Waldarbeiter, ein Rammschutz aus Kunststoff ist weniger riskant für Fußgänger als stählerne Konstruktionen, aber dieser setzt dem Jeep eine Maske auf.

und schützen hinlänglich vor einem Sommerregen. Bikini-Tops kosten beim Jeep-Händler 150 Mark. Korrekt gekleidet ist ein Jeep, der zum Bikini-Top eine textile Heckabdeckung (208 Mark) trägt.

In den USA ist eine Klimaanlage mittlerweile auch für Wrangler selbstverständlich. Bei uns darf man sich nach drei heißen und einem kühlen Sommer die Frage stellen, ob dieser Luxus auch in einem Jeep vonnöten ist. Eine Air Condition in Originalausführung gibt es als ein vom Importeur installiertes Zubehör für 2767 Mark. Sinn macht die kostspielige Erfrischung bei Jeeps, die häufig über lange

Das beste Zubehör für einen Jeep Wrangler ist ein Stoffverdeck, das im Sommer das Hardtop ablöst. Das neue Verdeck ist leicht zu bedienen, aber zu zweit geht das noch sehr viel leichter

Die Abdeckplane macht ein adrettes Heck. Die Leichtmetallräder tragen sanftprofilierte Breitreifen der Dimension 255/55 R 16. Die Reserveradabdeckung aus Edelstahl reicht für diese Größe nicht

Strecken und womöglich auch in Europas Süden gefahren werden.

Eine Reihe weiterer Zutaten bleibt die Angelegenheit des persönlichen Geschmacks. Hochglanzpolierte Trittbrettbügel, Reserverad-Abdeckung aus Edelstahl, Chromstoßstangen oder Pressluftfanfaren à la Truck sind einfach Dinge, mit denen sich ein jeder die individuellen Glanzlichter auf den Jeep setzen kann.

Zu den schönen Dingen des Lebens und des Fahrens zählen ganz gewiß Leichtmetallräder. Typgeprüfte Räder im Sechsstern-Design der Größe 7,5 J 16 gibt es im Zubehörprogramm von Jeep – das Stück zum Preis von 322,86 Mark, macht für fünf Räder 1614.30. Die Reifen dazu von General Tyre im Format 255/55 R 16 kosten einzeln 273,47 Mark oder im Fünfersatz 1367,35 Mark. Komplett kostet der ganze Spaß 2981,65 Mark. Anderes Design und Größen sind im Fachhandel reichhaltig vertreten. Freigaben des TÜV für den neuen Jeep Wrangler werden fallweise auf sich warten lassen.

Nicht nur wegen ihres Preises verdienen Aluräder einen schonenden Umgang. Schäden am Felgenhorn, wie sie im steinigen Gelände auftreten, können bei Aluguß nicht einfach mit Hammerschlägen ausgebeult werden. Solche Notreparaturen sind allein bei Stahlfelgen möglich. Darum sind die Eisernen für einen groben Einsatz auch geeigneter.

Zweckorientiertes Zubehör wird dann erforderlich, wenn es mit dem Wrangler ernsthaft ins Gelände gehen soll, denn für so harte Sachen wie den Rubicon Trail ist ein Jeep nicht gleich ab Werk gerüstet.

Die erste Stufe solcher Vorbereitung ist ein umfassender Schutz vor Beschädigungen. Ein handelsüblicher Flankenschutz aus schlichtem pulverbeschichtetem Rohr verhütet, daß ein Aufsetzen im Gelände Schäden an der Karosserie verursacht. Bei den Jeeps am Rubicon-Trail war dies einfacher und effektiver noch gelöst: Ein kräftiges Winkeleisen an der Unterkante des Aufbaus hielt die zerstörerischen Kräfte der Felsen fern vom Blech.

Wichtig ist ferner ein solider Schutz des Tanks, der den hinteren Böschungswinkel etwas klein hält, was dazu führt, daß der Wrangler bei steilen Abstiegen mit seinem Tank aufsetzt. Eine stärkere Panzerung als der serienmäßige Unterfahrschutz verhindert, daß der Tank immer kleiner gedengelt wird.

Ein radikales Mittel zur Verbesserung der Traktion sind formschlüssige Differentialsperren mit 100 Prozent Sperrfaktor. Nach dem die weniger wirksamen, selbsthemmenden Differentiale aus der Mehrausstattungsliste gefallen sind, bietet Chrysler in Deutschland für den Jeep ARB Air Locker an. Die von der Taubenreuther GmbH importierten Sperren aus Australien bewirken zugleich eine Verstärkung des Differentials, weil im Ausgleichsgetriebe vier statt drei Trabantenräder rotieren.

Der oder die Air Locker werden bei Bedarf vom Fahrer über ein Luftdrucksystem eingeschaltet. So machen sie den Wrangler auch auf schlimmstem Terrain zum perfekten Kletterkünstler. Aber diese Sperren dürfen nur im Gelände benutzt werden. Wer vergißt, sie auszuschalten, muß auf der Straße mit einem gefährlichen Fahrverhalten und gebrochenen Antriebswellen rechnen. Die Ausrüstung eines Wrangler mit solchen Sperren kostet pro Achse stattliche 2141,– Mark. Am wichtigsten ist so ein Locker an der Hinterachse, perfekt ist natürlich die Vollsperrung beider Achsen, wenn es denn nötig ist. Bei einem Wrangler TJ ist das eher selten der Fall, und damit ist eigentlich auch klar, für wen diese Traktionshilfen infrage kommen: für ganz extreme Geländefahrer.

Eine noch konsequentere Methode, die Geländegängigkeit eines Jeep bis ins Senkrechte zu steigern, ist eine elektrische Winde. Denn mit so einem Ding, das unter Experten als Winch gilt, läßt sich ein Wrangler auch in der Vertikalen fortbewegen. Wer seine Reisen vorzugsweise auf schlammigen Waldwegen, in Sümpfen und Mooren oder gar im Dschungel unternimmt, ist mit so einer Winde bestens gerüstet. Ferner macht einen der Besitz einer Winde zu einem hochgeschätzten Partner bei abenteuerlicher Ausfahrten im Freundeskreis als Retter aus der Not des Steckenbleibens.

Die Winde vorn am Wagen, die ein Drahtseil mit gehöriger Zugkraft aufspult, wird von einem Elektromotor angetrieben, der seinen

Strom aus der Batterie des Autos bezieht. Und damit sind die Grenzen des Winchens klar gesteckt: Die Kapazität reicht nur für wenige Bergungen.

Eine Warn-Winch gehört seit der Einführung des Wrangler TJ zum Zubehör-Programm von Jeep in Deutschland. Das gute und starke Stück, das auch von Taubenreuther importiert wird, kostet komplett installiert 4039,– Mark.

Zum ordentlichen Betrieb einer Winch gehören ein paar Requisiten. Da ist zunächst einmal ein Bergegurt, der immer dann von Nöten ist, wenn sich an Seil und Haken empfindliche Dinge befinden. Das kann ein Baum sein, der als fester Halt am Wegesrand die eigene Bergung möglich macht. Das Stahlseil allein würde seine Rinde tödlich verletzen. Schonend wirkt sich der Kunstfasergurt auch beim Bergen umgestürzter Autos aus. Man umwickelt sie mit dem gelben Band des Überlebens und rollt sie wieder auf die Räder.

Eine zuverlässige und schonende Verbindung zwischen dem Haken am Windenseil und dem Bergegurt läßt sich über einen Schäkel herstellen. Dieses auch Kuhmaul genannte Teil ist hilfreich als Verbindung zu geschlossenen Abschleppösen. Eine Umlenkrolle, die an einem Baum befestigt ist, vergrößert den Aktionsradius der Bergung. Sie kann aber auch als Zugkraft-Verdoppeler benutzt werden, wenn sie an dem zu bergenden Objekt befestigt ist, während das freie Ende des Seils mit dem Bergegurt an einem festen Gegenstand - Baum oder Fels - verankert ist.

Bei jedem Umgang mit der Winch und ihrem Seil gilt eine äußerst ernst zu nehmende Regel: nie ohne Handschuhe. Am Stahlseil können immer einzelne Drähte reißen oder brechen, und die rufen bei rasch durch die Hände gleitendem Seil schlimme Verletzungen hervor.

Der Bergegurt ist auch als Solo-Retter sehr geeignet. Er ist praktischer zu verstauen als Seile, meist leichter anzubringen und außerordentlich robust. Beim Befreien von Fahrzeugen aus der Tücke des Geländes ist eine gewisse Härte im Nehmen unerläßlich. Denn was mit sanfter Gewalt nicht geht, weil die Traktion des Retters am Ende ist, da gelingt vielfach noch was mit einem aufmunternden Ruck. Solange der Bergegurt von Chassis zu Chassis geht und nicht von Achse zu Achse, ist diese Art der Befreiung unbedenklich.

Ein weiterer Helfer in der Not ist der amerikanische Superwagenheber High Lift. Mit einem Meter Arbeitsweg zählt er zu den extremen Langhubern. Und diese Bauweise befähigt ihn, auch in ganz grobem Gelände einen festgefahrenen Jeep anzuheben, um seine Räder zu unterlegen, damit er wieder freikommt. Mit ein paar käuflichen Zusatzteilen läßt sich der High Lift auch in eine Zugvorrichtung umbauen, die zur Befreiung steckengebliebener Autos nützlich ist.

Allen aber, die wirklich tief in den Dreck wollen, ist auch eine jener klassischen Schaufeln nützlich, die schon an den Flanken der Jeeps der Alliierten Streitkräfte zu finden war.

Technische Daten

Maße und Gewichte		2,5 Liter	4 Liter	4 Liter Automatik
Länge x Breite x Höhe	mm	\multicolumn{3}{c}{3883 x 1732 x 1748 (Hardtop) 1782 (Softtop)}		
Spurweite	mm	1473	1473	1473
Leergewicht	kg	1505	1570	1570
zul. Gesamtgewicht	kg	1925	1975	1975
Zuladung	kg	420	420	420
zul. Achslast vorn/hinten	kg	1000/1180	1000/1180	1000/1180
Anhängelast gebremst	kg	1800	1125	1125
Anhängelast ungebremst	kg	450	450	450
Stützlast	kg	72	45	45
Wendekreis	m	10,2	10,2	10,2
Bodenfreiheit	mm	202	202	202
Böschungswinkel vorn/hinten		42,5° / 30,5°	42,5° / 30,5°	42,5° / 30,5°
Rampenwinkel		25,5°	25,5°	25,5°
Stirnfläche	m²	2,62 (Hardtop) 2,63 (Softtop)		
Luftwiderstandsbeiwert	c_W	0,55 (Hardtop) 0,58 (Softtop)		
Kopffreiheit vorn/hinten		1038 / 1001 (Hardtop) 1075 / 1031 (Softtop)		
Tankvolumen	Liter	72	72	72
Standgeräusch	dB(A)	89	93	90
Fahrgeräusch	dB(A)	74	74	72

Fahrleistungen und Verbrauch		2,5 Liter	4 Liter	4 Liter Automatik
Höchstgeschwindigkeit	km/h	142	174	140
Verbrauch Stadt	l/100 km	15,0	17,4	19,2
außerstädt. Zyklus	l/100 km	8,9	9,1	10,7
gemischter Zyklus	l/100 km	11,1	12,1	13,8

Motor		2,5 Liter	4 Liter	4 Liter
Zylinderzahl/Bauart		4/Reihe	6/Reihe	6/Reihe
Ventiltrieb		OHV, Hydrostößel		
Bohrung x Hub	mm	98,45 x 80,98	98,45 x 86,69	98,45 x 86,69
Hubraum	cm³	2464	3960	3960
Verdichtung		9,13 : 1	8,75 : 1	8,75 : 1
Leistung KW(PS) bei 1/min		87 (120) bei 5200	130 (177) bei 4600	130 (177) bei 4600
Drehmoment	Nm	190 bei 3500	301 bei 2800	301 bei 2800
Zündung		kontaktlos		
Ölmenge	l	3,8	5,7	5,7
Kühlwassermenge	l	8,5	9,9	9,9
Gemischaufbereitung		sequentielle Multipoint-Einspritzung		
Schadstoffklasse		EURO 2	EURO	EURO 2

Fahrwerk				
Radaufhängung vorn		Starrachse mit Schraubenfedern, Querstabilisator, Panhardstab, hydraulische Teleskopstoßdämpfer		
Radaufhängung hinten		Starrachse mit Schraubenfedern, Panhardstab, hydraulische Teleskopstoßdämpfer		
Lenkung		Kugelumlauflenkung, hydraulisch unterstützt, Lenkungsdämpfer		
Lenkübersetzung		14 : 1	14 : 1	14 : 1
Lenkumdrehungen		3	3	3
Bremsen	vorn	Scheibe Ø280 mm	Scheibe Ø280 mm, ABS	
	hinten	Trommel Ø 229 mm	Trommel Ø229 mm, ABS	
Bereifung/Räder		215/75-15 oder 225/75-15 / 15 x 7 ET 31,75 mm		

		2,5 Liter	4 Liter	4 Liter Automatik
Kraftübertragung				
Antrieb		Hinterradantrieb mit zuschaltbarem Vorderradantrieb		
Getriebe		5-Gang-Schaltgetriebe		3-Gang-Automatikgetriebe
Kupplung		Einscheibentrockenkupplung		Drehmomentwandler
Übersetzungen	1. Gang	3,93	3,83	2,74
	2. Gang	2,33	2,33	1,54
	3. Gang	1,45	1,44	1,00
	4. Gang	1,00	1,00	
	5. Gang	0,85	0,79	
	Rückwärtsgang	4,74	4,22	2,20
	Reduktion	2,72		
	Achsübersetzung	3,73	3,07	3,07

Serienausstattung	2,5 Sport	4,0 Sport	4,0 Sahara
Airbag für Fahrer und Beifahrer (full size)	x	x	x
Antiblockiersystem (ABS)		x	x
Cassettenradio mit Lautsprechern und Antenne			x
Dreipunktsicherheitsgurte vorn und hinten	x	x	x
Gepäckbox, verriegelbar	x	x	x
Handschuhfach, abschließbar	x	x	x
Stahlfelgen mit Reifen 215/75 R 15	x	x	
Leichtmetallfelgen mit Reifen 225/75 R 15			x
Mittelkonsole mit Schließfach und Getränkehalter	x	x	x
Radiovorbereitung (Antenne, Kabel Lautsprecher)	x	x	
Servolenkung	x	x	x
Softtop-Verdeck	x	x	x
Überroll-Käfig, gepolstert	x	x	x
Unterfahrschutz für Getriebe und Tank	x	x	x
Wegfahrsperre	x	x	x
Windschutzscheibe, getönt	x	x	x

Sonderausstattungen

Hardtop (Softtop entfällt)	1745 DM
Dreigang-Automatik (nur für 4.0 Sahara)	1615 DM
Klimaanlage	2370 DM
Metallic-Lackierung	780 DM
Aluräder mit Reifen 255/55 R 16	2982 DM
ARB-Air-Locker	2141 DM
Warn Winch	4039 DM
Softtop Economy (black/spice)	1186 DM
Softtop De Luxe (black/spice)	1652 DM
Bikini Top (black/spice)	150 DM
Heckabdeckung (black/spice)	208 DM
Persenning (black/spice)	229 DM
Seitentasche (spice)	119 DM
Windschott (black/spice)	225 DM
Reserveradabdeckung Edelstahl	268 DM
Anhängekupplung	794 DM
Anhängekupplung abnehmbar	1051 DM
Einstiegsleisten (schwarz)	50 DM
Radsicherung 5er Set	74 DM

Stand: Oktober 1996

Alles für den Jeep

Adressen von Clubs, Bekleidung, Geländewagen-Zubehör und Reise-Ausrüstung:

Allgäuer Wühlmäuse e.V.
Zum Nonnengraben 6
86450 Altenmünster
Tel: 0821 424 3065

Allrad-Spezis Franken e.V.
Schloßgasse 2
91058 Erlangen
Tel: 09131 603692
Fax: 09131 603692

Allrad- + Fernreisefreunde
Bergisch Gladbach
Herrenstrunden 11
51465 Berg.-Gladbach
Tel: 02202 38716
Fax 02202 38716

Augsburg 4x4-Club
Wängle-Holz 21
A 6600 Reutte
Tel: 0043 5672 41182

Becker Armeebekleidung
Berliner Platz 3
53111 Bonn
Tel: 0228 692510
Fax: 0228 697772

Bilstein
Stoßdämpfer + Wagenheber
August Bilstein-Str. 4
58256 Ennepetal
Tel: 02333 987 345
Fax: 02333 987 231

Bridgestone/Firestone
Reifen
Du Pont Str. 1
61352 Bad Homburg v.d.H.
Tel: 06172 408 01
Fax: 06172 408 490

B & S Autoparts
Zubehör
Postbus 6300
NL 4000 HH Tiel
Tel: 0031 3440 23050
Fax: 0031 3440 30604

Bestop Inc.
Zubehör
Pascalweg 7
NL 6662 NX Elst
Tel: 0031 8819 78222
Fax: 0031 8819 78333

Chrysler Import
Deutschland GmbH
Chryslerstr. 1
50170 Kerpen
Tel: 02273 957 0
Fax: 02273 957 101

Cobra
Felgen
Alleestr. 15 - 19
33818 Leopoldshöhe
Tel: 05202 999260
Fax: 05202 999250

Country Fashion
Im Schlangenhöfchen 6
51427 Bergisch Gladbach
Tel: 02204 66845
Fax: 02204 67602

Dakota World Famous Leather
Schlangenrain 4
76467 Bietigheim
Tel: 07245 86444
Fax: 07245 7706

D & W Zubehör
Dückerweg 21
44867 Bochum
Tel: 02327 3270
Fax: 02327 327290

Därr
Expeditionsservice
Theresienstr. 66
80333 München
Tel: 089 282032
Fax: 089 282525

delta 4x4
Mickey Thompson Tires
Zubehör
Dorfstr. 8
85233 Odelzhausen
Tel: 08134 93020
Fax: 08134 6112

Deutsche Goodyear
Xantener Str. 105
50733 Köln
Tel: 0221 97666201
Fax: 0221 97666227

Ferropilot GmbH
Magellan
Siemensstr. 35
25462 Rellingen
Tel: 04101 30101
Fax: 04101 301333

Fichtel & Sachs
Stoßdämpfer
Ernst Sachs Str. 62
97424 Schweinfurt
Tel: 09721 980

Forsale
Western-Artikel
Christofstr. 4
72793 Pfullingen
Tel: 07121 799177
Fax: 07121 790177

Fulda Gummiwerke
Künzeller Str. 59 - 61
36043 Fulda
Tel: 0661 140
Fax: 0661 142204

GARET GmbH
Felgen
Freisinger Landstr. 1
85748 Garching
Tel: 089 3261075
Fax: 089 3261627

Geländewagen-Club Köln e.V.
Outdoor & Offroad Service
Jürgen Pfeilschifter
Rektor Thar Str. 1
50374 Erftstadt
Tel: 02235 86327
Fax 02235 86472

Geländewagenclub Memmingen e.V.
Schedelweg 14
87700 Memmingen
Tel: 08331 2049
Fax: 08331 2049

Geländewagen-Freunde
Bayerischer Wald
Gehstorf 59
93444 Kötzting
Tel: 09941 2425
Fax: 09941 2600

General Tire Europe
Geländewagenreifen
Jahnstr. 2
30851 Langenhagen
Tel: 0511 732710
Fax: 0511 732608

GPS GmbH
Satelliten-Navigation
Barerstr. 48
80799 München
Tel: 089 2802456
Fax: 089 2802457

Haslbeck GmbH
Zubehör
Töginger Str. 56
84453 Mühldorf/Inn
Tel: 08631 61550
Fax: 08631 615546

Hella
Scheinwerfer
Rixbecker Str. 75
59552 Lippstadt
Tel: 02941 386136
Fax: 02941 387521

Hoeckle
Kurbelwellen
Hoecklestrasse
72116 Mössingen
Tel: 07473 3730

ITT Automotive Europe
Division Koni
Industriegebiet
56424 Ebernhahn
Tel: 02623 60212
Fax: 02623 60233

Ironman Australia 4x4
Suspensions
55, Cochranes Road
Moorabbin 3189
Victoria, Australia
Tel: 61 3 532 1111
Fax: 61 3 532 2011

Janke & Tavares oHG
Zubehör
Gutenbergstr. 47
42117 Wuppertal
Tel: 0202 314513
Fax: 0202 310367

Jeep Club Germany e.V.
Altes Forsthaus
61250 Usingen
Tel: 06081 686184
Fax: 06081 686185

Kléber/BF Goodrich
Reifenwerke
Kléberstrasse
66386 St. Ingbert
Tel: 06894 1010
Fax: 06894 101200

Klubb Team Off Road
Box 110
S 27323 Tomelilla
Tel: 0046 46252060
Fax: 0046 46252063

Ladies Off Road Team e.V.
von Goldhammer Str. 48
41515 Grevenbroich
Tel: 02181 61060
Fax: 02181 64129

Volker Lapp
Expeditionsausstattung
An der Weihertanne 28
63607 Wittgenborn
Tel: 06053 5250
Fax: 06053 1662

Larca
Outdoor Ausrüstung
Dürrwiesen 9
73614 Schorndorf-Haubersbronn
Tel: 07181 938060
Fax: 07181 9380654

Leonhard Versand Boutique
Cockpit GmbH
Fliegerjacken, Brillen etc.
Hohegrabenweg 54
40667 Meerbusch
Tel: 02132 71215
Fax: 02132 80532

Menn Werbetechnik
Ersatzradabdeckungen
Salinenstr. 28
74177 Bad Friedrichshall
Tel: 07136 4041
Fax: 07136 3336

Michelin
Reifenwerke KGaA
Bannwaldallee 60
76185 Karlsruhe
Tel: 0721 8600 0
Fax: 0721 8600495

MotoVin GmbH
Zubehör
Am Büchsenschütz 16
45527 Hattingen
Tel: 02324 21008
Fax: 02324 51000

Munich Hillhoppers Jeep Club
Birkhahnweg 45
81827 München
Tel: 089 430 1252
Fax: 089 4396173

Muer
Zubehör
Daimlerring 12
48336 Sassenberg
Tel: 02583 4884
Fax: 02583 4885

Nölle-Pepin KG
Zubehör, Netze
Am Damm 8
58332 Schwelm
Tel: 02336 938915
Fax: 02336 938930

Off Road Center
Bahnhofstr. 2
CH 8215 Hallau
Tel: 0041 5361 4266
Fax: 0041 5361 2830

Off Road Center Laugna
An der Hettlinger Str.
86502 Laugna
Tel: 08272 9001
Fax: 08272 9002

Off Road Point
Robert Bosch Str. 5-9
47475 Kamp-Lintfort
Tel: 02842 8271
Fax: 02842 60705

Off Road Profi
Zubehör, Räder, Reifen
Uhlandstr. 91
73760 Ostfildern-Nellingen
Tel: 0711 343536
Fax: 0711 3482193

Off Road Scheune
Hauptstr. 80a
42349 Wuppertal
Tel: 0202 4781760
Fax: 0202 4781867

Off Road Star GmbH
Bruchheide 8
49163 Bohmte
Tel: 05471 1664
Fax: 05471 4883

Pirelli
Reifenwerke
64733 Höchst
Tel: 06163 710
Fax: 06163 712554

Recaro
Sitze
Stuttgarter Str. 73
73230 Kirchheim
Tel: 07021 509-1
Fax: 07021 509 339

Reifen-Mayerosch
Industriestr. 7
61200 Wülfersheim-Berstadt
Tel: 06036 422
Fax: 06036 9377

Rockinger
Anhänge-Kupplungen
Waldmeisterstr. 80
80935 München
Tel: 089 354940
Fax: 089 35494 199100

4x4 Adventure
Jeep-Touren im Wilden Westen
Ringstr. 88-90
53757 St. Augustin-Buisdorf
Tel: 02241 56721
Fax: 02241 56822

RUD Kettenfabrik
Friedensinsel
73432 Aalen
Tel: 07361 504 0
Fax: 07361 504 450

Scheel-Mann
Sitze
Riedbachstr. 5
74385 Pleidelsheim
Tel: 07144 81120
Fax: 07144 811299

Schmitz & Heisler GmbH
Zubehör
Karl Morian Str. 12
47167 Duisburg
Tel: 0203 99547 0
Fax: 0203 587832

Helmut Schwarz
Differentialsperren
Eckle 6
77784 Oberharmersbach
Tel: 07837 560 (abends)
Fax: 07837 1636

Semperit AG
Reifen
Wienersdorfer Str. 20
A 2514 Traiskirchen

SGS Sport- und
Geländewagen-Shop
Im Seesengrund 19
64372 Ober-Ramstedt
Tel: 06154 2064
Fax: 06154 51955

S.O.R. Scheren Off Road
Felgen
Bahnhofstr. 17 - 27
33818 Leopoldshöhe
Tel: 05202 999210
Fax: 05202 999100

Spangenberg GmbH
Edelholz-Innenverkleidungen
Kl. Moorweg 7
25436 Tornesch
Tel: 04122 95290
Fax: 04122 952929

Speed + Sport
Cabrio-Verdecke
Riedstr. 3
73760 Ostfildern-Ruit
Tel: 0711 475041
Fax: 0711 473683

Sport-Berger
Reisezubehör
Münchner Str. 88-90
85757 Karlsfeld
Tel: 08131 90070
Fax: 08131 92526

Süd-West-Versand
Outdoor-Ausrüstung
Wörthstr. 40
89129 Langenau
Tel: 07345 807 70
Fax: 07345 80791

Taubenreuther
Zubehör
Warn-Winches
ARB-Airlocker
Differentialsperren
Am Schwimmbad 8
95326 Kulmbach
Tel: 09221 95620
Fax: 09221 956222

Travel Center
Bernd Woick
Plieninger Str. 21
70794 Filderstadt-Bernhausen
Tel: 0711 7096700
Fax: 0711 7096710

Travel Shop
Norbert Giesswein
Emil Stetter Str. 7
74722 Buchen
Tel: 06281 4294
Fax: 06281 8240

Uniroyal
Reifen
Büttnerstr. 25
30165 Hannover

VDGV e.V.
Verband der Geländewagen-Vereine
Wilhelm Hauff Str. 22
71404 Korb
Tel: 07151 32579
Fax: 07151 32579

Händlerverzeichnis

Autoland Dresden Auto und Service GmbH, Fischhausstr. 15
01099 Dresden, Tel.: 0351/8177450   Fax: 0351/8177369
Glöckner-Automobile M. Glöckner GmbH, Grenzstraße 7
01109 Dresden, Tel.: 0351/885730   Fax: 0351/8857330
Michael Schuster Automobile, Äußere Zittauer Straße 39
02708 Löbau, Tel.: 03585/404050   Fax: 03585/404051
Seifert Car Tax KG, Guhrower Str. 4, 03044 Cottbus
Tel.: 0355/877110   Fax: 0355/8771122
Freydank Automobile, Geithainer Str. 58, 04328 Leipzig
Tel.: 0341/6517217   Fax: 0341/6517218
Autohaus Rohde GmbH, Wilhelm-Winkler-Straße 2
04430 Böhlitz-Ehrenberg, Tel.: 0341/4418864
Fax: 0341/4418865
Joachim Eulitz, Petersberg 19 a, 04720 Lüttewitz
Tel.: 034325/20396 Fax: 034325/20014
Jens Härzer & Lutz Fritz GbR, Dessauer Straße 12a
06188 Oppin, Tel.: 034604/3480   Fax: 034604/3484
Autohaus Kleinjena GmbH, An der B 180, 06618 Naumburg
Tel.: 03445/200271 Fax: 03445/20026
Autohaus-Meißner, Berliner Chaussee 4, 06888 Wittenberg-
Karlsfeld, Tel.: 03491/440768   Fax: 03491/440768
Karosserie- u. Fahrzeugbau Frank Petzold, Wiesestraße 125
07548 Gera, Tel.: 0365/7301527   Fax: 0365/7301528
Autohaus Jenschewski GmbH, Leipziger Str. 113
08058 Zwickau, Tel.: 0375/213711   Fax: 0375/213418
Autohaus Mauersberger GmbH, Äußere Lengenfelder Str. 8-10
08228 Rodewisch, Tel.: 03744/32856   Fax: 03744/35016
City Car GmbH Magnus Autohandel und Lackiererei
Limbacher Straße 412, 09117 Chemnitz   Tel.: 0371/856329
M.u.N. Neuwagen Vertriebs-GmbH, Waitzstraße 14
10629 Berlin, Tel.: 030/3236040, Fax: 030/3237141
Autohaus Wilhelmsaue GmbH, Wilhelmsaue 39-41
10713 Berlin, Tel.: 030/8217051   Fax: 030/8219966
Reichstein-Automobile GmbH, Alt-Lichtenrade 136
12309 Berlin, Tel.: 030/7443068, 030/7431038
Fax: 030/7449042
Vogel-Automobile, Rudower Chaussee 4, 12489 Berlin
Tel.: 030/67012562 Fax: 030/67012443
Fax: 0371/856329
Autohaus Bohnhardt GmbH, Köpenicker Str. 69 - 85
12683 Berlin, Tel.: 030/5142779-80 (Verkauf)
030/5142781 (Verkauf)
Autosalon Waidmannslust GmbH i.Gr., Oraniendamm 64 - 72
13469 Berlin, Tel.: 030/4035028   Fax: 030/4027900
Americars Andreas Kwoke, Am Juliusturm 13- 29, 13599 Berlin
Tel.: 030/35485250, 030/2118827   Fax: 030/35485275,
030/2118998
Autohaus Schautberger, Fritz-Zubeil-Straße 27 - 31
14482 Potsdam, Tel.: 0331/743530   Fax: 0331/7480105
R.S. Autohaus, Kaiserslauterner Straße 3,
14772 Brandenburg/Havel, Tel.: 03381/700180
Fax: 03381/715079
Autohaus Bodo Nachtigall & Michael Paul, Neue Beelitzer Str. 6
14943 Luckenwalde, Tel.: 03371/41573   Fax: 03371/621787
abc Automarkt GmbH, Wendehammer 1, 15344 Strausberg
Tel.: 03341/314780 Fax: 03341/314781
Autohaus Am Ring GmbH i.Gr., Finowfurter Ring 48 a
16244 Finowfurt, Tel.: 03335/444466   Fax: 03335/444477
Autohaus Andreas Pump GmbH & Co. KG, Woldegker Str. 37
17036 Neubrandenburg, Tel.: 0395/7782100 Fax: 0395/778210
Autohaus Kühn, Steinbecker Weg 1 b, 18107 Rostock
Tel.: 0381/776200   Fax: 0341/7762010

Autohaus Hohen Schwarfs GmbH, Dorfstraße 1
18196 Hohen Schwarfs, Tel.: 038208/60001
Fax: 038208/60142
WPM Autohandel GmbH, Rostocker Chaussee 115
18437 Stralsund, Tel.: 03831/494133   Fax: 03831/494
Jürgen Schaumann, Hagenower Str. 26, 19230 Steegen
Tel.: 03883/723895 Fax: 03883/723806
Autobetrieb Wedemann GmbH, Ludwig-Rosenberg-Ring 49
21031 Hamburg, Tel.: 040/7219045   Fax: 040/7219048
Autohaus Lehmbeck Winsener Straße 149 b, 21077 Hamburg
Tel.: 040/7641610   Fax: 040/7641616
Auto Park Eckert GmbH, In der Marsch 8 b, 21339 Lüneburg
Tel.: 04131/36711   Fax: 04131/37547
Gebrüder Heintzen GmbH, An der Bundesstraße B 73
21640 Horneburg, Tel.: 04163/2237   Fax: 04163
Autohaus Luth & Partner GmbH, Tonndorfer Hauptstraße 110
22045 Hamburg, Tel.: 040/6725056   Fax: 040/662242
Thomas Luth, Rahlstedter Str. 1 - 3, 22149 Hamburg
Tel.: 040/6722165   Fax: 040/6724849
APW Autopark Wellingsbüttel GmbH, Saseler Chaussee 62
22391 Hamburg, Tel.: 040/6490990   Fax: 040/64909950
becker auto-technic GmbH, Pinneberger Straße 4
22457 Hamburg, Tel.: 040/559950   Fax: 040/55995133
Allrad Automobile K.D. Schlangen GmbH,
Osdorfer Landstraße 238, 22549 Hamburg, Tel.: 040/8078880
Fax: 040/804091
Autohaus in Reinbek GmbH, Bültbek 7, 22962 Siek
Tel.: 04107/9677   Fax: 04107/182
Autohaus Fackenburger Allee GmbH, Fackenburger Allee 78a
23554 Lübeck, Tel.: 0451/43821   Fax:0451/41622
W. Preuss Autohaus GmbH & Co. KG, Am kleinen Stadtfeld 2
23966 Wismar, Tel.: 03841/73330   Fax: 03841/733319
Autohaus Alte Weide GmbH, Alte Weide 10, 24116 Kiel
Tel.: 0431/15050   Fax: 0431/13799
Norbert Kuntz GmbH, Kieler Chaussee 17, 24214 Gettorf
Tel.: 04346/41160, Fax: 04346/411641
b-a-t motors GmbH, Havelstr. 41, 24539 Neumünster
Tel.: 04321/989515 Fax: 04321/989516
Autohaus L. & D. Christians GmbH, Engelsbyer Str. 29
24943 Flensburg, Tel.: 0461/65030   Fax: 0461/65033
Autohaus Prisdorf, Peiner Hag 2, 25497 Prisdorf
Tel.: 04101/73230   Fax: 04101/76158
Autohaus Heide GmbH, Süderdamm 8, 25746 Heide
Tel.: 0481/850780   Fax: 0481/8507826
Die Zwei Autohaus GmbH, Bremer Heerstraße 283
26135 Oldenburg   Tel.: 0441/920810   Fax: 0441/9208111
Autohaus Heiken u. Rosskamp GmbH, Weserstraße 18
26452 Sande, Tel.: 04422/4611   Fax: 04422/4415
Autohaus Osteel GmbH, Adeweg 31, 26529 Osteel
Tel.: 04934/6093   Fax: 04934/4293
Winzen Automobile Wulsdorf GmbH, Weserstraße 6
27572 Bremerhaven, Tel.: 0471/72013   Fax: 0471/78047
Autohaus Graul GmbH, Ludwig-Quidde-Straße 10
28207 Bremen, Tel.: 0421/498031   Fax: 0421/447452
Autohaus-Luther, Hans-Bredow-Str. 18, 28307 Bremen
Tel.: 0421/421066   Fax: 0421/420443
Autoport Altenhagen GmbH, Lachtehäuser Str. 15, 29223 Celle
Tel.: 05141/32088   Fax: 05141/3931
J.A.R. Autohaus GmbH, Bogenstraße 6, 30165 Hannover
Tel: 0511/3522023   Fax: 0511/3503966
Auto-Boutique Kirchrode GmbH, Lange-Hop-Straße 115
30559 Hannover, Tel.: 0511/513574, Fax: 0511/526113

Autoport in Laatzen GmbH, Hildesheimer Str. 133
30880 Laatzen, Tel.: 0511/860570   Fax: 0511/860572
Autohaus Kast GmbH, Potsdamer Straße 2, 30916 Isernhagen
Tel.: 0511/902400   Fax: 0511/619196
A.C. Automobile GmbH Vertriebsgesellschaft, Porschestraße 4
31135 Hildesheim, Tel.: 05121/75450   Fax: 05121/754510
Reifen Wilhelms Automobile GmbH, Hannoversche
Straße 91 - 93, 31582 Nienburg/Weser, Tel.: 05021/3678
Tel.: 05021/13004
Autohaus Scharpe GmbH & Co. KG, St. Annen 45
31655 Stadthagen, Tel.: 05721/979797, Fax: 05721/979799
Rieso Automobile Excl GmbH, Herforder Straße 175
32105 Bad Salzuflen, Tel.: 05222/93050 Fax: 05222/930525
Otto Westermann, Südlenger Sraße 30 u. 38, 32257 Bünde
Tel.: 05223/12624   Fax: 05223/12624
Hans Jäckel GmbH, Fähranger 16, 32457 Porta-Westfalica
Tel.: 0571/7100077 Fax: 0571/77803
Autohaus-Gehle, Lemgoer Str. 4, 32657 Lemgo, Tel.: 05261/8325
Fax: 05261/89247
Auto Kesselmeier GmbH, Breslauer Str. 29, 33098 Paderborn
Tel.: 05251/17680   Fax: 05251/730393
Auto Valen GmbH, Wiedenbrücker Straße 44, 33332 Gütersloh
Tel.: 05241/57698   Fax: 05241/55068
Andreas Potthoff GmbH, Brökerstraße 5, 33609 Bielefeld
Tel.: 0521/173959   Fax: 0521/173960
Autohaus E.O. Liese GmbH, Frankfurter Straße 219
34134 Kassel, Tel.: 0561/9408920   Fax: 0561/9408910
HS-Automobile, Am Hauptbahnhof 13b, 34497 Korbach
Tel.: 05631/20 06   Fax: 05631/4565
Autohaus Schütte, Zu den Kauten 2, 35075 Gladenbach
Tel.: 06462/6555   Fax: 06462/5672
Car Center Linden Eich KG, Robert-Bosch-Str. 3 - 5
35440 Linden, Tel.: 06403/90310   Fax: 06403/903131
Neuhaus GmbH, In der Au 31, 35606 Solms, Tel.: 6441/51611
Fax: 06441/53377
Autohaus Jakob GmbH, Kreuzgrundweg 4, 36100 Petersberg
Tel.: 0661/969130   Fax: 0661/9691322
Autohaus Nowak, Homberger Straße 16-2, 36251 Bad Hersfeld
Tel.: 06621/2969   Fax: 06621/78519
Autohaus Hermann GmbH, Hauptstraße 5, 36433 Bad Salzungen
Tel.: 03695/606234 Fax: 03695/606234
Klaus Splieth, Rudolf-Winkel-Straße 14, 3707 Göttingen
Tel.: 0551/61111   Fax: 0551/632403
Autohaus Gieboldehausen GmbH, Göttinger Straße
37434 Gieboldehausen, Tel.: 05528/1001 Fax: 05528/1004
Autohaus Sabine von Dassel, Altendorfer Tor 7 A, 37574 Einbeck
Tel.: 05561/971281 Fax: 05561/6033
Auto-Balke GmbH, Berliner Straße 112, 38104 Braunschweig
Tel.: 0531/237350   Fax: 0531/2373535
Gebhardt & Wilm Automobile GmbH, Halberstädter Straße 30
8644 Goslar, Tel.: 05321/65667   Fax: 05321/65560
CARPOINT Automobilhandelsges. mbH i.Gr., Klusstraße 67
38820 Halberstadt, Tel.:03941/600852   Fax: 03941/443163
Fenrich Automobile GmbH, Sülzborn 8/Ebendorfer Chaussee
39128 Magdeburg, Tel.: 0391/256330   Fax: 0391/2563321
Autohaus Wesemann und Karosseriefachbetrieb, Farsleber Straße
39326 Wolmirstedt/Mose, Tel.: 039201/22878
Autohaus Veckenstedt oHG, Kreisstraße 46, 39387 Hordorf
Tel.: 03949/2846   Fax: 03949/2846
Autosalon Thormann GmbH, Uenglinger Str. /Gewerbepark
39576 Stendal, Tel.: 03931/715772   Fax: 03931/715773
American Car Show, Ronsdorfer Str. 33   40233 Düsseldor
Tel.: 0211/9868333 Fax: 0211/9868334
Autohaus Eykris GmbH, Heerdter Landstraße 143
40549 Düsseldorf, Tel.: 0211/500500   Fax: 0211/5047203
J & A Automobile GmbH, Raiffeisenstraße 25
40764 Langenfeld, Tel.: 02173/98860   Fax: 02173/988610
Autosalon am Park GmbH, Gartenstraße 93-97
41236 Mönchengladbach, Tel.: 02166/46036 Fax: 02166/40098

S+S Automobile GbR, Industriestraße 10, 41564 Kaarst
Tel.: 02131/64064   Fax: 02131/669161
Autohaus Mertens GmbH i.Gr., Gerberstraße 136
41748 Viersen, Tel.: 02162/93590   Fax: 02162/935923
Auto Fuhr GmbH & Co. KG, Friedrich-Engels-Allee 349
42283 Wuppertal, Tel.:0202/552700   Fax: 0202/552720
Autohaus Karl-Heinz Ewel, Linde 165, 42899 Remscheid
Tel.: 02191/50049   Fax: 02191/569836
Autohaus Lahr GmbH, Osterfeldstraße 11, 44339 Dortmund
Tel.: 0231/850015   Fax: 0231/856857
Autohaus Bohnes, Hangeneystraße 90, 44379 Dortmund
Tel.: 0231/679525   Fax: 0321/679464
Gewerkstatt Handels- und Betriebs GmbH, Am Heerbusch 71
44894 Bochum, Tel: 0234/923840   Fax: 0234/9238466
A.C.B. Autohandels GmbH, Heinrich-Held-Straße 46
45133 Essen, Tel.:0201/841510   Fax: 0201/8415111
K + H Automobile GmbH, Xantener Straße 21
45479 Mülheim/Ruhr, Tel.: 0208/997100 Fax: 0208/9971099
Auto Pauli GmbH, Kreisstraße 23, 45525 Hattingen
Tel.: 02324/23154   Fax: 02324/55405
Autohaus Haas GmbH, Bochumer Straße 11-15
45663 Recklinghausen, Tel.: 02361/72055 Fax: 02361/372055
Autohaus Kutsch GmbH, Achternberg 7, 45884 Gelsenkirchen
Tel.: 0209/139055   Fax: 130056
Schoppa & Siemes GmbH, Zum Eisenhammer 1c
46049 Oberhausen, Tel. 0208/800075, Fax: 0208/856537
Automobile Th. Denker GmbH, Im Schepersfeld 50
46485 Wesel, Tel.: 0281/5474 Fax: 0281/ 5476
Rolf Weber GmbH, Koloniestr. 80, 47057 Duisburg
Tel.: 0203/371077   Fax: 0203/361170
Autohaus Haase, Düsseldorfer Straße 296 47447 Moers
Tel.: 02841/3809   Fax: 02841/32002
Lauricks & Orth Automobile GmbH, Weseler Straße 168 a
47608 Geldern, Tel.: 02831/6311   Fax: 02831/6355
Autohaus Guido Gemein GmbH, Fütingsweg 43-45
47805 Krefeld, Tel.: 02151/37880   Fax: 02151/378810
Anton Schultz & Co. Vertriebs GmbH, Weseler Str. 603
48163 Münster, Tel.: 0251/749700   Fax: 0251/7497030
Autohaus Petra Grafmüller GmbH, Mesumer Straße 20
48432 Rheine, Tel.: 05975/3894   Fax: 05975/7198
Autohaus Haarlammert GmbH, Osnabrücker Straße 60
49205 Hasbergen, Tel: 05405/1055   Fax: 05405/2467
Brand Automobile Nieholte GmbH i.Gr., An der B 213
49688 Lastrup, Tel.: 04477/629   Fax: 04477/1350
Autohaus Bleissem GmbH & Co. KG, Kölner Straße 164
50126 Bergheim, Tel.: 02271/62047   Fax: 02271/62049
Autohaus Jansen GmbH, Neusser Straße 385, 50733 Köln
Tel.: 0221/9765700 Fax: 0221/768485
AZ 2000 Automobile GmbH, Subbelrather Straße 387-407
50825 Köln, Tel.:0221/552072 Fax: 0221/5506584
Autohaus Jansen GmbH, Neusser Straße 385, 50733 Köln
Tel.: 0221/9765700 Fax: 0221/768485
GETRA-Gesellschaft für Kfz. + Transportsysteme mbH
Fuggerstraße 38, 51149 Köln, Tel.: 02203/935390
Fax: 02203/307576
Autohaus WEST GmbH, Industriestraße 103
51399 Burscheid, Tel.: 02174/2025   Fax: 02174/60376
Bezner US-Car-Service GmbH, Zum Scheider Feld 41
51467 Bergisch Gladbach, Tel.:02202/8077 Fax:02202/85960
Auto Jainta, Lukasstraße 17, 52070 Aachen
Tel.: 0241/155266   Fax: 0241/155275
Auto Beckers, Eschweiler Straße 167, 52222 Stolberg
Tel.: 02402/5445   Fax: 02402/91836
Autohaus Adolf Spies, Birkesdorfer Straße 14, 52353 Düren
Tel.: 02421/81602   Fax: 02421/880863
Autohaus Goertz, Kuhlerthang 1, 52525 Heinsberg
Tel: 02452/61605   Fax: 02452/66526
Centra Kraftfahrzeug-Handels-GmbH, Mainzer Straße 296
53179 Bonn-Bad Godesberg, Tel.: 0228/344071
Fax: 0228/344073

Autohaus Engel GmbH, Linzer Straße 97-99
53604 Bad Honnef, Tel.: 02224/78881   Fax: 02224/78801
Country Motors Autohandelsgesellschaft mbH, Einsteinstraße 24
53757 Sankt Augustin, Tel.: 02241/91430 Fax: 02241/914399
Auto-Fink, Brigidastr. 3, 53925 Kall, Tel.: 02441/6925
Fax: 02441/126
Auto Schubert GmbH, Luxemburger Straße 75, 54294 Trier
Tel.: 0651/820888   Fax: 0651/820830
Autohaus Schönecker GmbH, Wankelstraße 1, 54634 Bitburg
Tel.: 06561/940550 Fax: 06561/940552
Autohaus Mihm, Am Schleifweg 20 ab 12/96 Marienborner Str. 23
55128 Mainz, , Tel.: 06131/337201   Fax: 06131/337202
Autohaus Höfinghoff GmbH, Nahering 22, 55218 Ingelheim
Tel.: 06132/982330 Fax: 06132/982333 10
Auto-Rau, Lohrer Mühle 2, 55545 Bad Kreuznach
Tel.: 0671/2442   Fax: 0671/33290
Autohaus-Wiesemes, Max-Planck-Str. 3, 55743 Idar-Oberstein
Tel.: 06781/41910 Fax: 06781/46697
Autohaus Hölzenbein Hans-Jörg Hölzenbein GmbH, Mosel-
weißer Straße 109, 56073 Koblenz, Tel.: 0261/947450
Fax: 0261/9474544
Autosalon Schuld GmbH, Koblenzer Straße 2,
56459 Langenhahn, Tel: 02663/5011   Fax: 02663/7831
Autohaus Rainer Simon GmbH, Polcher Str. 142
56727 Mayen, Tel.: 02651/900280   Fax: 02651/900287
Autohaus Born GmbH, Ederstraße 56, 57319 Bad Berleburg
Tel.: 02751/92520   Fax: 02751/925213
Neuhoff GmbH, Kölner Straße 122, 58256 Ennepetal
Tel.: 02333/88035   Fax: 02333/88036
Autohaus 2000, Nottebohmstraße 30a, 58511 Lüdenscheid
Tel.: 02351/45252   Fax: 02351/45561
Kfz-Welink, Römerstraße 18a, 59075 Hamm, Tel.: 02381/789899
Fax: 02381/780543
Auto Schlunz GmbH, Hertinger Straße 64 (B 1), 59423 Unna
Tel.: 02303/986200 Fax: 02303/9862050
Autocenter C. Schulte GmbH, Wiebelsheidestr. 9, 59757 Arns-
berg   Tel.: 02932/96500   Fax: 02932/965040
Auto Geyer KG, Eschersheimer Landstraße 577-581
60431 Frankfurt/Main, Tel.: 069/52 64 52   Fax: 069/513163
Autohaus Am Goldstein GmbH, Am Taubenbaum 19
61231 Bad Nauheim, Tel.: 06032/96670 Fax: 06032/966777
Anton Pickert GmbH, Industriestraße 15a-17
61381 Friedrichsdorf, Tel.: 06172/95840   Fax: 06172/77681
URO Kraftfahrzeuge GmbH, Sprendlinger Landstraße 139
63069 Offenbach a. M, Tel.: 069/9840580
Fax: 069/98405899
Siegmund Sunke GmbH, Dornhofstraße 12, 63263 Neu-Isenburg
Tel.: 06102/21599   Fax: 06102/21656
Auto-Schrimpf GmbH, Martin-Luther-King-Straße 8
63452 Hanau,Tel.: 06181/980960   Fax: 06181/980962
Klaus Reuter Autohaus, Am Spitalacker 11, 63571 Gelnhausen
Tel.: 06051/14420   Fax: 06051/15976
Autohaus Marzina GmbH, Niedernberger Straße 9
63741 Aschaffenburg, Tel.: 06021/87903 Fax: 06021/80540
Autohaus Roßdorf GmbH, In den Leppsteinwiesen 7
64380 Roßdorf, Tel.: 06154/82017   Fax: 06154/81132
Autohaus Lieske, Robert-Bosch-Str. 35, 64625 Bensheim
Tel.: 06251/84155   Fax: 06251/841560
Auto Jokuff GmbH, Schönbergstraße 3, 65199 Wiesbaden
Tel.: 0611/421068   Fax: 0611/419528
Heinz-Günter Heinecke, Casteller Straße 89, 65719 Hofheim
Tel.: 06192/37078 Fax: 06192/38029
Hennige Automobile GmbH, In der Schildwacht 15
65933 Frankfurt/Main, Tel.:069/3803160 Fax: 069/38031666
& L Automobile GmbH, Ursulinenstraße 58,
6111 Saarbrücken, Tel.: 0681/389630   Fax: 0681/3896330
Schwindt Automobile GmbH, Kaiserslauterer Straße 2
6424 Homburg/Saar, Tel.: 06841/67073 Fax: 06841/67076
Autohaus Enzweiler & Diersmann GmbH, Provinzialstr. 55
6663 Merzig, Tel.: 06861/2521   Fax: 06861/77224

Autohaus-Diether, Hauptstraße 11-13, 67133 Maxdorf
Tel.: 06237/3001   Fax: 06237/2738
M. u. M. Mattusch GmbH Hertelsbrunnenring 31
67657 Kaiserslautern, Tel.: 0631/341190 Fax: 0631/3411955
Autohaus Gauch GmbH, Konzstr. 11 - 13, 68169 Mannheim
Tel.: 0621/322840   Fax: 0621/312393
Autohaus Kälberer GmbH, Lußheimer Straße 8
68766 Hockenheim, Tel.: 06205/5061   Fax: 06205/18592
Autohaus Reinmuth KG, Am Taubenfeld 31, 69123 Heidelberg
Tel.: 06221/836025 Fax: 06221/834644
Forstner Automobile GmbH, Jurastraße 3, 70565 Stuttgart
Tel: 0711/990030   Fax: 0711/9900321
MM-Automobile, Wolf-Hirth-Straße 27, 71034 Böblingen
Tel.: 07031/224056 Fax: 07031/224044
Autohaus-Wessinger, Ditzinger Str. 45, 71254 Ditzingen
Tel.: 07156/95780   Fax: 07156/34872
CAR LA CARTE Automobilinterieur GmbH, Schüttelgrabenring 23
71332 Waiblingen, Tel.: 07151/958800   Fax: 07151/9588099
Autohaus Monrepos GmbH, Katharinenstraße 5
71634 Ludwigsburg, Tel.: 07141/38220   Fax: 07141/382223
Autohaus Ziefle, Stuttgarter Str. 208 - 210, 72280 Dornstetten-
Hallwangen, Tel.: 07443/96600   Fax: 07443/966020
ROMJO Automobile. Unterdigisheimer Straße 23
72469 Meßstetten, Tel.: 07431/61333   Fax: 07431/61581
Autohaus und Autolackiererei Hesse GmbH
Friedrich-List-Straße 6, 72488 Sigmaringen, Tel.: 07571/50056
Fax: 07571/3094
Autohaus Butterstein GmbH, Ernst-Abbe-Straße 5
72770 Reutlingen, Tel.:07121/52015   Fax: 07121/55695
Autohaus Eberle, Schlierbacher Straße 64,
73230 Kirchheim/Teck, Tel.: 07021/45150 Fax: 07021/480123
Doris Gorny GmbH Stuttgarter Straße 270 A, 73312 Geislingen
Tel.: 07331/62093   Fax: 07331/69149
H+H Auto + Komfort GmbH, Rechbergstraße 27
73550 Waldstetten, Tel.: 07171/946210 Fax: 07171/9462121
ASG-Kraftfahrzeughandelsges. mbH, Kreuzenstraße 104
74076 Heilbronn, Tel.: 07131/953633   Fax: 07131/953635
Christof Herzog Automobile, Loßfelder Straße 60 A,
74564 Crailsheim, Tel.: 07951/21028   Fax: 07951/23994
Autohaus Hohlweck , Robert-Mayer-Str. 14, 74889 Sinsheim
Tel. 07261/706   Fax: 07261/65271
Autohaus Sciortino GmbH,Dieselstraße 18, 75236 Kämpfelbach
Tel.: 07232/1048   Fax: 07232/4182
Autohaus Werner GmbH, Industriestraße 32, 75382 Althengstett
Tel.: 07051/92830   Fax: 07051/925055
**Automobilhaus Rudolf Rempfer GmbH Reparatur und Vertriebs
KG,** Kussmaulstraße 5, 76187 Karlsruhe, Tel.: 0721/74025
Fax: 0721/751666
K Motorsport Autohaus Krankenberg GmbH, Industriestraße 20
76470 Ötigheim,Tel.: 07222/24022   Fax: 07222/28697
Friedmann´s Autowelt, Liechtersmatten 12, 77815 Bühl
Tel.: 07223/93870   Fax: 07223/938715
Autohaus Meier, Im Dornschlag 4, 77933 Lahr
Tel.: 07821/955056 Fax: 07821/955058
Autohaus Schrobenhauser GmbH & Co. KG, Waldstraße 9 - 11
78048 Villingen-Schwenningen, Tel.: 07721/54011
Fax: 07721/57338
Auto und Geländewagen Stengel GmbH, Bodmaner Straße 10
78315 Radolfzell, Tel.: 07738/9288-0   Fax: 07738/928820
Auto Lichtenstein GmbH, Industriestraße 7a, 79194 Gundelfingen
b. Freiburg, Tel.: 0761/58818   Fax: 0761/580388
Autohaus Manfred Gutmann GmbH, Colmarer Straße 28-30
79576 Weil am Rhein, Tel.: 07621/75972   Fax: 07621/76009
Autohaus-Sutter, Dr.-Rudolf-Eberle-Str. 11, 79725 Laufenburg
Tel.: 07763/20031   Fax: 07763/3026
CAR 2000 Autovertriebs GmbH, Frankfurter Ring 6
80807 München, Tel.: 089/3510010   Fax: 089/3543000
Motors Autohandels GmbH, Landsberger Straße 414
81241 München, Tel.: 089/8960790   Fax:089/89607926

Auto Hemmerle GmbH, Wasserburger Landstraße 60
81825 München, Tel.: 089/4395050, Fax: 089/4307746
ASR-Auto Handel + Service GmbH, Breslauer Straße 26
82194 Gröbenzell, Tel.: 08142/57900   Fax: 08142/53308
Autohaus Belloth GmbH, Im Thal 11, 82377 Penzberg
Tel.: 08856/82054   Fax: 08856/82053
Lorenz Scharnagl oHG, Alte-Münchner-Str. 24
82407 Wielenbach, Tel.: 0881/99967   Fax: 0881/99968
MAutohaus Eschenlohe, Murnauer Straße 46, 82438 Eschenlohe
Tel.: 08824/8511   Fax: 08824/8786
Autohaus Christ, Königsdorfer Straße 45   82515 Wolfratshausen
Tel.: 08171/26618   Fax: 08171/76765
Auto Technik Kuypers GmbH, Staatsstraße 15
83059 Rosenheim, Tel.: 08031/29170   Fax: 08031/291718
Auto-Koch GmbH, Auerstraße 25, 83075 Bad Feilnbach
Tel.: 08066/1016   Fax: 08066/8100
Springl Automobile GmbH, Schmiedenweg, 83471 Schönau am Königssee, Tel.: 08652/61525 Fax: 08652/3279
Autohaus Reheis, Miesbacher Straße 20, 83607 Holzkirchen
Tel.: 08024/90550   Fax: 08024/905520
Auto Mühlig GmbH, Ottostraße 20, 84030 Landshut
Tel.: 0871/73001   Fax: 0871/12269
Auto Frammelsberger GmbH, Egglkofenstraße 1,
84453 Mühldorf, Tel.: 08631/15600   Fax: 08631/15578
Autohaus Simon & Cooper GmbH, Steinheilstraße 18
85053 Ingolstadt, Tel.: 0841/940560   Fax: 0841/61614
Franz Hellinger, Sandstraße 2, 85445 Schwaig
Tel.: 08122/98300 Fax: 08122/983040
Autohaus Hof GmbH, Kurzes Gelände 14, 86156 Augsburg
Tel.: 0821/240990   Fax: 0821/2409911
Autohaus Kuen GmbH & Co. KG, Josef-Weilbach-Str. 2 a
86476 Neuburg a. d. Kammel, Tel.: 08283/99990
Autohaus-Wernitz, Gewerbering 1, 86698 Oberndorf
Tel.: 09002/1318   Fax: 09002/1514
Automobil-Center Pauli, Schwabenstraße 8, 86807 Buchloe
Tel.: 08241/3028   Fax: 08241/2953
Matthias Graf + Seeberger Automobile GmbH, Magnusstraße 13
87437 Kempten, Tel.: 0831/63030   Fax: 0831/63020
Autohaus Hammer GmbH, Zeissweg 9, 87700 Memmingen
Tel.: 08331/94940 Fax: 08331/949410
Georg Schuhbaur GmbH - Autohaus, Niederbieger Straße 2
88250 Weingarten, Tel.: 0751/53337   Fax: 0751/53339
Holzenberger-Automobile GmbH, Steigmühlstraße 38
88400 Biberach, Tel: 07351/13563   Fax: 07351/71098
M. + R. Autoservice GmbH, Torenstraße 12, 88709 Meersburg
Tel.: 07532/47077   Fax: 07532/47079
34134 Kassel, Tel: 0561/9408920   Fax: 0561/9408910
GSS Automobile GmbH, Markusstraße 12, 89081 Ulm
Tel.: 0731/937890   Fax: 0731/9378933
Autohaus Kling GmbH, Grundweg 5, 89250 Senden
Tel.: 07307/98900   Fax: 07307/989050

SST Fritsch oHG, Gewerbegebiet Rinderberg. 89564 Nattheim
Tel.: 07321/97990   Fax: 07321/979966
Road Star Automobile GmbH, Franzstraße 15, 90419 Nürnberg
Tel.: 0911/3780181, Fax: 0911/335701
Autoservice Kaiser GmbH, Feuchter Straße 1, 90475 Nürnberg
Tel.: 0911/831001   Fax: 0911/832437
Autohaus Dörfer GmbH, Hopfenweg 5, 90522 Oberasbach
Tel.: 0911/969850   Fax: 0911/694228
Auto Koch GmbH, Hersbrucker Straße 28 91230 Happurg
Tel.: 09151/83340   Fax: 09151/832323
Autohaus-Walter, Birkenweg 5, 91792 Ellingen
Tel.: 09141/85070   Fax: 09141/850770
Manfred Ochsenkühn Automobile GmbH, Leipziger Straße 14
92318 Neumarkt/Opf, Tel.: 09181/41091 Fax: 09181/45680
Lobenz Automobile GmbH, Hochstraße 8, 92637 Weiden
Tel.: 0961/481000   Fax: 0961/4810020
Autohaus Bieber, Merianweg 4, 93051 Regensburg
Tel.: 0941/920240   Fax: 0941/9202424
Autohaus Schräder GmbH, Neuburger Straße 55
94032 Passau, Tel.: 0851/71069   Fax: 0851/54801
Autohaus am Gäubodenpark GmbH, Boschstraße 1
94315 Straubing, Tel.: 09421/99420   Fax: 09421/994224
Autocenter Sabine Eiberweiser GmbH, Industriestraße 17
94469 Deggendorf, Tel.: 0991/290600   Fax: 0991/2906099
Rödel Automobile GmbH, Am Saaleschlößchen 14, 95145 Hof
Tel.: 09286/95080   Fax: 09286/950880
Höllerich GmbH & Co. KG Auto & Reifen-Service
Kulmbacher Straße 69, 95233 Helmbrechts
Tel.: 09252/8189   Fax: 09252/91269
Auto-Forster, Feustelstraße 7, 95444 Bayreuth
Tel.: 0921/23001   Fax: 0921/24622
Autohaus Winter GmbH, Industriestraße 3, 96114 Hirschaid
Tel.: 09543/1028   Fax: 09543/3438
Autohof West GmbH, Nicolaus-Zech-Straße 68, 96450 Coburg
Tel.: 09561/83380   Fax: 09561/833888
Auto Jakob GmbH, Porschestraße 3, 97424 Schweinfurt
Tel. : 09721/76580 Fax: 09721/765899
Autohaus an der Senfte, Blücherstraße 6, 98527 Suh
Tel.: 03681/31041   Fax: 03681/31042
MKM- Automobile-Service-GmbH, Am Teiche 8, 99195 Erfurt
Tel.: 036204/57113 Fax: 036204/5711
HESS-Automobile, Erfurter Straße 10, 99510 Apolda
Tel.: 03644/553578 Fax: 03644/553579
Auto & Allradservice Töpfer, Am Mühlweg 2, 99735 Werther
Tel.: 03631/602193 Fax: 03631/602202
Autohaus Am Lerchenberg GmbH i.Gr., Gewerbepark Stregda/
An der Schleife, 99819 Eisenach, Tel.: 03691/85840
Fax: 03691/858410

Stand Oktober 1996

EIN JEEP® BLEIBT IMMER EIN JEEP.

Der neue Jeep Wrangler ist von Grund auf neu. Wobei die Konstrukteure seine inneren Qualitäten stärkten, ohne daß die Designer seine klassische Form verändern mußten.

Jeep ist eben Jeep – wie auch Jeep Cherokee und Jeep Grand Cherokee zeigen. Mehr Informationen gibt es bei Ihrem Chrysler/Jeep Vertragspartner – kompetent in Beratung und qualifiziert im Service. Oder Sie faxen uns Ihre Adresse mit dem Stichwort JP 800.

Jeep Das Original.

Fax 0 22 73 / 95 72 63

Chrysler Import Deutschland GmbH, 50165 Kerpen   Jeep ist eine eingetragene Marke der Chrysler Corporation.

EVERY
PAIR
TELLS
A STORY

Wrangler
THE AUTHENTIC WESTERN JEAN

Freiheit auf vier Rädern

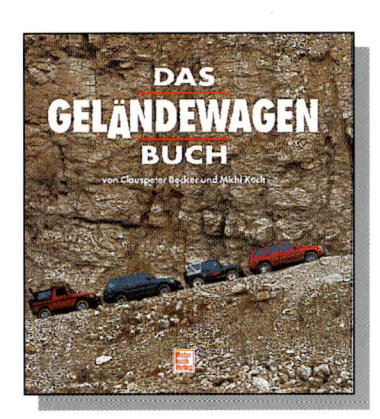

Michl Koch / Clauspeter Becker
Das Geländewagenbuch
Alles zu Allradsystemen: Typen und Technik, Fahrtechnik, Kaufberatung.
256 Seiten, 17 sw-Abb., 242 Farbabb., 69 Zeichn., 4 Karten, gebunden
DM/sFr 78,– / öS 569,– Best.-Nr. 01589

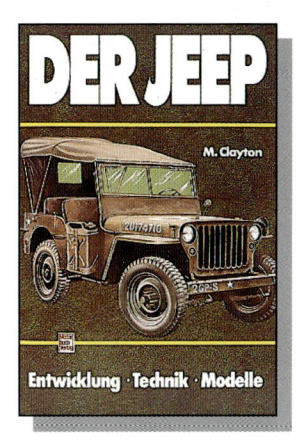

Michael Clayton
Der Jeep – Entwicklung, Technik, Modelle
Die Geschichte des »Allesüberwinders«, seine Technik, alle Modelle sowie Ratschläge zur Restaurierung und Adressen.
148 Seiten, 106 Abbildungen, geb.
DM/sFr 29,80 / öS 218,– Best.-Nr. 01050

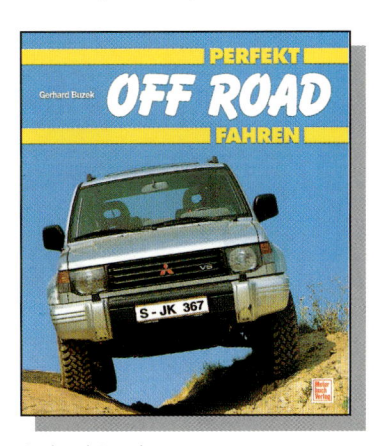

Gerhard Buzek
Perfekt Off Road Fahren
Konstruktion und Technik von Geländewagen sowie alle Tricks, mit denen man in jedem Gelände besteht.
152 Seiten, 125 Abb., 26 Farbabb., geb.
DM/sFr 49,– / öS 358,– Best.-Nr. 01584

Wolfgang Rausch
Geländewagen-Handbuch
Alles zu den wichtigsten Geländewagen in Wort und Bild: Typen, Konstruktionen, Technik, Ausrüstung, Zubehör.
180 Seiten, 154 Abbildungen, brosch.
DM/sFr 39,80 / öS 291,– Best.-Nr. 10884

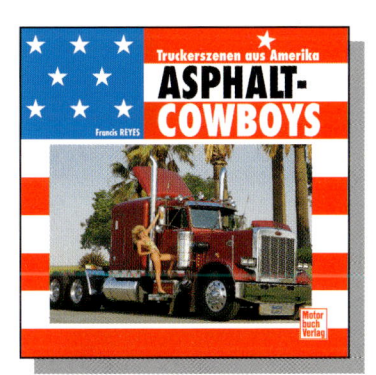

Francis Reyes
Asphalt-Cowboys
Ein farbenprächtiger Bildband über die facettenreiche amerikanische Trucker-Szene – eine wahre Augenweide.
192 Seiten, 323 Farb-Abbildungen, geb.
DM/sFr 49,80 / öS 364,– Best.-Nr. 01764

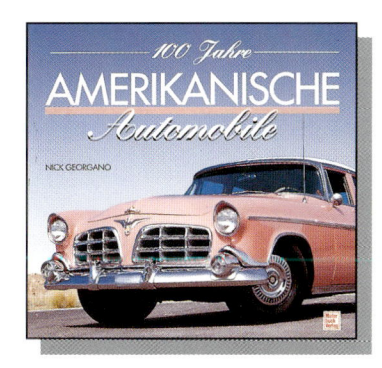

G. N. Georgano
100 Jahre amerikanische Automobile
In diesem Prachtband mit vielen Fotos blättert der Leser durch die Geschichte des amerikanischen Automobils.
288 Seiten, 450 Farb-Abbildungen, geb.
DM/sFr 98,– / öS 715,– Best.-Nr. 01549

Robert C. Ackerson, Die Jeep-Legende
Vom Nutzfahrzeug zum Fun-Car: Fünfzig Jahre Geländewagengeschichte werden am Beispiel des legendären »Jeep« dokumentiert. Mit allen Details und der ganzen Modellvielfalt dieses Fahrzeugs, speziell nach 1945 – illustriert mit vielen zeitgenössischen Fotos und Anzeigen.
344 Seiten, 339 Abb., 43 Farb-Abbildungen, geb.
DM/sFr 69,– / öS 504,– Bestell-Nr. 01404

Motorbuch Verlag

IHR VERLAG FÜR Auto-Bücher
Postfach 10 37 43 · 70032 Stuttgart
Telefon (0711) 21 08 0 65 · Telefax (0711) 21 08 0 70

Stand Oktober 1996 – Änderungen in Preis und Lieferfähigkeit vorbehalten

Gut gerüstet

Jörg-Thomas Titz
Off Road Handbuch Island
Das Reiseland jenseits der Pisten, mit Routen- und Streckenbeschreibungen und exakten Kilometerangaben.
216 S., 50 Farbabb., 6 Karten, geb.
DM/sFr 49,– / öS 358,–   Best.-Nr. 50183

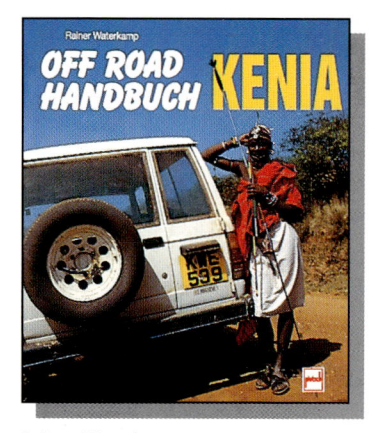

Rainer Waterkamp
Off Road Handbuch Kenia
Das wertvolle Handbuch mit ausführlichen Streckenbeschreibungen und genauen Kilometerangaben.
176 S., 75 sw-Abb., 60 Farbabb., geb.
DM/sFr 49,– / öS 358,–   Best.-Nr. 50201

Kai Ferreira Schmidt
Fernreisen auf eigene Faust
Planung, Ausrüstung und Durchführung – mit wertvollen Tips aus der Praxis eines Profi-Globetrotters.
334 Seiten, 68 Farbabb., gebunden
DM/sFr 39,80 / öS 291,–   Best.-Nr. 50171

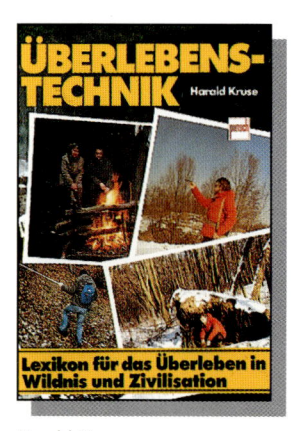

Harald Kruse
Überlebenstechnik von A-Z
Ein Lexikon für das Überleben in Wildnis und Zivilisation, mit Ratschlägen für nahezu jede Situation.
208 Seiten, 71 Abb., gebunden
DM/sFr 39,80 / öS 291,–   Best.-Nr. 50033

Stand Oktober 1996 – Änderungen in Preis und Lieferfähigkeit vorbehalten

Wayne Merry, Erste Hilfe extrem
Das offizielle und leicht verständlich geschriebene Lehrbuch zu den »Erste-Hilfe-Extrem-Kursen« der »Johanniter-Unfall-Hilfe Stuttgart«.
400 Seiten, 120 sw-Abb., gebunden
DM/sFr 49,80 / öS 364,–   Best.-Nr. 50252

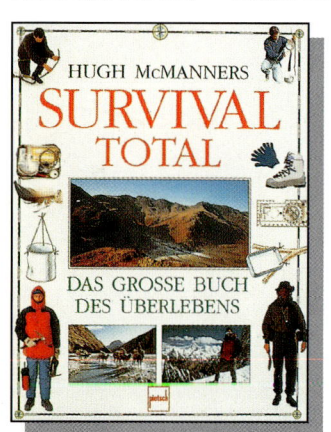

Hugh McManners, Survival total
Das große Bild-Lexikon – basierend auf den perfektionierten Ausbildungsinhalten der britischen Elite-Einheit »Royal Marine Commando«.
192 Seiten, 950 Farbabb., gebunden
DM/sFr 49,80 / öS 364,–   Best.-Nr. 50216

Klaus G. Hinkelmann
Off Road Handbuch Australien
Geländewagenfahrten im australischen Outback: Beschaffung des Fahrzeuges, Ausrüstung, Fahrtechnik, Survival, reizvolle Routen und deren Beschaffenheit mit genauen Kilometerangaben sowie ausführliche Informationen zu Historie, Geographie, Land und Leuten. Hiermit ist man gut gerüstet für außergewöhnliche Abenteuer!
232 Seiten, 170 Abb., 50 Farbabb., gebunden
DM/sFr 49,– / öS 358,–   Bestell-Nr. 50145

pietsch
DER VERLAG FÜR ERLEBNISREISEN

Postfach 10 37 43 · 70032 Stuttgart
Telefon (0711) 21 80 65 · Telefax (0711) 21 80 70